太仓市重点研发计划（社会发展）项目（TC2016SF04）资助

全球价值链下中国制造企业运营研究

樊　奇　著

北京理工大学出版社
BEIJING INSTITUTE OF TECHNOLOGY PRESS

图书在版编目（CIP）数据

全球价值链下中国制造企业运营研究／樊奇著．—北京：北京理工大学出版社，2019.6

ISBN 978-7-5682-7219-3

Ⅰ.①全…　Ⅱ.①樊…　Ⅲ.①制造工业-工业企业管理-研究-中国　Ⅳ.①F426.4

中国版本图书馆 CIP 数据核字（2019）第 132538 号

出版发行／北京理工大学出版社有限责任公司
社　　址／北京市海淀区中关村南大街 5 号
邮　　编／100081
电　　话／（010）68914775（总编室）
　　　　　（010）82562903（教材售后服务热线）
　　　　　（010）68948351（其他图书服务热线）
网　　址／http：//www.bitpress.com.cn
经　　销／全国各地新华书店
印　　刷／北京虎彩文化传播有限公司
开　　本／710 毫米×1000 毫米　1/16
印　　张／13.25
字　　数／235 千字
版　　次／2019 年 6 月第 1 版　2019 年 6 月第 1 次印刷
定　　价／75.00 元

责任编辑／王玲玲
文案编辑／王玲玲
责任校对／周瑞红
责任印制／施胜娟

前 言

制造业是立国之本、强国之基，从根本上决定着一个国家的综合实力和国际竞争力。2019 年政府工作报告指出，要围绕推动制造业高质量发展，强化工业基础和技术创新能力，促进先进制造业和现代服务业融合发展，加快建设制造强国。改革开放以来，特别是 20 世纪 90 年代以来，随着国际间产业分工向产品内分工的发展，我国制造业通过承接发达国家的代工订单融入全球价值链并得到了快速的发展，我国制造业规模跃居全球第一位，成为世界制造业大国。然而，我国制造业仅在全球价值链的低端占据优势，在价值增值中所得份额很小。2008 年全球金融危机后，随着全球经济的低迷和国际需求的下降，我国制造业原有发展模式已不可持续，面对全球价值链的重构和全球产业分工格局的重塑，中国制造业应在创新、协调、绿色、开放、共享的新发展理念的指引下，充分利用现代信息技术，实现效率提升、动力转换、结构优化和绿色发展，推动中国制造企业由比较优势向竞争优势转变，提升中国制造业在全球价值链中的地位。

本书第一章至第三章对全球价值链下中国制造企业的运营现状进行了 SWOT 分析，对中国制造企业运营路径和模式进行了探讨。第四章至第六章对环境、生产运营战略与绩效关系的研究进行了述评，对国际代工背景下格兰仕和易事特的生产运营战略与绩效关系进行了多案例比较研究。在此基础上，通过大规模问卷调查，利用 SPSS 统计分析和结构方程模型，对国际代工环境、生产运营战略与国际代工绩效关系进行了实证研究。本书第七章至第十二章对中国生产性服务业与制造业种群共生的特征与规律进行了实证研究，对产学研协同创新现状进行了调查分析，对转型升级背景下高等教育与经济增长的关系进行了相关分析、协整检验和 Granger 因果检验，对高职人才培养与区域产业互动发展的模式和路径进行了探讨，对我国企业绿色供应链管理的问题和对策进行了研究，对供给侧改革背景下中国制造业全球价值链攀升的路径进行了分析，认为中国制造业应满足国际标准和认证的要求，完善国家创新体系，推进产业政策转型升级，完善基础设施建设，加强产学研协同创新，增加有效人才供给，实现新旧动能的转换，推动我国制造业向全球价值链中高端攀升。

本书作者樊奇博士现就职于苏州健雄职业技术学院，长期以来一直从事制造企业运营研究。本书是欧盟亚洲计划项目“International Operation Management”和国家自然科学基金项目“国际代工背景下我国制造企业生产运营战略与绩效的关系研究”（70872031）的研究成果。由于笔者水平和研究时间有限，对全球价值链下中国制造业运营的研究在很多方面还不够深入，相关理论和实践问题有待进一步研究和深化，不足之处敬请各位读者批评、指正。

CONTENTS

目 录

第一章　全球价值链下中国制造企业运营现状研究 …………………… (1)

一、中国制造企业的优势分析 ………………………………………… (2)

二、中国制造企业的劣势分析 ………………………………………… (3)

三、中国制造企业的机遇分析 ………………………………………… (4)

四、中国制造企业的威胁分析 ………………………………………… (5)

五、全球价值链下我国制造企业运营分析 …………………………… (6)

六、本章小结 …………………………………………………………… (8)

第二章　全球价值链下中国制造企业运营路径分析 …………………… (9)

一、我国制造企业 OEM 模式的分析 …………………………………… (9)

二、中国制造企业产业升级的路径分析 ……………………………… (10)

三、我国制造企业由 OEM 向 OBM 转型中面临的主要问题 ………… (12)

四、本章小结 …………………………………………………………… (13)

第三章　全球价值链下中国制造企业生产运营模式研究 ……………… (14)

一、生产运营战略的发展历程 ………………………………………… (15)

二、全球价值链理论与我国制造业的国际定位 ……………………… (16)

三、全球价值链下我国制造企业生产运营模式的思考 ……………… (17)

四、本章小结 …………………………………………………………… (18)

第四章 环境、生产运营战略与绩效关系研究述评 …………（19）

一、生产运营战略的内涵 …………（19）
二、生产运营战略研究的主要领域 …………（21）
三、国内生产运营战略研究现状 …………（24）
四、环境与生产运营战略关系研究评述 …………（25）
五、生产运营战略与绩效关系研究评述 …………（29）
六、绩效评价研究评述 …………（31）
七、本章小结 …………（32）

第五章 国际代工背景下中国制造企业生产运营战略与绩效关系的多案例研究 …………（34）

一、研究对象与案例选择 …………（34）
二、资料收集方法与研究的信度和效度 …………（35）
三、格兰仕集团——以低成本快速嵌入和占领国际市场 …………（36）
四、易事特集团——以创新带动企业快速成长 …………（40）
五、案例分析 …………（44）
六、案例总结 …………（46）
七、本章小结 …………（47）

第六章 国际代工环境、生产运营战略与国际代工绩效关系的实证研究 …………（48）

一、理论背景 …………（50）
二、研究问题的提出 …………（51）
三、研究对象 …………（52）
四、相关概念的界定及说明 …………（52）
五、研究内容、意义和研究方法 …………（54）
六、调查问卷的设计 …………（56）
七、变量的测量 …………（58）
八、数据收集 …………（66）
九、问卷的预试分析 …………（68）
十、数据分析方法 …………（73）
十一、样本的基本特征 …………（75）
十二、内容效度与信度检验 …………（80）
十三、结构方程建模概述 …………（85）

十四、正态分布检验 ……………………………………（86）
十五、测量模型的适配度检验 ……………………………………（87）
十六、企业特征对企业国际代工绩效的影响 ……………………………………（96）
十七、结构方程模型分析 ……………………………………（105）
十八、结果讨论 ……………………………………（115）
十九、主要结论 ……………………………………（120）
二十、主要创新点 ……………………………………（122）
二十一、管理启示 ……………………………………（124）
二十二、研究局限 ……………………………………（126）
二十三、后续研究建议 ……………………………………（127）
二十四、本章小结 ……………………………………（128）

第七章　中国生产性服务业与制造业种群共生的实证研究 ……………………（129）

一、生产性服务业与制造业种群共生模型 ……………………………………（130）
二、中国生产性服务业与制造业种群共生分析 ……………………………………（132）
三、结论与建议 ……………………………………（139）
四、本章小结 ……………………………………（140）

第八章　产学研协同创新调查研究 ……………………………………（141）

一、企业产学研协同创新现状调查 ……………………………………（142）
二、推进企业产学研协同创新发展的政策建议 ……………………………………（149）
三、本章小结 ……………………………………（151）

第九章　转型升级、高等教育与经济增长 ……………………………………（153）

一、文献综述 ……………………………………（154）
二、数据来源和初步分析 ……………………………………（154）
三、实证检验 ……………………………………（155）
四、结论与建议 ……………………………………（158）
五、本章小结 ……………………………………（159）

第十章　高职人才培养与区域产业互动发展研究 ……………………………………（160）

一、产业转型升级与人力资源需求的转变 ……………………………………（160）
二、高职人才培养与区域产业转型升级的互动关系 ……………………………………（161）
三、高职人才培养与区域产业动态匹配的模式和路径分析 ……………………（163）
四、本章小结 ……………………………………（166）

第十一章 全球价值链下绿色供应链管理研究 …………………… (167)
一、绿色供应链管理的概念及内容 …………………… (167)
二、我国绿色供应链管理中存在的问题 …………………… (168)
三、实现绿色供应链管理的对策与建议 …………………… (169)
四、本章小结 …………………… (171)
第十二章 供给侧改革背景下中国制造业全球价值链攀升研究 …………… (172)
一、中国制造业全球价值链攀升的主要影响因素 …………………… (173)
二、供给侧改革背景下中国制造业全球价值链攀升的路径选择 ……… (175)
三、结论 …………………… (178)
四、本章小结 …………………… (178)
附录1 调查问卷 …………………… (179)
附录2 访谈提纲 …………………… (184)
参考文献 …………………… (185)

第一章　全球价值链下中国制造企业运营现状研究

根据价值链理论，制造业的整个价值创造活动可以分为研发、设计、采购、制造、营销、售后服务等一系列相对独立且又互相关联的活动。20 世纪 90 年代以来，随着世界制造业生产技术水平的不断提高，生产制造过程的不断细化，国际制造业的转移，也由最初的产业转移，到同一产业各不同产业部门转移，再到同一产业部门不同产品生产的转移，然后再到同一产品不同生产阶段的转移。正是在这一背景之下，中国的劳动力和资源比较优势得到充分发挥，从而促进了 OEM 模式的快速发展。

OEM（Original Equipment Manufacturer，原始设备制造商）的基本含义是定牌加工，俗称“贴牌生产”。具体来说，就是发达国家品牌商按照一定的要求向国外制造商下订单，后者依照产品设计要求自行生产，或者把生产过程进一步分解为不同环节，分包给不同企业，产品完成后加贴发达国家企业品牌出售。中国企业开展 OEM 合作最早起源于服装业，早在 20 世纪 80 年代初就已经开始为国外知名企业提供贴牌生产。当时广东、福建的一批中小企业充分发挥自身的比较优势，实行 OEM 生产方式。

20 世纪 90 年代初以来，中国各地区特别是沿海发达地区因开放而大量地吸收了国际跨国公司的直接投资、产业转移和外包订单，使那些劳动密集、附加价值较低、加工贸易为主的制造业依靠 OEM 生产方式得到了迅速的发展。如江苏省的玩具产业，工业产值已经达到了 100 亿元人民币左右，全行业拥有 1 000 多家玩具企业，20 万从业人员，“九五”期间玩具产业产值年均增长率为 18%，“十五”期间则为 20%。2004 年出口创汇接近 10 亿美元。从我国整体情况来看，2001 年我国工业制造品出口额达到 2 400 亿美元，钢、煤、彩电、摩托车、水泥、微波炉、洗衣机、冰箱、空调等产品，“中国制造”均为世界市场占有额第一名。2005 年我国进出口贸易连续第四年高速增长，总额达 14 221 亿美元，在全球贸易中排名第三位。其中出口 7 620 亿美元，比上年增长 28.4%。总之，产品设计、关键原料和加工设备大多依靠进口，采用 OEM 模式进行国际运营，是目前中国大多数制造企业的基本特征。

这种以国际代工为特征的发展模式，在促进我国制造业发展的同时，也带来了许多问题。如企业仅具有低技术部分的加工能力，缺乏产品设计和研发优势，缺乏技术创新能力，缺乏拥有自主知识产权的知名品牌等。那么我国制造业未来应选择何种发展策略呢？对于这个问题，笔者认为有必要运用 SWOT 分析方法对中国制造业的内部条件和外部环境进行系统的分析，并在此基础上探讨相应的发展对策。

一 中国制造企业的优势分析

首先，我国具有庞大的国内市场，规模巨大的国内需求对我国制造业的国际化运营起到了重要的支撑和支持的作用。改革开放以来，我国制造业能够在低层次上快速发展，其主要原因在于庞大的国内需求。当前，国内需求对我国制造企业进行国际化运营仍然起到了较强的支撑作用，没有庞大的国内需求，我国制造企业的国际化运营只能是无本之木，无源之水。

其次，我国具有丰富的人力资源。首先我国具有规模庞大的农民工队伍。从国家统计局农调队近年来每年对全国 31 个省（区、市）6.8 万个农村住户和 7 100 个行政村进行抽样调查的结果看，我国农村劳动力外出务工人数逐年增加，2003 年为 1.1 亿人，比 2002 年增长 8.6%；2004 年达到 1.2 亿人，比 2003 年增长 3.8%。此外，中国目前有 5 000 万人拥有大学或大学以上学历，相当于总人口的 3.6%。随着义务教育的普及和高校招生规模的扩大，中国每年将有 150 万以上的理工科大学生进入劳动力市场。

不仅如此，我国制造企业还具有较强的成本优势。具体来说，主要包括以下几个方面：

（1）劳动力成本较低。与欧美国家相比，我国的平均工资是美国的 1/50、欧洲的 1/40。并且中国的二元经济结构和地区差异使这种低成本的优势有望保持 10 ~ 20 年。另据 1999 年国际货币基金组织对亚洲一些国家和地区制造业的工资报酬做的测算结果表明，中国劳动力成本不仅低于发达国家，还低于印尼、菲律宾等东南亚国家（表 1 – 1）。

表 1－1 1998 年亚洲部分国家和地区周平均工资

国家和地区	中国	印尼	菲律宾	泰国	马来西亚	韩国	中国台湾	中国香港
周工资/美元	30	31.7	47.4	58.3	77.9	243	328.9	436.6
比值	1	1.07	1.58	1.94	2.6	8.12	10.96	14.6

资料来源：国际商报，1999 年。

（2）工业用地价格廉价。即使在上海，工业用地每平方米也仅 25 美元，是吉隆坡与曼谷的一半，是日本横滨的 1/60。

（3）产品成本较低。通过批量生产和纵向一体化大幅度降低了产品成本。如广东格兰仕集团，从 1992 年开始进入微波炉行业，通过大批量生产和纵向一体化，将微波炉的生产成本大幅度降低，销售价格由 2 000 多元降到了几百元。与此同时，格兰仕自身也得到了不断的发展壮大，2003 年格兰仕的微波炉产量为 1 600 万台，格兰仕中国市场占有率达 60%，全球市场占有率为 44.4%。

二 中国制造企业的劣势分析

（一）人才劣势

当前，我国制造业人力资源现状不容乐观。首先，制造业从业人员受教育程度普遍较低。2001 年制造业从业人员的平均受教育年限，日本为 12.33 年，我国为 9.47 年。其中具有大专以上文化程度者，日本达 28.3%，而我国只有 5.8%；具有高中阶段受教育程度者，日本达到 52.8%，我国仅为 22.8%；具有初中以下文化程度者，日本仅为 18.9%，我国高达 71.5%。其次，高技能人才所占比例严重偏低。据机械工业联合会调查，我国机械行业中，高级技师平均年龄 48.9 岁，50 岁以上的占了将近一半，青年高技能人才严重匮乏。随着老一代高技能人才逐渐退休，很多企业原本就奇缺的高技能人才将后继乏人。

另外，具有国际运作经验的技术与管理人才的缺乏也严重制约了我国制造业的国际化进程。我国制造企业虽然开始认识到人才的重要性，但与跨国公司比还远远不够，人才国际化的理念还没有在全社会真正树立起来，国际化人才资源开发也未得到全社会足够的重视，真正将人才资源作为第一资源进行论证、规划的企业还不多，还没有真正从经济全球化的角度来考虑人才资源开发的问题。

（二）研发劣势

制造业强国在新产品的研究开发上普遍投入巨大。英、美科研经费一般占到销售额的4%～10%，而中国机械企业科研开发经费仅占销售额的1%，全行业的开发经费还不如西门子一家的科研经费多。以中国制造企业500强为例，2006年中国制造企业500强中有数据的448家企业的平均研发费用仅占平均营业收入的2.22%。其中研发投入与营业收入之比超过10%的企业有6家，在5%～10%的企业有37家，研发投入少于1%的企业为44%（表1－2）。研发投入少、研发能力弱已成为制约中国制造企业发展的“瓶颈”。

表1－2　2006年中国制造企业500强研发投入分布情况表

研发费用/销售收入/%	超过10	5～10	1～5	<1	总数
企业数目	6	37	206	199	448
企业数目比例/%	1.3	8.3	46.0	44.4	100

（三）品牌劣势

美国行销学会（AMA）（1960）认为，品牌是一个名称、符号、标记、设计或是它们的联合使用，用来确认一个销售者或一群销售者的产品或服务，以与竞争者的产品或服务有所区别。一个品牌可以传达6个层次的意义给消费者，包括产品属性、利益、价值、文化、个性与顾客类型。

全球跨国公司主要依靠品牌运营来获取巨额利润。如美国的NIKE公司是一个没有任何机器设备、工厂和工人的鞋厂，仅仅依靠品牌运营，就让世界上超过5亿青年为之发狂。而缺少品牌的国际代工行为边际利润微薄，资本利润率低。如中国大陆生产的芭比娃娃在出口中国香港到美国前，每个价值是2美元，其中中国大陆获得35美分的劳动力报酬和65美分的原材料成本，余下的是中国香港的增值。而一个芭比娃娃在美国市场上要卖到大约10美元，其中90%是美国国内的运输、营销、批发及零售活动的增值。不仅如此，由于代工企业无法控制营销过程，风险高，长期代工生产也割断了代工企业与国际市场的直接联系，可能会妨碍企业发展自己的品牌。

三　中国制造企业的机遇分析

首先，国际产业链转移对我国制造业的发展是一个机遇，通过国际代工可以学习国外先进经验，增强自身实力，提高我国制造企业的国际运营水平。我国制造企业在获得代工业务的过程中会获得来自发包方的技术“溢出效应”，即不仅赚取了进一步扩大再生产的资金积累，更为重要的是，它会使代工企业逐步积累起参与国际市场竞争的组织能力，增强企业的学习能力，进而使我国制造企业培育起进一步向产品分工的高端自然延伸的动态学习能力。企业之间差距可以在国际开放中不断缩小。

其次，我国具有发展中国家的后发优势（the advantage of backwardness）。后发优势理论认为后来者具有特殊的益处和优势，一是引进先行国的技术和装备，替代有关技术与装备的研究和开发，加快工业化进程，并避免有关风险；二是学习和借鉴先行国的成功经验，吸取其失败的教训。根据后发优势理论，后起国家由于可以直接吸收和引进先进国家的技术，其技术成本要比最初开发的国家低得多；在同样的资金、资源、技术成本的条件下，还具有劳动力成本低的优势。

四 中国制造企业的威胁分析

（一）成本上升

近年来，我国制造业的平均工资有了大幅的提高。根据2002年中国劳动统计年鉴，1995—1999年，我国制造业平均工资增长了50.78%。其中长江三角洲地区平均工资已达到11 179元，提高了61.98%。我国制造业平均工资增长的速度已大大超过了许多发达国家和发展中国家。随着国内工资水平的上升及国际劳工标准（SA8000）的使用，我国的劳动力成本优势将逐渐被淡化，并且随着我国经济的发展，土地使用成本的提高和原材料价格的上浮将进一步削弱我国制造企业的成本优势。

（二）同行企业的激烈竞争

根据竞争优势理论，我国制造企业现有优势仍属于低层次的低成本竞争优势。其优势来源于特殊的资源优势，如较低的劳动力和原材料成本等。与产品优势和品牌优势相比，低成本优势最容易建立，也最容易被模仿。由于印度、印尼、土耳其、墨西哥、东欧皆以廉价劳动力见长，且在与我国主要出口市场的地缘和自由贸易安排方面占据先机，对我国制造业国际运营构成了替代威胁。不仅如此，我国制造企业之间也展开激烈的竞争，我国颇具竞争力的制鞋、彩电、纺织等行业也纷纷在海外打起了价格战，出现了“市场空间越来越大，出口价格越来越低，利润空间越来越小”的现象。

五 全球价值链下我国制造企业运营分析

根据我国制造业的外部环境及内部条件，我国制造企业选择国际运营策略应从实际情况出发，创造出能给中国带来巨大效益的生产模式和管理思想。新的生产模式和管理理念十分重要，但在国外被证明成功的生产模式和管理理念，我们不能生搬硬套，更不能不求甚解地炒作国外的一些新名词。

笔者认为，我国制造业应积极融入跨国公司全球价值链，在 OEM 的基础上，逐步走 ODM 和 OBM 之路。在强化制造能力的同时，应大力加强设计、供应、物流等方面能力的提高。我国制造企业只有快速适应市场的变化，提供质优、价廉，并且可供多样选择、交货迅速、服务周到的产品或服务，才能在市场上立于不败之地。针对中国制造业的现状和全球制造业的发展趋势，我们提出以下建议和对策：

（一）继续巩固在制造环节的优势地位

跨国公司为了获得竞争优势，按照资本的比较利益，在全球范围内优化配置各项要素，把整个世界都视为自己的生产车间与销售市场，以追求利润的最大化。而我国具备良好的制造业基础，处于这一链条的中后端，可通过国际代工，发挥制造优势，以获取收益。所以，在我国知识创新能力、技术创新能力还不高，面临巨大就业压力、总体人口素质还较低的情况下，制造业在相当长的时期内都将是我国经济发展的支柱产业。中国制造业应不断加强和发挥制造优势，按照国际标准进行生产，承接跨国公司的外购订单，不断积累实力，将我国发展成为世界制造业中心。

（二）提高自身的产品开发能力

当前我国企业迫切需要在巩固现有制造加工优势的同时，加强研究与开发，研究自己的核心技术，形成自己独立的产品与工艺开发能力，以逐步建立以我国企业主导的全球产品供应联盟。我们注意到，我国制造业在融入全球制造体系的过程中，在多个行业也出现了一批具有自主品牌和自主知识产权的制造企业。例如，家电行业的海尔、美的等；计算机行业的联想、方正；通信设备行业的 TCL 集团、华为等。这些企业的共同特点是：在产品与工艺开发过程中，能够将自主开发和对外合作紧密结合，不断吸收国内外先进的技术成果，并将其成功转变为产品所要求的技术与工艺。

应该认识到，我国制造企业产品开发水平与技术能力要在制造业主要领域取得领先地位是一个长期努力的过程。由于对新技术的研究开发投入大，风险高，周期长，我国多数企业投入不起，具有一定技术能力的企业主要将跟随创新作为企业产品创新战略的选择。企业在产品与工艺开发中，将内部开发、战略联盟、合作技术开发、技术外购等多种方式相结合，利用与大学、研究机构、商业伙伴甚至竞争者的合作获取所需要技术，可以大大减少产品与工艺开发的投入，降低开发风险，同时加快新产品与新工艺开发的速度。

因此，我国制造企业要在全球产品供应联盟中获得优势地位，目前应立足于采取跟随创新的产品与工艺开发策略，开展产品与工艺开发的技术整合，将内部开发和合作开发相结合，通过对产品与工艺开发过程中技术的选择、获取、学习、吸收的有效管理，提升自身产品与工艺开发的技术水平。

（三）实施后向一体化

在产品的生产和分销过程中，一个厂商如果参与了其中两个以上的相继阶段，就称为纵向一体化（Vertical Integration），也称为垂直一体化。它包括后向（上游）一体化和前向（下游）一体化。

制度经济学认为，对于任何厂商来说，一个基本的问题就是确立纵向链条中的哪些活动应该自己完成，哪些活动应该交给市场上的独立厂商去完成，这实际上涉及企业的边界问题。科斯认为企业的边界就是市场交易成本和企业内部交换成本的均衡点。威廉姆森揭示了企业边界的三大决定因素：交易频率、资产专用性及企业所处的契约环境。

从我国制造企业发展的实际来看，后向一体化对于我国制造企业的国际运营具有重要的意义。当前国际运营较为成功的制造企业如格兰仕、格力、志高等均实施了后向一体化战略。纵向一体化的作用主要表现为以下几个方面：①使制造企业节约市场交易的销售、谈判和交易成本。即用费用较低的企业内交易替代费用较高的市场交易，从而可以提高企业的经济效益。②增强企业生产和销售的稳定性。③可在生产成本、原材料供应等方面形成一定的竞争优势，从而使新企业进入产生一定的困难。④可降低获取信息的总成本，并可使市场信息在企业内部更加快速、便捷地流动，从而有效地提高对市场信息的灵敏度，增强对市场的预测能力。

（四）加强企业信息化建设

制造业企业的信息化是指在制造业的各个活动环节中，充分利用信息技术、信息资源，建立战略信息系统和开展电子商务，对企业信息流、奖金流、物流、工作流集成和综合，实现资源的优化配置，提高企业管理效率和水平，进而提高企业经济效益和竞争力的过程。信息化的内容主要包括信息基础设施的建设、信息资源的开发、信息系统开发等方面。信息技术对于降低成本、实现产品差异化及改变竞争范围，都具有强大的作用。总之，企业信息化可增强企业的竞争力，提高企业的生产效率、管理效率、创新效率，进而达到提高企业效益的目的。

从 MRPⅡ到 ERP，企业信息化建设在我国已有二十多年的历史。在此过程中，我国制造企业信息化建设虽取得了一定的成绩，但总体上还处于初级发展阶段。无论是在基础设施建设、应用水平，还是电子商务的认知度、参与程度等方面，都远远低于发达国家。据国家经贸委统计，目前国内 1.5 万家国有大中型企业中，只有 10% 的企业基本上实现了信息化，70% 的企业尚处于学习和摸索之中。而美国企业近 70% 的业务行为、欧洲企业近 50% 的业务行为是通过互联网完成的。所以，面对日趋激烈的竞争，我国制造企业应抓好信息化建设，以信息化推动技术管理和人才素质的全面提高，从而最终提高我国企业运营效率和经济效益。

当前，我国制造企业的信息化建设要以提升技术发展能力与管理水平为中心。首先要对传统的制造技术与工艺进行信息化改造，如 CIMS 工程的实施；其次是对传统的管理作业流程进行信息化改造，如 ERP 的实施；最后建立电子商务平台，实现与国内外客户、供应商在业务运作上的紧密衔接。

六 本章小结

随着中国制造企业的发展，越来越多的中国企业开始走向世界，进行国际化运营。在相当长的一段时间里，由于技术、研发、投入、规模等方面的差距，我国制造企业国际化运营将以 OEM 模式为主。高端 ODM 和 OBM 是我国制造业未来发展的主要战略选择，中国制造的产业升级将是一个漫长的过程。

第二章　全球价值链下中国制造企业运营路径分析

20 世纪 90 年代以来，中国各地区特别是沿海发达地区因开放而大量地吸收了国际跨国公司的直接投资、产业转移和外包订单，使那些劳动密集的、附加价值较低的、加工贸易为主的制造业得到了迅速的成长。许多制造企业依靠 OEM 生产方式得到了迅速的发展。如江苏省的玩具产业，工业产值已经达到了 100 亿元人民币左右，全行业拥有 1 000 多家玩具企业，20 万从业人员，“九五”期间玩具产业产值年均增长率为 18%，“十五”期间则为 20%。2004 年出口创汇接近 10 亿美元。从我国整体情况来看，2009 年，我国加工贸易进出口总额为 9 093 亿美元，比 1980 年的 16.66 亿美元增加了约 546 倍，加工贸易在我国对外贸易中的比重也从 1980 年的 4.4% 提高到 2009 年的 41.2%。据国际电信联盟（ITU）统计，目前我国的彩电、微波炉、电话机、收录机、磁性材料等产品和部分电子元器件的产量已居世界第一。总之，产品设计、关键原料和加工设备大多依靠进口，采用 OEM 模式进行国际运营，是中国目前大多数制造企业的基本特征。

一　我国制造企业 OEM 模式的分析

（一）OEM 的内涵及其在我国的兴起

OEM（Original Equipment Manufacturer，原始设备制造商）的基本含义是定牌加工，俗称“贴牌生产”。具体来说，就是发达国家品牌商按照一定的要求向国外制造商下订单，后者依照产品设计要求自行生产，或者把生产过程进一步分解为不同环节，分包给不同企业，产品完成后，加贴发达国家企业品牌出售。中国企业开展 OEM 合作最早起源于服装业，1978 年 11 月，首家来料生产加工企业——太平手袋厂在东莞建立，中国制造企业贴牌生产从此拉开了序幕。此后，广东、福建的一批中小企业充分发挥自身的比较优势，通过 OEM 的生产方式，越来越多中国产品开始走出国门，走入了国际市场。

根据企业动态演化理论，技术具有隐含性知识的特征，它不容易被学习、模仿或转移，取得技术需要大量的努力、技能和资本；理解具体的企业要从理解企业的战略、结构或组织入手，企业不同，其战略也不同。战略涉及长期的承诺，并会影响到企业的结构和能力的积累。反过来，能力的长期积累也会影响到企业的战略选择。这一理论有助于理解缺乏技术能力的中国企业为什么可以通过代工方式“边干边学”，学习技术的各种隐含性知识和积累组织能力；通过“国际代工”这种较为正式的企业间承诺和协调方式，定位自己在全球化中的地位和产品分工角色，最终通过能力的长期积累进行战略转型并提升自己的市场地位。

（二）OEM 模式的利与弊

OEM 模式对中国制造企业充分利用闲置资源，提高生产能力使用效率，避开研发及销售的劣势，通过规模经济降低成本及学习国际先进技术和管理经验具有不可替代的作用。

然而，缺少品牌的国际代工行为边际利润微薄，资本利润率低。另外，从外部环境来看，由于我国当前劳动力及资源使用成本的上升，我国代工企业的利润空间也越来越小。所以从长期来看，中国制造企业必然要由 OEM 向 OBM 的转型。格兰仕集团 CEO 梁昭贤在接受《商务周刊》记者采访时明确表示，低成本的竞争优势很难长期保持，低成本也不足以支撑企业的持续繁荣。他同时指出格兰仕集团未来发展的重心是由 OEM 向 OBM 过渡。

二 中国制造企业产业升级的路径分析

企业理论认为，决定产品竞争力的因素有三个方面：成本优势、产品优势和品牌优势。在这三种优势中，成本优势最容易建立，它主要通过大规模和低成本来实现。产品优势的建立主要取决于制造企业新产品的开发能力。相对于前两种优势，品牌优势最难建立，但优势的保持时间最长。一般企业的价值链升级是由原始设备组装（Original Equipment Assembling）、原始设备生产（Original Equipment Manufacturing）、自有设计生产（Own Design Manufacturing）到自有品牌生产（Own Brand Manufacturing）。随着企业的价值链升级，企业的边际利润也越来越大。当前我国制造大多采用 OEM 模式进行产品的生产，未来我国制造业的升级应向 ODM 和 OBM 的模式转变（图 2－1）。

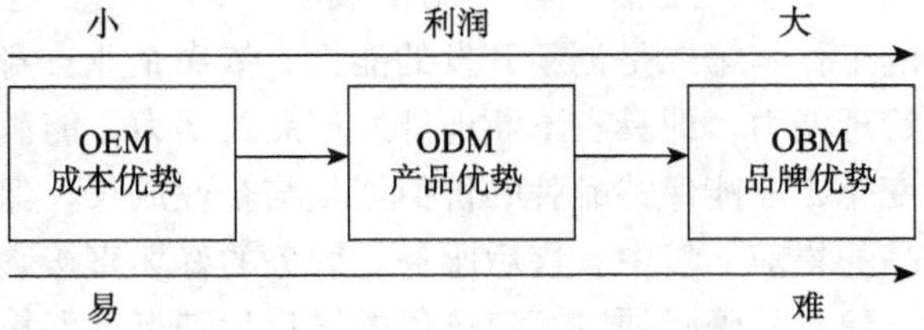

图 2－1　中国制造企业国际运营路径升级

（一）ODM 模式

相对于 OEM 来说，ODM 是一种高级代工模式，它是指产品制造商自行设计产品，争取买主订单并使用买主品牌出货的交易方式。ODM 厂商具有完整的产品生产与设计能力，ODM 买主则专注于经营产品品牌、分销与销售服务等活动，双方间不同能力专长的互补合作，提高了供应关系的不可替代性与议价能力，利益分配视双方议价能力而定。当前我国制造企业虽以 OEM 模式为主，但随着中国制造业的发展，原发包者会逐渐对代工者提出新的要求，会逐步加大代工者的责任分工，将零部件采购、产品设计、售后服务等功能交由原代工者承担，发包者只承担微笑曲线的两端——产品创新和品牌经营，从而实现从中国制造向中国设计方向转化。我国台湾地区的许多代工企业已经完成了从 OEM 向 ODM 的转变。2001 年美国在半导体方面授予的专利中，我国台湾地区代工制造企业占据了其中的 21%，台湾半导体制造公司（TSMC）由于拥有 395 项专利而排名第四。

（二）OBM 模式

美国行销学会（AMA）（1960）认为品牌是一个名称、符号、标记、设计或是它们的联合使用，用来确认一个销售者或一群销售者的产品或服务，以与竞争者的产品或服务有所区别。一个品牌可以传达六个层次的意义给消费者，包括产品属性、利益、价值、文化、个性与顾客类型。当某一个品牌能清楚地表达这六个层面时，便能在消费者心中建立起深刻的印象。自有品牌是整合企业或是次品牌的重心，它可以被用来承诺某种产品、服务或机会相关的、持续的可靠性，并且是一种独特的认证。一般来说，自有品牌可以通过自创品牌、购买品牌或并购拥有品牌的公司、由其他公司授权使用品牌三个途径来建立。

OBM 是制造产业升级的一个崭新阶段，它是在自有品牌运作的基础上赚取更多的品牌收益而非赚取劳务费。从 OEM 向 OBM 模式的转变，需要原代工者更多更强的投资、学习和组织能力，它是企业升级为国际性集团的基本象征。中国制造企业要完成由代工向自有品牌生产转换，首先需要建立合格的品质管理体系。品牌的核心是具有让消费者满意的产品质量，因此建立品牌的第一要素是合格的质量管理体系——生产出消费者“用得放心”的产品。这是企业品牌创立与管理的最基本的工作。第二是创新开发的能力。依靠企业自身具有一定的技术实力较强的经营管理能力，即具有不断地开发产品的实力，能满足消费者日益变化的需求和社会变化，才能保持品牌的价值增量与企业成长，保持旺盛的品牌生命力。第三是产品的售前、售中、售后服务。服务的好坏直接影响消费者对品牌的评价与认同度。建立品牌必须以客户价值的增量为基点，保持高效的服务是品牌生命力的重要保障。

三 我国制造企业由 OEM 向 OBM 转型中面临的主要问题

（一）原发包商的阻挠

OEM 企业向 OBM 企业转型时，必然会与原发包方的品牌厂商发生利益冲突，双方由原来的合作者变成了现实的竞争者。在这种情况下，国外的品牌厂商会想方设法阻挠 OEM 企业的转型，发包方会将原来的订单交由别的 OEM 企业完成。我国制造企业当前由于大多实力较弱，规模较小，承担损失的能力较小，在品牌厂商的威胁下，很少有 OEM 企业能够避开短期利益和市场压力，抛开原先的品牌商独立运作。B. -W. Lin（2004）在对台湾的制造企业进行研究后发现：一家制造企业从 OEM 向 OBM 转型过程中风险较大，因为它完全改变了企业外部的商业关系。如台湾的台积电，从成立起，它就定义为专业的芯片代工厂，它曾经在自己的一家子公司尝试做自有品牌的内存，亏损的现实让它放弃了这个自有品牌，最后将该子公司纳入台积电的代工体系中。

（二）我国制造企业运营能力难以满足 OBM 模式的要求

OEM 模式和 OBM 模式对制造企业运营能力的要求完全不同。OEM 模式要求制造企业在制造或组装方面具有相对优势，对企业在成本和柔性方面的要求较高，制造企业在生产方面主要通过模块化和大规模生产来实现。而 OBM 模式则要求企业具有较强的研发和营销能力。当制造企业由 OEM 向 OBM 转型时，技术开发、品牌建设、渠道建立与售后服务都会成为难以跨越的几道坎。同时，品牌的国际推广需较长时间，这就要求企业具有较强的承受较长时间亏损的能力。著名的 OEM 企业台湾唯冠的董事长杨荣山坦诚：“一个品牌要打入全球市场，要做到人人皆知，没有50年是不可能完成的。”我国的著名企业海尔集团的例子也说明了这一点，海尔作为国内著名品牌，当其在向海外拓展自有品牌时，采取“先难后易”的战略，虽然现在已成功进入美国等发达国家，但其海外自有品牌一直处于亏损的状态。

（三）我国制造企业研发投入不足

研发能力是OBM模式的核心能力。2007年，我国高新技术产业产值只占工业产值的8%，发达国家为40%左右；研发投入占国内生产总值的1.44%，发达国家平均为2.5%，美国为3.2%；服装类产品占世界服装贸易的25%，但拥有自主知识产权的产品只占1%（李毅中，2008）。当前我国制造企业面临的增长停滞、利润下降的不利局面，既是外部市场变化影响所致，更是自身脆弱性的必然结果，是内在结构性矛盾的集中反映。特别是我国产业技术创新能力薄弱，在国际产业分工体系中大多处于组装加工的末端（梅永红，2009）。研发投入少，研发能力弱已成为制约中国制造企业从OEM向OBM转型的“瓶颈”。

四　本章小结

随着中国制造企业的发展，越来越多的中国企业开始走向国际，进行国际化运营。当前中国制造企业国际化运营的路径主要是采用OEM模式。随着OEM模式在中国的发展，越来越多的中国企业认识到OBM是中国制造企业未来发展的必然选择。但在相当长的一段时间里，由于技术、研发、投入、规模等方面的差距，中国制造企业国际化运营将以OEM模式和ODM模式为主。中国制造企业的路径演化将是一个漫长而曲折的过程。

第三章　全球价值链下中国制造企业生产运营模式研究

我国制造企业的国际化是伴随着我国对外开放的深化和国际制造业的产业转移而同步发展的。20 世纪 90 年代，发达国家和地区的跨国公司纷纷将产业链条中一些处于低端的生产、加工、装配环节转移到我国沿海经济发展环境较好的地区（如珠江三角洲、长江三角洲等）。在这个过程中，中国本土企业从承接跨国公司的一些技术水准较低的劳动密集型产品生产订单开始，边干边学，使自身的生产制造技术与管理水平不断提高，通过成本竞争，逐渐赢得国外跨国公司更多的代工订单，形成了我国沿海地区制造企业与跨国公司之间的代工关系。通过国际代工进入国际市场成为我国制造企业国际化过程的一个显著特征。

对于作为国际代工者的我国制造企业而言，要巩固自身在跨国公司产品分工中的地位并实现升级，面临着严峻的竞争形势，既要与周边具有比较优势的国家和地区的企业竞争，也面临来自外商直接投资企业的竞争，因此必须通过规模生产不断提高效率，并加快对产品和工艺技术的消化、吸收和再创新，以低成本与创新的综合优势赢得跨国公司的外包订单，并进一步迫使跨国公司退出该产品的生产制造甚至设计领域。该阶段企业的主要任务不是通过大规模的投资建立著名品牌，而是提高企业生产运营系统的效率和效能，在价格、质量、交货期、灵活性和产品的多样化创新等方面满足国外订单的个性化需求。这就要求我国制造企业能够根据自身的条件和国际市场需求的特点进行生产运营系统的战略设计，以求更快、更有效地形成具有竞争优势的生产运营的组织和创新能力。

当前，不同国家制造企业国际化过程中所采用的生产运营战略也各不相同，美国的制造企业一般采用敏捷战略，而日本的制造企业主要采用精益战略。那么运营战略的发展经历了怎样的历程呢？对于中国这样一个发展中国家，我国的国际代工制造企业应该采用何种运营战略呢？

一　生产运营战略的发展历程

（一）生产运营战略的概念及研究领域

1969年，哈佛商学院的Skinner教授在哈佛商业评论上发表题为“Manufacturing—Missing Link in Corporate Strategy”的论文，首次将战略的概念引入生产管理领域。其后，生产运营战略的研究受到了学术界的重视，生产运营战略被理解为是关于生产制造资源的获取、配置、产品和工艺的设计、生产、交付的一系列决策，它将生产运营职能提升到了企业的战略层次，认为生产运营战略是企业战略的重要组成部分。

Swink和Way（1994）对制造企业生产运营战略的研究进行了分类，建立了生产运营战略研究领域的一般分类模型。该模型将生产运营战略的研究分为内容研究和过程研究两大分支，战略内容分支包括战略类型的研究、战略选择和绩效的研究。战略过程分支包括战略形成、战略决策的评价与实施研究两部分。徐学军（1997）对生产运营战略的研究状况做了评述，认为生产运营战略的研究包括过程、内容、绩效、一致性和实施五个方面。Dangayach和Deshmukh（2001）提出了生产运营战略研究的分类图，认为生产运营战略的内容是指在基础设施和软件结构方面的战略性决策，包括制造能力、战略选择、最佳实践、绩效测量；战略过程主要是指设计、发展和执行生产运营战略。

（二）精益和敏捷战略分析

从20世纪80年代开始，人们提出了一系列全新的生产概念和模式。其中，精益生产（Lean Production，LP）和敏捷制造（Agile Manufacturing，AM）是比较典型的两种生产模式。

精益生产最早起源于丰田生产系统，其核心在于追求尽善尽美的观念，不满足于经济合理，不断对现行方式方法的前提提出质疑，从而获得超越。精益生产的目标是消除浪费，这些浪费主要包括产品生产中缺损、过量生产、库存、不必要的过程、工作人员不必要的移动、不必要的货物运输和顾客的等候时间。为实现消除浪费的目标，精益生产以人为中心，充分依赖于人的知识、人的学习能力和创造性，来实现生产上的不断“改善”。精益生产的内容包括准时生产；追求零库存、零缺陷；在开发和生产中采用并行工程，强调一人多能，人与机器的综合集成；与协作单位相互信任。

1991 年，美国李海（Lehigh）大学在对美国制造业进行调查后，又提出了敏捷制造（Agile Manufacturing）的生产模式。敏捷制造是在市场竞争日趋激烈、产品生命周期日益缩短的环境中建立一种能对用户需求做出快速反应、及时满足市场需求的生产系统。敏捷制造认为，要提高企业迅速响应市场变化和满足用户的能力，除了必须充分利用企业内部的资源外，最重要的是要充分利用整个社会其他公司企业的资源。它提出了不同于以往生产方式的新的生产组织形式，即虚拟公司的概念。

二 全球价值链理论与我国制造业的国际定位

Porter（1985）认为，企业的价值链是一个企业用来进行设计、生产、营销、交货及对产品起辅助作用的各种活动的集合。Kought（1985）从国家的比较优势和企业的竞争能力出发，认为价值链是一条不断增值的链条，单个企业或许仅仅参与了某一环节，或者企业将整个价值增值过程都纳入了企业等级制的体系中。Arndt 和 Kierzkowski（2001）使用"片断化"来描述生产过程分离的现象，他们认为"片断化"使得不同国家的生产系统形成了一个在企业内部或企业之间的跨国生产网络系统。Gerreffi（1999）在价值链理论基础上提出了全球商品链理论（CCC）。此后，学术界又提出了全球价值链（GVC）理论。全球价值链是指为实现商品和服务价值而连接生产、销售、回收处理等过程的全球性跨企业网络组织，涉及从原材料采集和运输、半成品和成品的生产和分销，直至最终消费和回收处理的整个过程。

根据全球价值链理论，在经济全球化的条件下，国际垂直分工使得产业链各环节的基本价值创造活动分布于不同的区域。与国外跨国公司相比，我国制造企业的优势主要在组装、制造方面。这使得我国大部分制造企业在产业价值链上处于价值增值较低的生产加工环节，我国制造业产量世界第一的产品几乎全是劳动密集型和资源密集型的低附加值产品（表 3－1）。由表 3－1 可知，"中国制造"主要集中在初级材料加工、零部件生产、终端产品的生产和组装三个环节。另外，在 172 个产量居世界第一的产品中，终端产品最多，占 87 个。

表 3－1　中国制造产品产量世界第一结构表

类别	数目	比例/%
制成品	87	50
材料类	56	33

续表

类别	数目	比例/%
零部件	20	12
装备类	9	5
合计	172	100

从1981年到2000年中国制造业产品出口情况来看（表3－2）：一方面，中国制造业产品出口的技术含量也在不断提高，但另一方面，中国出口产品仍主要以中低档产品为主。2000年，中国制造业出口产品中，中低档和资源型产品所占比重仍占总产品的76%，而高技术产品所占比重仍只有24%，且高新技术产品大多数属于“硬件”产品，高增值环节的专利、技术诀窍或品牌则掌握在跨国公司手中（UNIDO，2004）。这也表明“中国制造”的优势还是体现在终端产品的制造和加工上。在这一背景下，OEM生产方式在中国得到快速发展。

表3－2 中国制造业出口产品按技术划分分类表

出口类型	1981	1990	2000
资源型产品	0.29	0.15	0.11
低档技术产品	0.54	0.52	0.44
中档技术产品	0.14	0.27	0.21
高新技术产品	0.03	0.07	0.24

资料来源：根据UNIDO 2003/2004计分板数据整理。

三 全球价值链下我国制造企业生产运营模式的思考

根据中国制造企业的具体情况，大多数中国制造企业目前尚不具备发展品牌的实力，特别是对于竞争性行业而言，如果在海外市场盲目发展品牌，不仅会与国外发包方产生冲突，而且会延缓中国制造企业国际发展的速度。

对我国制造企业而言，目前最需要引起重视的是生产系统的战略设计。国家应有国家的战略设计，产业应有产业的战略设计，企业也应有企业的战略设计，对于我们这样一个急于赶超的国家而言，对于这样一个资金、技术、人员、管理素质十分薄弱而又日益走向开放，面临国际竞争的国家而言，生产运营战略的设计更显得珍贵。

我们一方面要借鉴精益战略，在生产系统内部不断消除浪费，提高生产系统效率，对生产系统进行持续的改进，不断降低产品生产的成本；另一方面，面对动态变化的市场，又要借鉴西方的敏捷战略，对用户需求做出快速反应，及时满足市场需要，走一条精益和敏捷相结合的道路。

面对日益激烈的竞争，我国制造企业在国际运营中不能只停留在低成本的阶段。低成本是进入国际市场的基本条件，但却不能赢得市场。要在国际市场上保持强有力的竞争地位，首先应在保持低成本的同时不断提高产品质量。在此基础上，我国制造业应不断提高创新能力，加强产品研发，大力提高柔性，做好售后服务，不断提高产品的附加值，使我国制造企业由价值链的低端向高端移动。我国制造企业一定要做好运营战略的制定、实施、监控及评价工作，只有这样，才能在国际市场上有更强的话语权，“中国制造”也才能真正赢得世界。

四 本章小结

通过国际代工进入国际市场是我国制造企业国际化过程的一个显著特征。在相当长的一段时间里，由于技术、研发、投入、规模等方面的差距，我国制造企业仍将处于国际价值链的低端，我国制造企业国际化运营将以 OEM 模式为主。高端 OEM 和 OBM 是我国制造业未来发展的主要战略选择。

本书认为，面对国际化的市场和日益激烈的竞争，我国制造企业应加强生产系统的战略设计，创立适应我国国情的生产运营战略。在这方面，可借鉴国外先进生产模式，结合我国制造企业的实际情况，走低成本和敏捷相结合的道路。

第四章　环境、生产运营战略与绩效关系研究述评

一　生产运营战略的内涵

1969 年，哈佛商学院的 Skinner 教授在哈佛商业评论上发表题为“Manufacturing—Missing Link in Corporate Strategy”的论文，首次将战略的概念引入生产管理领域。Skinner（1985）将制造企业的生产运营战略定义为“生产内部一系列结构性的决策，这样的决策可把生产构成战略武器”。Skinner 对许多企业仅把降低生产成本、提高劳动生产率作为生产管理目标的现象提出了批评。他的主要思想是生产系统能够也应当被作为企业竞争的武器，仅把成本和效率作为生产管理的目标是不充分的，具有明确和特定市场定位和较少的产品组合的工厂优于一般的工厂，生产运营战略应该是协调一致的，应适应企业战略的要求。

其后，生产运营战略的研究受到了学术界的重视，Hayes 和 Wheelwright（1984），Anderson（1989），Fine 和 Hax（1985），Hill（1989），Roth（1989），Swink 和 Way（1995），Dangayach 和 Deshmukh（2001）等学者的工作推动了生产运营战略理论的完善。生产运营战略被理解为是关于生产制造资源的获取、配置、产品和工艺的设计、生产、交付的一系列决策，它将生产运营职能提升到了企业的战略层次，认为生产运营战略是企业战略的重要组成部分。这些学者从不同的角度给出了生产运营战略的定义（表 4－1）。

从表 4－1 不难看出，生产运营战略的定义是随着企业运营实践的发展而不

断发展的，每一种定义的产生都有其特定的历史和社会背景。但大多数研究者都认为生产运营战略是有关制造资源获取、配置、产品和服务生产、交付的一系列决策，它将制造职能提升到了企业的战略层次，认为生产运营战略是企业战略的重要组成部分。参考石涌江（1992）对生产运营战略的定义，本研究将生产运营战略界定为“企业根据产品的市场环境和内部的资源条件，以企业战略为指导，形成的生产系统的目标，以及在此目标指引下，有关制造资源获取、配置和产品生产、交付的一系列决策”。

表4-1　生产运营战略定义汇总表

作者	生产运营战略的定义
Skinner（1969）	开发制造职能，以作为竞争武器
Hayes 和 Wheelwright（1984）	在一定时间内的一系列决策，使得商业单位达到预期的制造结构、基础设施和特殊能力等
Fine 和 Hax（1985）	企业战略的关键部分，是一整套为保证长期竞争优势的协调一致的目标和行动
Hill（1987）	使职能能力与政策及认同的当前和未来竞争达到一致的协同性方法
Swamidass 和 Newell（1987）	将制造优势作为实现企业战略的竞争武器
McGrath 和 Bequillard（1989）	企业在全球范围内制造产品满足顾客需求的全面计划
Miller 和 Hayslip（1989）	制造战略是生产选择的一种计划模式，是为了提高基本的生产能力，以便支持经营战略和企业战略
Swink 和 Way（1995）	影响有形产品的获取、生产、交付直接相关的资源和政策的决策和计划
Berry 等（1995）	企业在过程和基础设施上的投资选择，以向特定的市场生产和供应产品
Cox 和 Blackstone（1998）	定义和配置制造资源的决策集，有效的制造战略应支持总体战略方向，提供竞争优势
Brown（1999）	竞争需求不断改进的动力，使得企业可以满足更大范围的需求
Slack 和 Lewis（2003）	运营战略是一种总体决策模式，通过在市场需求和运营资源之间进行协调，对任何类型运营组织的长期运营能力及这些能力对整体战略所做的贡献产生影响

资料来源：根据相关文献汇总整理。

二 生产运营战略研究的主要领域

Swink 和 Way（1995）对制造企业生产运营战略的研究进行了分类，建立了生产运营战略研究领域的一般分类模型。该模型将生产运营战略的研究分为内容研究和过程研究两大分支，战略内容研究分支包括战略类型的研究、战略选择和绩效的研究。战略过程研究分支包括战略形成研究、战略决策的评价与实施研究两部分。徐学军（1997）对生产运营战略的研究状况做了评述，认为生产运营战略的研究包括过程、内容、绩效、一致性和实施五个方面。Dangayach 和 Deshmukh（2001）在对 260 篇文献进行综述的基础上，提出了生产运营战略研究的分类图。他们认为，生产运营战略的内容是指在基础设施和结构方面的战略性决策，包括制造能力、战略选择、最佳实践、绩效测量；战略过程主要是指设计、发展和执行生产运营战略。倪文斌（2003b）根据大多数文献的划分方法，也将生产运营战略的研究领域概括为内容研究和过程研究两个部分，认为生产运营战略的内容研究包括运营能力、决策领域和绩效测量；生产运营战略的过程研究包括战略制定、战略实施和战略评价。李刚等（2007）将生产运营战略的研究分为内容、过程和输出三个部分，其中内容包括竞争要项、过程决策和基础设施，过程包括生产运营战略的形成、调整和实施，输出包括战略绩效和战略一致性。

在对上述学者的研究进行总结和分析的基础上，生产运营战略的具体研究领域可概括为图 4－1 所示。

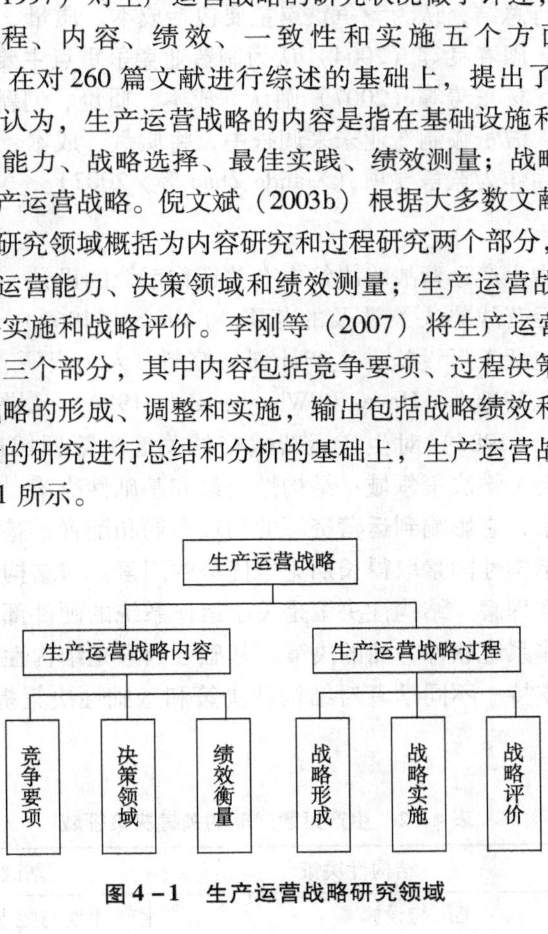

图 4－1 生产运营战略研究领域

（一）生产运营战略的内容研究

1. 竞争要项

竞争要项即竞争的重点。Skinner（1974）描述了生产运营策略中通用的竞争绩效的标准，如短交货周期、优越的质量和可靠性、可靠的交货、快速的新产品开发、灵活的应变能力、产品产量的柔性、低成本等。Wheelwright（1978）将效率、可靠性、质量和柔性作为最重要的评价生产运营战略的标准。Hayes 和 Wheelwright（1984）圈定了四个基本竞争要项：成本、质量、可靠性和灵活性。Krajewski 和 Ritzman（1987）进一步确定了五个运营竞争要项：成本、高性能的设计、一贯的品质、及时的交付及产品和产量的柔性。Leong 等（1990）在对制造战略的竞争重点进行全面回顾的基础上，认为质量、交货、成本、灵活性和创造力这五个竞争要项是最关键的。徐学军（1997）认为竞争要项的度量指标包括成本、交货、质量、柔性和创新五个方面。Spring 和 Boaden（1997）对于制造企业的竞争重点进行总结，认为竞争重点主要包括成本、质量、交货的可靠性、交货的速度及柔性。廖春良等（2004）认为制造业竞争重点主要有成本、质量、交货、柔性和创新。杨东涛等（2007）则认为成本、质量、创新柔性和产品柔性四个方面较为重要。波士顿制造业未来调查中，将质量、成本、柔性、交货、创新和服务这六个方面作为竞争要项（Xiande Zhao 等，2002）。

2. 决策领域

决策领域是指生产运营战略决策中有关运作系统的设计、计划、控制等方面的内容，是生产运营战略决策涉及的范围。Skinner（1969）认为生产运营战略的关键决策领域包括工厂设施、生产计划与控制、人力资源、产品设计与工程、组织与管理。在此基础上，Hayes 和 Wheelwright（1984）又增加了纵向集成和绩效评价系统。Hill（1987）对生产运营战略的关键决策领域进行了进一步的研究，他定义了两类关键决策领域：结构性决策和基础性决策。结构性因素主要是指过程和技术因素，它影响到运营资源的物理布局和配置；基础性因素指那些通过不断改进，使结构性因素取得长期竞争优势的因素。对结构性决策和基础性决策的区别可以这样理解：结构性决策是关于运作系统的硬件部分的决策，而基础性决策是关于运作系统软件方面的决策。基础性因素是结构性因素的长期目标和对结构性因素的支持。不同学者对结构性决策和基础性决策提出了各自的观点，见表 4－2。

表 4－2　生产运营战略的关键决策领域

作者	结构性决策	基础性决策
Skinner（1969）	工厂与设施	生产计划与控制、组织与管理、劳动力、产品设计与工程
Hayes 和 Wheelwright（1984）	能力、设施、技术、纵向集成	生产计划与控制、质量、组织、劳动力、新产品开发、绩效评价系统
Buffa（1984）	生产能力与选址、产品/工艺技术、纵向集成	作业决策的战略性、劳动力与工作设计、生产系统的布置

续表

作者	结构性决策	基础性决策
Fine 和 Hax（1985）	能力、设施、流程和技术、纵向集成	制造基础、人力资源、质量管理、新产品、供应商关系
Hill（1989）	能力、流程、流程配置	质量保证与控制、制造计划与控制、工作结构、支付体系、记录手续、组织结构、制造系统、工程支持
Platts（1990）	能力、设施、流程和技术、流程跨度	质量、控制政策、新产品、人力资源、供应商管理
Schroeder 和 Lahr（1990）	工厂能力、工厂选址、流程技术、制造或购买	质量保证、生产存货控制、JIT、新产品开发、人员管理、供应商、制造系统、信息系统
Krajewsky 和 Ritzman（2000）	技术创新、能力和选址、产品和流程的选择、长期目标的设定	质量管理、原材料的供应、流程和产品设计
Garrido 等（2007）	能力、选址、流程技术、纵向集成、环保计划	劳动力管理、质量管理、制造计划/库存管理系统、制造的组织系统
Ward，McCreery 和 Anand（2007）	能力、制造技术、供应商管理、新产品开发	人力资源管理、制造计划和控制系统、系统效率、准时制生产、质量、授权、多功能团队

资料来源：根据相关文献汇总整理。

3. 绩效衡量

如何评价生产运营战略的影响一直是该领域中一个有争议的课题。目前尚未出现明确定义的和可操作的绩效指标。Garvin（1983）建议应将绩效指标分为内部和外部两类，内部绩效指标用于评测生产系统的能力与其他子系统的能力（如市场销售、产品开发、财务等）的配合与协调能力；外部绩效指标用于评测生产战略对企业竞争优势的贡献，市场对企业产品和服务的评价可用于测度生产战略的影响。Hill（1989）提出了产品或服务在市场上获得订单的准则。徐学军（1995）利用 Hill（1989）的成果和效用函数的理论建立了一个产品竞争优势综合效用值的模型。Swamidass 和 Newell（1987）采用路径分析（Path Analysis）的方法建立了一个生产运营战略内容与经营绩效指标相互关系的模型。著名的生产管理专家 Goldratt 和 Cox（1984）在生产作业管理层次提出了管理的目标和 3 个基础绩效指标。这 3 个指标为产出、库存和运行费用，其他的评测指标（如质量、服务和市场占有率等）是第 2 位的，它们最终也是通过基础指标起作用。Goldratt 认为，T、I 和 OE 可以直接转换为企业经营指标（利润和投资利润率），例如，利润（NetProfit）等于产出（T）减去运行费用（OE），投资利润率等于（T－OE）除以库存资金（Inventory）。尽管目前尚未有关于生产战略评价指标的统一规范，但各种评价指标最终将体现在运行费用（即生产产品的成本）、库存资金投入（即投入在设计、制造、销售过程中的资金）和已获得消费者认可的产值（即产出）上。

（二）生产运营战略的过程研究

在生产运营战略过程研究方面，目前学术界主要有两种观点。一是以Skinner为代表的自上而下的观点，他提出了制订生产运营战略的递阶模型，其中公司战略驱动战略经营单位（SBU）战略，SBU战略又驱动生产和其他职能战略的形成。另一个是以Hayes和Wheelwright为代表的自上而下和自下而上互动的观点，他们不同意单纯自上而下的观点，认为生产运营战略对企业战略具有能动作用，即企业战略的制订必须参考当前生产系统的状况。这种观点被认为可以全面反映生产运营战略过程，因为自上而下保证生产运营战略不脱离企业战略的要求，而自下而上使生产系统有能力实现企业战略的要求。这样既可以保证生产运营战略的目的性，又可以保持生产运营战略与企业战略的一致性。

Stonebraker和Leong（1994）在总结其他学者研究的基础上，认为过程模型是在特定时间轴上计划的层级，生产运营战略的制订涉及运营的定位与企业战略的远景及其他功能领域的互动。不仅如此，基本运营活动的内容和定位，如库存管理、质量、采购和运输等都应该包括在生产运营战略的形成过程中，并且同样需要与经营战略及其他功能领域的战略形成互动，最后根据绩效的衡量对生产运营战略进行评价。

不同的生产运营战略文献研究重点不同，但大多数文献具有以下相同的特点：将生产运营战略的制订过程看成是线性的、由上至下的计划过程，强调理性分析，采用正式计划的方法和技巧，以及重视生产运营战略的内容而不是战略的形成过程（Henk和Johan，1992）。

笔者认为，生产运营战略的制订首先应考虑企业产品的市场环境和内部的资源条件，要以企业战略为指导，在此基础上形成生产系统的目标。在生产系统目标的指引下，确定生产系统的设计，最后要对生产系统的运行进行评价，并且各部分间要通过反馈回路形成互动。

三 国内生产运营战略研究现状

相对于国外生产运营战略研究，国内生产运营战略的研究起步较晚，成果较少，并且现有的研究大都集中于定性研究。石涌江（1990，1992）最先将生产运营战略的概念介绍到中国，并对生产运营战略的概念、意义和主要理论做了较全面的介绍。

此后，生产运营战略的研究引起了学者们的关注，国内学者开始对生产运营战略的研究进行总结和介绍。徐学军（1997）最早对国外生产运营战略的研究进行了评述。倪文斌等（2003a）对生产运营战略的发展进行了较为全面的概括，对生产运营战略的概念、研究领域进行了总结，分析了生产运营战略研究和实践中存在的问题，提出了生产运营战略研究的趋势。魏江茹、杨东涛（2005）对生产运营战略的概念、研究方法、研究内容进行了回顾。李刚等（2007）在对生产运营战略的研究进行回顾的基础上，提出了中国情境下生产运营战略研究的若干问题。

实证研究方面，蒋晓枫、戴昌钧（1999）对上海周边地区企业生产运营战略状况进行了调查，对中日生产战略的差异进行了比较。倪文斌（2003b）应用国际制造业调查项目（IMSS）的数据库对生产运营战略内部要素之间的一致性关系进行了探索和研究。Robb 和 Bin Xie（2003）对中国家具业的生产运营战略及制造技术的情况进行了调查。张慧颖等（2003）对广州、天津、上海三地制造企业进行了聚类和比较分析。程发新等（2003）对制造企业的管理人员企业战略参与、企业竞争能力及绩效的关系进行了探讨。高玉荣（2005）以珠三角制造企业为样本，对生产运营战略与竞争战略的匹配进行了研究。杨东涛等（2007）采用实证的方法对中国制造企业人力资源管理系统与生产运营战略的配合对公司绩效的影响进行了研究。程发新等（2007）在构建竞争要素指标体系的基础上，对我国制造企业进行了问卷调查，发现我国制造企业的竞争要素重要性排序是：质量、成本、交货、柔性与创新。刘希龙和季建华（2007）对我国生产运营战略和绩效之间的关系进行了实证研究。

四 环境与生产运营战略关系研究评述

（一）环境的概念

根据系统组织理论，组织是一个开放的系统，管理者的活动必然要受到组织内外部各种因素的影响。这就要求管理者处理好企业与环境的关系，主动地利用环境中的有利因素和回避不利因素已成为企业成功运转的关键环节。传统的管理理论如科学管理、行为科学等，都将其探讨的方向集中在如何提升企业的内部效率，而忽略了环境的变动所造成的影响。20 世纪 60 年代以后，学者们认识到企业要想长久经营，首要的任务就是认识其所处的环境，并对其所处的环境进行分析，这样企业才能掌握目前的情势与预测未来，并快速有效地做出适合或重塑其所面临的环境的生产运营战略。即通过研究外在环境，使企业认识它们应该选择做什么，而通过研究内在环境，使企业决定它们能做什么。

对于企业环境的概念，有的学者从组织的外部环境出发对企业环境进行界定。如罗宾斯认为“环境是指对组织绩效起着潜在影响的外部机构或力量”。达夫特把组织环境定义为“存在于组织边界之外，可能对组织总体或局部产生影响的所有因素”。琼斯等人（2003）把组织环境定义为“超出组织边界但对管理者获得、运用资源有影响的一组力量和条件的组合”。

也有学者从内部和外部两个方面对企业环境进行了界定。如 Duncan（1972）将环境定义为“组织中做出决策的个体或群体所需要直接考虑的物理和社会因素的总和”。赵锡斌（2004）认为企业环境是指一些相互依存、互相制约、不断变化的各种因素组成的一个系统，是影响企业管理决策和生产经营活动的现实各因素的集合。

（二）环境的分类

关于企业环境的分类，学者们也提出了各自不同的见解。有研究直接依环境所涵盖的领域分类，有些学者采取宏观的角度将环境分为内在及外在环境，有些学者则关注外在环境的分析。Duncan（1972）将企业环境分为内部环境和外部环境，他认为内部环境包括个人、职能部门及组织三个层面，外部环境包括顾客、供应商、竞争者和社会政治及技术。Porter（1980）提出了环境的五力分析，认为潜在进入者的威胁、购买者的议价能力、供应商的议价能力、替代品的威胁、产业内现有的竞争对手决定了产业结构与产业的吸引力。Robbins（1994）则认为产业环境可分为一般环境及特殊环境。一般环境是指组织以外的一切因素，包含经济、政治、社会、科技；而特定环境则是指会直接影响到企业目标达成的因素，包含供应商、顾客、竞争者、政府及压力团体等。Aaker（1998）将企业环境分为五个层面：科技层面、人口层面、文化层面、经济层面、政府层面。琼斯等（2003）认为企业环境包括任务环境和一般环境。任务环境是指来自供应商、分销商、消费者及竞争对手，影响企业获取投入、提供产出的一组力量和条件；一般环境是指经济、科技、社会文化、人口、政治法律及全球力量等更大范围的影响企业及其任务环境的一组力量。赵锡斌（2004）将企业环境分为社会环境系统、市场环境系统、企业内部环境系统及自然环境系统。

（三）环境的维度

Duncan（1972）提出将动态性与复杂性作为衡量环境不确定性的构面，在“动态－复杂”的环境中，决策者在决策过程中经历的不确定性将达到最大化，并且研究认为“动态 - 静态”的环境构面比“复杂 - 简单”的环境构面重要。Miller（1983）在研究战略与环境维度关系时，也将环境特性具体化并定义为动态性、威胁性和异质性。动态性指增长机会、顾客、竞争者、市场趋势变化率、创新及研发的不可预测性；威胁性指竞争的程度、竞争维度的数量和限制性的法律法规；异质性是指市场差异和不同市场细分的产品需求。Dess 和 Beard（1984）从宽松性（Munificence）、复杂性（Complexity）和动态性（Dynamism）三个维度定义了环境的特性。宽松性是指环境中可用的和企业所需要的资源的稀缺或充裕程度，动态性是指环境因素的变化，复杂性指的是环境因素的数量及各种因素之间的差异性。Tan 和 Litschert（1994）首次从动态性、威胁性和复杂性三个维度对中国经济转型期的环境进行了实证研究。Lumpkin（2001）采用了归纳的方法对环境进行了研究，一是将环境作为信息的来源，二是将环境描述成一种资源的储备，同时，他将环境的维度分成动态性和威胁性两种。

从上述研究可以看出，学者们大都从威胁性/宽松性、动态性、复杂性三个维度对环境进行研究。威胁性/宽松性是指环境对组织的存在或发展所提供的支持程度，它反映了资源依赖的观点，认为环境是企业竞相争夺的稀缺资源的来源，管理的主要目的就是通过减少对环境的依赖程度或提高对所需资源的控制能力来应对恶劣的环境，来保持组织的有效性。动态性和复杂性从信息不确定性的角度对环境进行研究，认为环境是信息的来源，强调企业对这种信息不确定性的主观认识。其中动态性反映了外部环境的变化速度及其不可测性；复杂性反映了外部环境组成要素的差异性和多样性，可由企业所处地域相关组织的数量和影响程度来衡量。

在生产运营战略的研究中，主要关注的是环境的动态性和威胁性，而较少关注环境的复杂性（Ward 等，1995；Badri，Davis 和 Davis，2000；Amoako-Gyampah，2003）。因为环境的复杂性主要是在企业战略的层面研究的维度（Bourgeois，1980）。

（四）外部环境与生产运营战略关系

环境因素已经成为企业战略研究中的重要研究对象，然而，在生产运营战略的研究中，环境因素没有得到足够的重视。

Dierdonck 和 Miller（1980）最早对环境与生产运营战略的关系进行了研究。他们认为对生产系统进行设计时，应充分考虑环境因素。

Swamidass 和 Newell（1987）对环境的不确定性与生产运营战略的内容（制造柔性）及过程（制造经理在战略决策中的作用）之间的关系进行了研究。通过对小批量生产的金属加工行业进行实地调研，他们发现环境的不确定性与制造柔性是正相关关系，与制造经理在战略决策中的作用之间是负相关关系。

Mcdougal 等（1992）对 64 家计算机和通信设备制造企业进行了研究，他们将管理者感知的环境作为控制变量来解释管理者生产运营战略的决策，对环境与生产运营战略的关系进行了探讨。

Ward 等（1995）在 Swamidass 和 Newell（1987）研究的基础上，选取了新加坡多个行业的制造企业为样本，对环境要素与生产运营战略选择（低成本、质量、柔性、交货）之间的关系进行了研究。他们从环境的动态性和威胁性（经营成本、劳动力的可获得性、敌意的竞争）两个维度对环境因素进行了度量。研究发现，环境与生产运营战略之间关系联系紧密，面对同样的环境，高绩效企业与绩效差的企业应对策略不同。面对环境的动态性，高绩效的企业会重点关注质量、柔性和交货；面对敌意的竞争，高绩效的企业会通过提高交货的可靠性和速度来进行应对；面对劳动力的短缺，高绩效的企业会通过提高柔性来进行应对。而绩效差的企业是在面对环境的动态性和敌意的竞争时，对低成本、质量、柔性和交货这四个方面都较为关注。他们的研究也证实了 Swamidass 和 Newell（1987）早期进行的实证研究。

Badri 等（2000）对 Ward 等（1995）的研究进行了拓展，在环境变量中加入了“政府的法律法规”和“政治的影响”两个变量，以阿拉伯联合酋长国的制造商为样本，使用路径分析方法对发展中国家制造企业环境与生产运营战略（低成本、质量、柔性和交付）的关系进行了研究。该研究发现，环境变量与生产运营战略间有着强烈的相关性，虽然高绩效的企业和低绩效的企业对环境的感知是相同的，然而它们采用的生产运营战略却不相同。面对环境的动态性，高绩效的企业会重点关注交货、质量、柔性；面对环境的威胁性，高绩效企业会通过提高产品质量和提高交货及时性与快捷性来进行应对。而不管是面对环境的动态性还是威胁性，低绩效的企业对低成本、交货、质量和柔性这四个方面都较为关注。

Ward 和 Duray（2000）对环境的动态性和生产运营战略的关系进行了研究，他们的研究认为，环境的动态性和生产运营战略之间没有直接的关系，竞争战略是环境的动态性和生产运营战略之间的中介变量。

Amoako-Gyampah 和 Boye（2001）及 Amoako-Gyampah（2003）使用 Ward 等（1995）的量表，对加纳制造业的环境因素对生产运营战略选择的影响进行了调查，研究发现，在发展中国家，环境因素确实对生产运营战略的选择产生影响，并且对于规模和所有制结构不同的企业，环境与生产运营战略间的关系也不相同。但与 Ward 等（1995）的研究结果不同是，在加纳制造企业中，敌意的竞争对生产运营战略的选择影响最大，而环境的动态性对生产运营战略的选择没有任何影响。

尽管环境与生产运营战略间关系的实证研究已经开始受到国外学者的关注，但是相关研究仍然较少，并且对不同国家的研究得出的环境与生产运营战略间的关系也各不相同。

五　生产运营战略与绩效关系研究评述

生产运营战略与企业绩效的关系在理论上早已被学者们关注，在20世纪80年代之前，人们仅局限于理论上的探讨。从20世纪80年代末开始，制造企业生产运营战略与企业绩效之间关系的实证研究逐渐受到国外学术界的重视。

Swamidass和Newell（1987）运用路径分析的方法研究了环境的不确定性、生产运营战略的内容与过程、企业绩效之间的关系，在构造概念模型的基础上，他们从35个企业家那里收集数据进行了实证研究。研究结果表明，制造的柔性和制造经理战略决策的制定与企业绩效之间是正相关关系。

Ward、Leong和Boyer（1994）给出了制造前摄性的定义，并且通过实证研究检测制造的前摄性是否与绩效之间存在着联系。该研究认为制造的前摄性表现为两个方面：①制造环节在企业战略决策中的参与程度；②在对需求进行预测的基础上，长远投资于制造业的结构和基础设施，旨在发展其所需要的能力的承诺程度。该研究对前摄性的每一个方面都设置了衡量的尺度，并且利用数据证明制造的前摄性与企业绩效之间存在明显的联系，显示出投资于制造的基础设施与结构，以及制造参与战略决策过程可获得更高的绩效。

Ward等（1995）通过对新加坡制造企业的调研，运用路径分析的方法，通过实证研究发现，当面对同样的环境时，业绩较差的企业与业绩优良的企业在生产运营战略的选择方面表现不同。业绩优良的企业主要选择的是以质量、柔性和交货为基础的差异化战略，而较少会采用低成本战略；业绩较差的企业则力图在生产运营战略的各个方面（成本、质量、柔性和交货）都表现优异。

Williams等（1995）对成熟的产业里的生产运营战略、企业战略及公司绩效的关系进行了研究，选取了纺织行业里的85个公司进行了调查。结果表明，公司战略与生产运营战略之间有很强的相关性，对功能性战略应支持企业战略的论断提供了支持。不仅如此，研究同样发现，生产运营战略与企业绩效之间有着较强的相关性。特别是制造功能的质量保证过程及提供质量可靠的产品和服务的能力与企业绩效之间高度相关。

Ward和Duray（2000）对环境、竞争战略、生产运营战略和绩效之间关系进行了实证研究。该研究首先从相关的文献中发展出概念模型，从美国制造业中的3个行业收集数据验证概念模型。该研究的结果对相关的理论提供了支持，证实了制造企业中的战略联系在绩效优良的企业中更加紧密，竞争战略并不直接影响企业绩效，竞争战略是通过生产运营战略来影响企业绩效的，并且他们的研究发现，在各种类型的生产运营战略中，只有质量战略对企业绩效具有正向显著的影响。

Hongyi Sun 和 Cui Hong（2002）对生产运营战略和经营战略的协调一致性对企业绩效的影响及制造绩效对企业绩效的影响进行了研究。该实证研究的数据来自国际制造业调查（IMSS），研究表明，生产运营战略和经营战略的一致性对改善企业绩效具有积极影响，并且只有生产运营战略和经营战略能够协调一致，制造功能才能促进企业绩效的提高，企业目标也才能够实现。该研究的主要观点是制造功能应融入战略决策中。

Schroeder，Bates 和 Junttila（2002）从以资源为基础的视角对生产运营战略进行了探讨，他们研究了制造工厂中不容易被模仿的资源和能力，这些资源和能力是由员工的内部学习（建立在交叉培训和建议系统的基础上）和外部学习（来自顾客和供应商），以及公司的专利、工艺和设备开发所形成的。该研究通过从 164 家制造工厂收集数据，从实证的角度证实了制造的竞争优势来自专利、工艺和设备，而这些又来源于内部和外部学习。他们认为标准的设备和拥有一般技艺的雇员这些在要素市场上可以获得的东西不足以使制造工厂取得高水平的绩效，因为这些对其竞争者来说也是很容易得到的，该研究证实了内部及外部学习在构建不容易模仿和复制的能力方面的重要作用。

上述研究工作主要以发达国家为背景。以发展中国家为背景的实证研究近年来开始出现（Badri 等，2000；Amoako-Gyampah 和 Boye，2001；Amoako-Gyampah 和 Acquaah，2008；Liu Xilong，Ji Jianhua 和 Liu Xijuan，2006 等）。

Badri 等（2000）对 Ward 等（1995）的研究进行了拓展，以阿拉伯联合酋长国的制造商为样本，在环境变量中加入了“政府的法律法规”和“政治的影响”两个变量，使用路径分析方法去研究环境变量如何影响生产运营战略（低成本、质量、柔性和交付）和绩效（自我报告的利润的变化），该研究对 Ward 等人的模型及为发展中国家提出的扩展模型进行了验证。该研究选取的企业是小型企业，选取的行业是发展中的行业而不是成熟的行业。该研究发现，环境变量与生产运营战略间有着强烈的相关性，高绩效的企业会选择适合环境的竞争要项。研究同样表明，多数企业接受它们的环境，并设置机制对其进行反映，高绩效的企业在组织中通过使用环境变量作为有效控制的来源与其外部环境的复杂性进行匹配。

Amoako-Gyampah 和 Acquaah（2008）对生产运营战略与竞争战略的关系及它们对企业绩效的影响进行了研究，对加纳制造企业中竞争战略如何影响生产运营战略，以及竞争战略和生产运营战略如何影响企业绩效进行了检验。研究发现，竞争战略与生产运营战略中的成本、交货、柔性和质量有着显著的正相关关系，质量是生产运营战略中唯一的影响绩效的因素，竞争战略虽然不直接影响企业绩效，但它可以通过质量对企业绩效产生影响。所以，一个企业无论是选择了低成本还是差异化的战略，对质量的重视将会给企业绩效带来最大的提升。

Liu Xilong，Ji Jianhua 和 Liu Xijuan（2006）对中国制造企业的生产运营战略与制造绩效之间的关系进行了实证研究。研究结果显示竞争要项中的交货和柔性对于整个企业整体的绩效具有正面积极的影响。

杨东涛等（2007）将我国制造企业的生产运营战略分为低成本战略、质量战略、产品创新柔性战略和市场柔性战略，对它们与企业财务绩效的关系进行了研究。结果显示，产品创新柔性战略和市场柔性战略与企业财务绩效正相关。

刘希龙和季建华（2007）对 64 家中国制造企业进行了问卷调查，并通过回归分析发现，在成本、质量、柔性和交货四个竞争要项中，交货和柔性对企业整体生产运营绩效具有正向显著影响。

基于上述，目前以美国、欧洲发达国家为背景，对生产运营战略诸要素与绩效之间的关系所做的实证研究较为深入，取得了许多对于这些国家的企业有意义的研究成果。对于发展中国家和地区企业的研究还较少，所做的研究也仅是针对生产运营战略的某一个方面，而对于以我国企业为背景的研究才刚刚引起我国学者的注意。

六 绩效评价研究评述

绩效评价问题是任何一个组织体系中的核心问题，乔伊（2000）等在《国际会计学》中指出，一个设计得很好的绩效评价系统可以使管理者：①判断现有的经营活动的获利性；②发现尚未控制的领域；③有效地配置公司有限资源；④评价管理业绩。通过绩效评价结果，找出企业存在的薄弱环节和发展潜力，从而达到发挥优势，克服劣势，挖掘潜力，进一步提高绩效的目的。

企业绩效评价从其产生和发展历程来看，大体上经历了 4 个阶段：①观察性绩效评价阶段；②成本绩效评价阶段；③财务性绩效评价阶段；④战略性绩效评价阶段。

对企业财务绩效的评估，只能反映企业过去的绩效情况，即使部分评价反映了企业的运作过程，也是很片面的，并不能预见企业未来的发展情况和完全反映企业运营过程中各个环节的优势与劣势。因此绩效评价体系通常需要考虑非财务指标。Maskell（1989）提供了衡量绩效评价系统的原则：①绩效评价指标应与公司经营战略紧密相连；②非财务指标应该被选用；③同样的指标并不适合所有的部门或地方；④评价指标应随着环境相应改变；⑤评价指标应当简单和容易使用；⑥评价指标应能提供快速反馈；⑦设计的指标应能促进持续改进而不仅仅是监督。

近年来发展起来的战略评价和生产运营绩效评价的方法，主要有平衡计分法和标杆测评法。平衡计分法（Kaplan 和 Norton，1992）在传统的财务评价指标的基础上，兼顾了其他 3 个重要方面的绩效反映，即顾客、内部流程、学习与成长，是评价和激励、传播和沟通、团结和学习的多功能的战略管理系统。该方法突破了传统绩效评估的局限性，也超越了单纯的绩效评价功能。它把传统意义上的企业绩效评价与企业的竞争能力和长远发展紧密联系起来，通过多角度的权衡机制，制约了管理者为追求短期利益而牺牲长远利益的片面行为。但平衡计分法也存在着不足，由于该方法涉及企业经营管理的各个方面和各个层次，非财务指标的界定不够清晰、明确，也缺乏统一的测量方法，因此实际应用中难度较大。标杆测评（张建国，徐伟，2003）通过资料收集、比较分析、跟踪学习、重新设计并付诸实施等一系列规范化的程序，将本企业的实际情况与选择的标杆企业的相关情况进行比较和评价，在此基础上选取改进本企业绩效的最佳策略，争取赶上或超过竞争对手。与传统的绩效评价方法相比，标杆测评是针对企业运作层次的评价，包括业务流程、设备工艺、产品与服务等方面，评价的目的是提高企业内部的运作和管理水平。标杆测评方法的不足表现在：①只有运作层次的指标，难以反映企业的运作与战略目标之间的关系；②通过专家打分得到各指标的分值，因此评价结果与评价小组的人员构成有很大的关系，存在较大的主观性。

关于生产系统绩效评价研究，近年来也开始引起国内学者的关注。徐学军等（2000）从两个角度探讨了企业的生产系统的绩效评价问题：一是从财务评价的角度，用利润、库存资金占用和生产管理费用 3 个指标衡量生产活动对企业效益的影响；另一个是从竞争的角度，用质量、成本、交货、柔性和创新 5 个指标衡量生产系统的竞争优势。倪文斌（2003b）从核心生产过程、供货过程、合同履行过程、新产品开发过程 4 个方面对生产运营绩效进行了评价，并设定了 17 个相应的评价指标。前者的工作偏重于对生产运营成果的评价，后者的工作偏重于对生产运营过程的评价。

基于上述，绩效评价作为组织管理的一个重要问题已经取得了丰富的成果，但在生产运营战略的绩效评价领域的研究还有待深入。生产运营战略的绩效不仅体现在生产运营过程效率方面，而且也反映在企业的市场与财务结果方面。

七 本章小结

综上所述，环境、生产运营战略与绩效关系的研究已经受到学术界与企业界的重视，但以往的相关研究还存在以下薄弱环节：

第一，国外学者在对生产运营战略与企业绩效的关系进行研究时，使用的多是美国等发达国家的数据。只是对特定国家的情况进行了研究，由于发展中国家与发达国家分别处于国际制造网络中的不同位置，发达国家的研究对发展中国家可供借鉴的价值较小，研究的结论存在一定的局限性。

第二，研究结论不一致，有必要在中国情境下进一步验证生产运营战略与企业绩效的关系。一些研究发现，生产运营战略中仅有柔性战略与企业绩效之间是正相关的关系。另外一些研究则发现，生产运营战略中仅有质量战略与企业的绩效之间是正相关的关系。因此，生产运营战略与企业绩效的关系仍然需要更多的经验数据来检验。

第三，生产运营战略研究中，环境因素未受到足够的重视。国外学者对环境、生产运营战略与企业绩效间关系的研究较少，国内尚未发现对三者之间关系的实证研究。并且已有的研究不少是集中于单一行业，没有覆盖到制造企业中的多个行业。

第四，生产运营战略研究中，随着研究时间、研究区域和研究对象的不同，环境、生产运营战略与绩效的关系也有所不同。因此，有必要对我国制造企业的环境、生产运营战略与绩效间的关系进行深入而系统的实证研究。

第五，国内现有的生产运营战略研究大多集中于定性研究，这些研究大多是国外研究成果的简单整合，研究结论基本上来自国外已有的研究成果。对国际代工环境、生产运营战略与国际代工绩效关系全面而系统的定量研究非常缺乏，理论研究的发展明显滞后于生产运营管理的实践。这使得定性研究的结论支持力度不够，也无法充分发挥理论对实践的指导作用。因此，国内对生产运营战略的定量实证研究有必要加强。

第五章　国际代工背景下中国制造企业生产运营战略与绩效关系的多案例研究

本章主要通过案例研究探讨我国制造企业为国外客户代工生产过程中的外部环境、生产运营战略及企业绩效的情况。本章的主要内容包括案例研究对象、案例选择、资料收集方法与研究的信度和效度、案例介绍、案例分析和讨论等部分。

一　研究对象与案例选择

本研究的目的是探讨我国制造企业的国际代工环境、生产运营战略及国际代工绩效间的关系，因此所选择的企业首先必须是具有国际代工业务的制造企业。同时，被选择的代工企业要具有相当的代表性。笔者在前期调研资料积累及听取相关专家建议的基础上①，对东莞、佛山等地代工企业进行了筛选，最后从备选企业中选择了广东格兰仕集团和广东易事特电源股份有限公司（见表 5－1）。本研究选择这两家企业的原因在于：①格兰仕和易事特两家企业都是由 OEM 起步的企业，都是依靠低成本战略进入国际市场，且国际代工时间都在 10 年以上，代工业务占企业总业务的比例都在 20% 以上；②两家企业虽然都是依靠低成本战略进入国际市场，但格兰仕一直坚持以低成本战略为核心，不断扩大生产规模，微波炉在国际市场占有率为全球第一；易事特虽然创立初期以低成本战略为

① 笔者在参与欧盟亚洲计划项目“International Operation Management”时，曾随导师到多家代工企业进行过调研。

基础进入了国际代工市场，但随后其生产运营战略逐步由低成本战略转向创新战略。目前该企业以创新战略为主导，在当前国际金融危机的背景下，销售额及利润不减反增，取得了较大的成功。

表 5-1 案例企业基本情况

企业名称	企业规模	代工开始时间	代工产品	代工业务占总业务比例/%	主要市场
格兰仕	大	1997 年	微波炉	50 左右	欧洲、美国
易事特	大	1989 年	UPS 电源	30 左右	欧洲、美国

二 资料收集方法与研究的信度和效度

在资料收集方法方面，本研究通过深度访谈法（半结构化）、观察法和次级资料法来收集资料。笔者首先根据研究问题，拟好访谈提纲（访谈提纲如附录 2 所示），并在访谈开始前通过电子邮件发给受访企业，保证访谈对象有时间准备相关问题。案例访谈的对象是代工制造企业中负责或熟悉国际代工业务的中、高层管理人员，例如副总裁、总裁助理、生产经理等，平均访问一位员工时间为 1.5～3 小时。访谈过程中，笔者根据访谈提纲，使用开放性的问题进行人员访谈，笔者一方面让受访者自由发表意见，另一方面通过适时的插话和提问来控制访谈的内容和进程。访谈时还根据受访者的行动、表情或语言等，来探察被访者的动机和态度，以分辨真伪。同时，本研究在取得受访人员的允许之后，采用记录与录音同时进行的方式确保访谈信息不遗漏，以强化数据之间的互相印证，保证了访谈过程的信度与效度。访谈结束后，笔者坚持在访谈当天进行访谈录音的整理，填写访谈提纲中各个问题的答案，对于信息不清楚或理解不一致的问题，则通过反复听录音或反馈给受访者进行求证，从而保证了资料整理分析过程中的信度与效度。

虽然笔者采用多种措施来保证访谈的信度和效度，但由于各种主客观因素的影响，访谈对象的回答仍可能会有一定的主观性。为弥补这一影响，遵循 Voss 等（2002）和罗伯特·K. 殷（2004）的建议，除了访谈资料的收集之外，笔者同时针对受访企业的产业背景和公司概况进行次级资料的收集，主要包括：①商业或行业参考资料；②直接从企业获得的材料，如企业的内部刊物和报纸、企业领导人的演说或文章、企业相关文件等；③企业网站的相关信息、公司的相关报道、企业的相关案例研究和书籍等资料。除此之外，笔者还对被访企业的总体情况和生产运营的情况进行了直接观察。

总之，本案例研究数据收集过程中同时使用多种证据来源，通过多种渠道来收集资料，把案例研究建立在几个不同但相互印证的证据来源上，多种证据来源共同构成了证据三角形，保证了案例研究的信度和效度。

三　格兰仕集团——以低成本快速嵌入和占领国际市场

广东格兰仕企业（集团）公司（英文 Galanz，以下简称格兰仕）位于中国广东省佛山市，创建于1978 年，是全球最大的微波炉制造商。前身是一家乡镇羽绒制品厂。1992 年，格兰仕开始进入微波炉行业。1992 年 9 月，第一台“格兰仕”微波炉诞生。1993 年，试产微波炉 1 万台，1994 年产量增至 10 万台。1995 年产销量达到 25 万台，以 25.1% 的市场占有率登上中国市场第一席位。2006 年，格兰仕实现微波炉出口销售 2 000 万台，国内市场销量 600 万台。格兰仕依托规模经济、实施低成本战略，市场占有率逐年上升，成为全球最大的微波炉生产基地，被公认为“中国制造”的符号性企业，也被称为“微波炉帝国”：国内市场占有率 70%，全球市场占有率 50%。

（一）格兰仕国际代工历程

从 1997 年开始，格兰仕开始进入国际市场，通过引进国际知名品牌的微波炉生产线，为国际知名品牌代工来开拓国际市场。到目前为止，格兰仕已经为全球 250 多家微波炉生产商进行过贴牌生产，格兰仕微波炉代工生产的规模越来越大，从 1997 年的 7.5 万台一直做到 2006 年 1 141 万台，国际代工销售量占总销售量的比重也由 1997 年的 4% 提高到 2006 年的 60%（见表 5－2）。

表 5－2　格兰仕微波炉 1997—2006 年国际代工销售情况

年份	1997	1998	1999	2000	2001	2002	2003	2004	2005	2006
代工销售量/万台	7.5	40	150	360	300	623	756	938	980	1 141
总销售量/万台	200	450	600	1 000	1 200	1 300	1 600	1 800	2 000	1 900
百分比/%	4	9	25	36	25	48	47	52	49	60

注：以上数据是笔者根据调研及相关资料整理所得。

（二）格兰仕国际代工环境

国际代工环境的动态性方面，格兰仕面临着消费需求升级的压力。随着国际市场需求的变化，消费者已经不再满足于微波炉单一的加热功能。总体来说，第一代微波炉是简单的加热，第二代则偏重于蒸的功能，现在则已经进入了第三代的“全能化”时代。面对外部需求的变化，国内的微波炉企业也开始纷纷谋求变化，通过产品的升级来应对顾客需求的变化，纷纷推出全能型微波炉。虽然目前市场上的微波炉都号称能做到蒸、烤、烧、煮、炸、煎等功能，然而全能型的微波炉并未得到消费者真正认可，多数消费者认为微波炉除加热功能外，其他功能使用起来非常麻烦，所谓全能型微波炉只不过是厂商在促销时玩的一个概念而已。因此，目前摆在微波炉厂商面前的问题是不断挖掘微波炉的潜能，推出真正让消费者认可，使用方便、快捷的全能型微波炉。

国际代工环境的威胁性方面，格兰仕国际代工环境中主要面临着以下不利因素：

①价格竞争非常激烈。据海关统计，2007 年广东微波炉出口首次突破 3 000 万台大关，出口量达 3 355. 6 万台。其中以加工贸易方式出口微波炉 3 308. 7 万台，增长 31%，占同期广东微波炉出口量的 98. 6%。而同期一般贸易出口量仅为 31. 7 万台，同比下降 87. 4%，占 1. 4%，向海关申报自有品牌出口的微波炉数量不足出口总量的 0. 1%。在出口规模不断增加的同时，利润空间却越来越小，2001 年广东微波炉出口均价为 60. 3 美元/台，之后逐年下降，至 2007 年已降为 38. 4 美元/台，6 年间降幅达到 36. 3%①。佛山市微波炉 1999 年出口均价为 68. 16 美元/台，2002 年出口均价只有 40. 17 美元/台，到 2003 年更是跌到每台只有 37. 58 美元，近 3 年一直在 40 美元/台附近徘徊②。上述数据表明，国际代工生产方式仍是广东省微波炉行业对外贸易的主要方式，低价格仍是广东省及佛山市微波炉行业开拓海外市场的重要手段，这使得微波炉出口利润无法随出口规模的扩大同步增长。中国微波炉行业整合程度已经很高，但各品牌产品和技术之间没有大的差异，产品功能单一，价格战仍是企业最主要的竞争手段。

②生产成本不断上升。从 2004 年开始，微波炉制造的外部环境持续恶化，原材料大幅涨价（2006 年铜价上涨 5 倍），国家退税政策也由 17% 降至 13%，这都对格兰仕的生产经营带来了巨大的挑战。2003 年，格兰仕的销售额为 101 亿元，利润为 4. 8 亿元；2006 年，格兰仕的销售额高达 180 亿元，而其利润仅为 4. 6 亿元。

近年来，人民币升值、国家出口政策调整、原材料涨价等，使微波炉产品出口价格普涨，出口平均增速放缓。中国微波炉产品 2001—2005 年出口量平均增长速度为 39%；2006 年微波炉出口量增长速度为 21%；2007 年，中国微波炉产量达到 6 000 万台，出口量同比增长 15%。格兰仕 2007 年微波炉出口价格比 2006 年提高了 5% ~8%。除了产品本身的性价比提高，涨价也是因为受到人民

---

① 资料来源：http：//tech. sina. com. cn/e/2008 -01 -24/17001995456. shtml。

② 资料来源：http：//www. investfoshan. gov. cn/。

币升值、出口退税率调整及铜、铁等家电重要原材料价格上涨等多种因素的影响。

中国2008年新的《劳动法》的实施、环保节能法规和标准的壁垒，使得生产成本和运行成本不断增加，中国家电产品出口价格还会上升15%左右，导致家电产品出口增速放缓。中国是家电产品出口大国，有1/3的产能靠出口量消化，如何在国际市场上提高产品的附加值，增加盈利点，已成为中国家电行业必须面对的难题。

另外，根据欧盟于2005年8月实施的《关于报废电气电子设备指令》和2006年7月实施的强制性指令“RoHS”《关于在电气电子设备中限制使用某些有害物质的指令》规定，我国微波炉出口企业还将被收取电子垃圾回收处理费，进一步压缩了生产企业的利润空间。中国版的“RoHS”《电子信息产品中有毒有害物质的限量要求》于2007年3月1日起正式实施，该标准对有毒有害物质的排放量作出了明确的规定。

③国际市场需求下降。从海关统计数据来看，我国微波炉的出口量从2008年开始出现下跌，且此趋势一直持续到2009年。2008年1—11月，广东省共出口微波炉2 865万台，比上年同期下降7.9%；以加工贸易方式出口微波炉2 804.1万台，下降8.6%，占同期广东省微波炉出口总量的97.9%；2008年1—11月，广东省对欧盟和美国分别出口微波炉1 141.6万台和507.4万台，合计占同期广东省微波炉出口总量的57.5%，出口量分别下降8.6%和22.6%。2009年一季度我国微波炉出口数量826.73万个，比上年同期下降22.29%；2009年3月，微波炉出口数量323.51万台，同比下降26.67%。从上述数据可以看出，广东省微波炉出口国主要集中于欧盟和美国，由于受到金融危机的影响，国际市场需求下降，广东省微波炉总出口量及贴牌生产的出口量均出现了下降。

（三）格兰仕生产运营战略

微波炉产品在西方发达国家属于产品生命周期中成熟期的产品。从进入微波炉领域开始，格兰仕就信奉“价格是最高级竞争手段”，以低成本战略为基础不断壮大和发展自己。

首先，与西方发达国家相比，格兰仕的工资水平、土地使用成本、水电费等都较低。例如在人工成本方面，格兰仕生产线上工人人均工资每月仅800元左右，熟练工人也仅为1 200元，一个夜班补贴在3.5元人民币左右，而跨国公司工人的收入基本上是他们的20倍。

其次，格兰仕采用“扩大产能，降低价格，再用超低价格扩展市场”的方式，依托其大规模制造能力和优秀的成本控制能力，凭借总成本领先的优势，规模每上一个台阶就大幅度降价。降价又反过来使格兰仕进一步扩大规模，享有更多的规模经济。不仅如此，格兰仕还以远高于其销售规模的速度扩大产能，造成一种供大于求的形势。格兰仕采取以生产刺激销售的策略，生产的产量多了，就给销售部门提出了挑战；销售提上去了，反过来又刺激了生产。通过这种循环，不断提高产能。

为扩大生产规模，格兰仕不断对生产线进行扩充。1993 年3 月，格兰仕刚开始生产微波炉时，只有一条生产线，员工20 人左右，日产量50 ~ 80 台，到年底时生产工人约50 人，日产量300 ~ 450 台；1994 年增设第2 条生产线，日产量500 ~ 700 台/线；1995 年增设第3 条线；1998 年已有14 条生产线，日产量达到1 100 台/线；1999 年，组件工段分离，总装分成两个车间：总装一车间、总装二车间；2000 年，总装一、二车间合并，建设了一条日产量为2 500 台的长线和39L 自动线，生产线增加到17 条，分两班生产；2004 年，总装与组件合并，分成两个车间，两车间分为两班制和三班制，有28 条线的生产能力；2007 年，总装车间共有24 条生产线，包括U 型生产线和直线型生产线两种形式。U 型生产线是全人工操作。直线型生产线是半自动线，降低了工人的劳动强度，生产效率可提高50%。

格兰仕在扩大产品生产规模的同时，原材料和元器件的采购成本、生产成本、平均固定成本都随生产规模的扩大而降低。从微波炉的生产角度看，年产1 万 ~ 10 万台，单台生产成本可以降低20%；10 万 ~ 50 万台，单台生产成本可以降低15%；50 万 ~ 100 万台，单台生产成本可以降低10%；规模达到100 万台后，规模经济就不太明显了。从销售角度看，年产100 万台以上规模效益则更显著。格兰仕依靠规模经济效益和成本控制措施，每当微波炉生产达到一定规模时，就相应降价。当规模达到200 万台时，格兰仕微波炉价格降低到年产80 万台的成本线；450 万台的规模，价格降低到年产300 万台的成本线；800 万台时，价格降到500 万台的成本线；1 500 万台时，价格降到1 200 万台的成本线。

不仅如此，总装车间采用两班制和三班制并行，即白班、晚班和深夜班，每班工作时间为8 小时。与单班制比较，格兰仕微波炉生产能力实际达到了50 多条生产线的产能。总装车间日产量平均可以达到50 000 台，其工作一天的时间等于国外一些国家工作一周的时间，劳动效率和设备利用率高6 ~ 7 倍。

零部件供应方面，格兰仕微波炉所需要的零部件90% 以上为自制，微波炉核心零部件磁控管（自主研发）产量已经超过1 600 万只，满足自需的一半以上。格兰仕外部供应商数量有3 000 家，这些供应商所分布的位置基本上在广东珠三角地区，离格兰仕生产基地只有2 ~ 3 小时的车程。其中佛山本地的供应商占总数的60%，东莞、中山和江门的供应商占了总数的30%，其他地方的供应商共占10%。近距离的零部件供应及后向一体化的实施降低了格兰仕的零部件的成本。

在为国外客户代工生产的过程中，格兰仕公司为了在低成本的基础上满足国外客户的多样化需求，设立了标准化办公室，产品实行模块化开发，强调结构与零部件的通用性，同一系列产品零部件的通用率可达97%，不同系列产品零部件的通用率可达90%。格兰仕按标准进行设计、生产和检验，降低了多样性成本。生产采用PDM管理：将产品分解成为若干个零件，为每个零件赋予一个编号，在前期对不同产品需要的零件统一按照编号进行生产，后期装配时再进行区分。对产品进行系列化，根据容量、功能等的差异形成了多个系列，对于国外顾客的定制要求，只需在已成型的系列中选取一种即可满足。

（四）格兰仕国际代工绩效

在生产运营绩效方面，与其他代工厂商相比，格兰仕主要在产品生产成本方面具有一定优势，而在质量、柔性、创新和交货等方面并未表现出相应的优势。格兰仕总体生产运营绩效水平不高。

国际竞争绩效方面，格兰仕从1996年开始，不断发动价格战，挤压竞争对手生存空间，通过国际代工的方式，将其在国际市场的占有率提高到50%，LG、松下等外资品牌最终被迫退出微波炉市场。但与此同时，格兰仕微波炉的利润率也越来越低。从2000年到2006年，格兰仕年销售额增长了2倍多，而年利润额的增长却不到30%；从2003年到2006年，格兰仕销量额从101亿元增加到180亿元，销售额增长了近80%，而其利润额却从4.8亿元降低到4.6亿元（见表5－3）。

表5－3　格兰仕历年销售额和利润额　　亿元

年份	2000	2001	2002	2003	2004	2005	2006
销售额	56	68	90	101	130	160	180
利润额	3.6	3.3	3.2	4.8	4.6	4.4	4.6

四　易事特集团——以创新带动企业快速成长

广东易事特（EAST）电源股份有限公司（以下简称易事特）始建于1989年，长期致力于UPS电源产品的研发、生产和销售，是全球领先的整体电源解决方案供应商，公司总部坐落于国家重点信息化产业园区——广东东莞松山湖科技产业园，拥有江苏扬州、东莞塘厦、东莞松山湖3个大型电源产品制造基地。公司现有员工4 000余人，是国内UPS电源行业快速发展，强力进军国际市场的标志性企业集团，也是国内UPS电源行业唯一的上市后备企业。公司连续5年坐上了中国UPS的头把交椅，并取得了全球UPS行业第7位的佳绩。公司在海外设立五大营销中心，产品远销欧美、亚非100多个国家和地区。2008年，公司销售总额达23.06亿元。

（一）易事特国际代工历程

易事特成立于1989年，创业之初，和珠三角地区大多数代工工厂一样，也仅是一个3 000元起家的靠代工赚取微薄利润的小工厂，一无技术，二无品牌，员工只有12人。经过20年的发展，易事特由一个缺人、缺钱、缺市场的企业发展为一个拥有自主品牌，掌握核心技术，拥有自主知识产权，自主研发、生产和销售为一体的现代化企业集团。在国际市场上，易事特以区域和国家为单位，与世界各地知名品牌电源商开展OEM合作。易事特的国际代工历程大致可以分为三个阶段：

（1）国际代工的起步阶段（1989—2001年）

这一阶段易事特国际代工的主要特点是以低成本战略为核心，以价格竞争为手段，产品技术和研发投入较少，代工产品附加值较低。2001年金融风暴爆发后，外国公司取消了与易事特的大量订单，造成易事特员工无事可做，足足放了两个月的长假，损失惨重。易事特痛定思痛，决定建立自己的话语权，不再任人宰割。易事特董事长何思模教授认为先痛苦然后才能新生，只有深刻地体会到痛苦，才舍得花钱去投入研发和创新。此后，为提高代工产品的附加值，易事特集团不断加大创新力度，每年将其收入的6%用于研发。

（2）国际代工的发展阶段（2002—2005年）

此阶段易事特国际代工的主要特点是研发投入的力度不断加大，代工产品附加值不断增加，企业的生产运营战略由低成本战略开始向柔性和创新战略转移。这一阶段易事特虽然开始出现自主品牌产品的出口，但出口中仍主要以代工产品为主，代工产品销售量占企业总销售量的20%~30%。

（3）国际代工的高级阶段（2006年至今）

这一阶段易事特国际代工的主要特点是以创新战略为核心，产品技术和研发投入较大，代工产品附加值较高。此阶段易事特的产品60%用于出口，出口产品中，自有品牌产品和代工产品各占50%。自有品牌产品主要销往东欧和东南亚等地，代工产品主要销往西欧和北美等地。在这一阶段，易事特不仅负责代工产品的生产加工环节，而且负责产品的研发、设计及国外客户售后服务人员的培训。

（二）易事特国际代工环境

国际代工环境的动态性方面，UPS电源更新换代速度较快。电源作为朝阳行业，随着通信、交通、金融、教育事业的发展，人们对设备安全运行，保护数据不丢失的要求越来越高，从而导致电源行业产品更新换代的速度较快。

国际代工环境的威胁性方面，易事特在代工过程中主要面临以下不利因素：①受到国际金融危机的影响，国际市场总体需求下降；②由于国际市场需求的下降，国内许多电源厂商为了赢得国外代工订单，纷纷通过价格战不断降低代工产品价格，代工市场的竞争异常激烈；③高级研发人才缺乏，在电源行业，培养一个高级工程师大约需要10年的时间，由于人才的培养周期较长，从而造成高级研发人才的相对缺乏。

（三）易事特生产运营战略

面对国际代工环境的种种不利因素，易事特认为，价格战没有出路，易事特必须坚持“科技是第一生产力”“自主创新才能做大做强”的发展理念，要通过实施创新战略，不断提高产品附加值，同时要加大人才的培养力度，因为“真正的人才是免费的，人才所创造的价值肯定比老板在人才上面的投入要多”（易事特董事长何思模语）。另外，国际市场的总体需求虽然出现下降现象，但金融危机淘汰的只是竞争实力较差的企业，“金融危机对易事特来说，不一定是坏事，既是危机也是机遇”（易事特企划部经理詹思亮语）。通过对外部环境的分析，易事特决定加强技术创新，大力实施创新战略。

为促进创新战略的实施，易事特加大了研发的投入，每年将收入的6%左右用于研发。2008年，公司投入研发的经费近1亿元。2009年，易事特计划研发投入1.5亿元。易事特重金建立国内UPS电源行业首家“博士后科研工作站”，通过引进博士、博士后进站工作，提升了易事特产品的技术前瞻性，拉近了与世界级研发技术水平的距离。同时，公司组建了东莞、深圳两大电源研发中心，其中东莞研发中心被评为“广东省工程技术研究开发中心”“广东省省级企业技术中心”和“东莞市工程技术研发开发中心”。不仅如此，易事特强调与国内多所高校建立产学研合作关系，并先后在各高校设立“易事特电力电子奖学基金”达1 200万元。2009年，公司准备再建一个研发平台，即与浙江大学、华中科技大学成立一个易事特电子研究院。易事特通过多科研平台建设，在项目研制、关键技术攻关等方面取得了丰硕成果，并加速了自主创新的步伐，积极推动了科研成果产业化。

易事特企划部经理詹斯亮认为，领导者的创新意识、科研平台的建设及人才保障是易事特转型升级成功的关键因素。领导者的创新意识、制定的企业发展战略决定了企业的发展方向，一系列科研平台的建设是技术创新的有力支撑，而高素质人才则为企业的创新过程提供保障。具体来说，为推进和实施创新战略，易事特主要采取的措施如下：

（1）大力推进产学研合作

创立早期，易事特就向“星期天工程师”工程借力。1990年，在公司刚刚成立，资金非常困难的情况下，易事特董事长带上借来的4万元来到南京航空航天大学，费尽一番周折后，终于请到了一位被董事长的诚意和努力打动的“星期天工程师”（周末兼职），随后拿出两万元用于购买原料，其他剩下的钱用作科研经费。不久之后，第一批6台产品出炉，并被客户成功应用。不仅如此，20世纪90年代初，当时尚在江苏扬州的易事特利用一些国有企业的工程师会在星期天到私营企业授课的机会，为扬州大学的老师提供实验室，让他们从事试验和研发。

十多年来，易事特坚持让产学研合作成为自己的特色。目前易事特已与国内十多所“电力电子”专业的名牌高校，如浙江大学、华中科技大学、西安交通大学、合肥工业大学、空军雷达学院、电子科技大学等，进行广泛深入的技术交流和紧密的产学研合作。这些学校有的熟悉军工产品，有的在航空航天领域具有优势，还有的在风能、太阳能、汽车电子方面有所作为。每与一个学校对接，易事特就能获得一个项目。

易事特从校企合作中取得了成效。以与电子科技大学合作的太阳能电池项目为例，这项技术目前已投入了5 000多万元用于研发，有望在两年后实现产业化。何思模乐观地说，该技术可以取代目前的单晶硅和多晶硅，未来的产值可以达到几十亿元。而借助南京航空航天大学在航空航天领域的优势，易事特顺利成为“神舟”飞船和“嫦娥一号”探月卫星的电源供应商。

（2）重视研发人才的招聘与培养

易事特认为，企业要发展，人是最重要的因素。为积累人才，易事特每年在高校设立100万元的奖学金，奖励优秀的硕士和博士。易事特还建设了60套公寓，博士可住三室一厅，拥有两年以上工龄的硕士可住两室一厅。未来几年，易事特还计划引进15名博士，同时补充50～100名硕士，引进100～150名本科生。为了培养人才，易事特提出了“1310”工程，即1个博士带3个硕士生、1个硕士带10个本科生，通过这样的传帮带来迅速提升研发人才的实际工作能力。同时，公司与华中师范大学、东莞理工学院都成立了相应的“工程硕士班”，专门培养高级研发人才。经过多年的积累，易事特已经建立起一支实力强的研发团队，包括由博士、博士后、教授组成的近30名高级研发人员、130多名工程师、200多名工程技术人员。

易事特董事长何思模教授认为，企业如果不创新、不研发，无异于等死，人才创造的价值远远大于对人才的付出，真正的人才是免费的。易事特2008年投入市场的三个新产品就是由公司研发团队研发的，预计为公司带来5亿元的收入。目前，易事特集团的预研项目共有4个，准备未来两年内完成，有望为集团增加10亿元的收入。易事特的在研或预研项目“太阳能光伏并网发电逆变系统”“大功率模块电源集成系统”“单机站太阳能技术发电系统”“节能降耗型绿色EPS”“无输出变压器的高效UPS”“变电站专用型EPS”“家用太阳能逆变器”等均在国内外处于领先水平，部分项目填补了国内技术空白。公司共有UPS电源、智能电力操作电源、EPS应急电源、交直流稳压电源、变频电源、专用逆变电源、机房集成系统、免维护铅酸蓄电池、网络电源监控系统九大产品系列，可以满足不同客户的需求。

（四）易事特国际代工绩效

在生产运营绩效方面，由于易事特长期在创新方面的投入和努力，易事特每年推出的产品中，新产品所占比率高达45%；并且公司能够根据市场需求，在创新方面提前做出反应，表现出较好的柔性。公司在创新方面的努力同样促进了产品质量的不断提高，目前公司产品质量与国际知名品牌相比，不存在任何差距。因此，易事特虽然在产品生产成本方面并不具备绝对优势，但公司生产运营绩效方面总体表现较好。

在国际竞争绩效方面，经过多年的发展，易事特在国际竞争中取得了较好的绩效。目前，易事特代工产品的净利润率已达20%左右。2006—2008年，公司国际代工产品的销售额年平均增长率达到50%左右，净利润年平均增长率达到35%左右。2008年，在面临国际金融危机，国际市场需求相对减少的情况下，易事特的国际市场销售额反而同比增长了65%。

五 案例分析

通过案例研究，笔者将格兰仕和易事特的国际代工环境、生产运营战略及国际代工绩效的情况总结如下（见表5-4）。以下笔者将对国际代工环境、生产运营战略及国际代工绩效的关系进行探讨。

表5-4 格兰仕与易事特国际代工环境、生产运营战略及国际代工绩效比较分析

项目	格兰仕（顺德）	易事特（东莞）
国际代工环境	1. 环境的动态性中等 2. 环境的威胁性较强	1. 环境的动态性较强 2. 环境的威胁性较强
生产运营战略	以低成本战略为核心	以创新战略为核心
采用措施	不断扩大生产规模，扩充生产线，采用三班制，就近采购零部件，提高零部件的通用率	不断加大研发投入力度，推进产学研合作，重视研发人才的招聘与培养

续表

项目	格兰仕（顺德）	易事特（东莞）
国际代工绩效	1. 生产运营绩效：产品生产成本较低，在质量、交货、柔性、创新方面表现一般，总体生产运营绩效水平不高 2. 国际竞争绩效：国际代工产品销量不断增加，产品利润率较低，企业总体利润近年来出现下降，国际竞争绩效水平不高	1. 生产运营绩效：产品更新换代速度较快，产品质量较高，对市场需求反应敏捷，总体生产运营绩效水平较高 2. 国际竞争绩效：国际代工产品总体销售额增加较快，销售利润不断提高，销售利润率较高，国际竞争绩效表现较好

（一）国际代工环境与生产运营战略

在案例分析中发现，面对国际代工环境的不确定性，我国一些制造企业为获得国外客户的订单，主要从降低产品生产成本入手，实施低成本战略，通过有竞争力的价格来获得国外代工订单。例如，格兰仕微波炉在进入国际代工市场后，通过不断扩大生产规模、引进新的生产线等措施，不断降低单位产品生产成本，通过为国外客户提供有竞争力的价格来获得更多的国际代工订单，迫使其他实力较弱的微波炉厂商退出微波炉生产领域，并被业界称为“价格屠夫”。

面对同样的国际代工环境，另外一些制造企业则从提高产品附加值入手，不断加大创新的力度，面对国际代工市场的竞争，通过快速反应、不断推出新产品、实施创新战略，以应对外部环境的动态性和威胁性。此类企业的着眼点在于不断满足顾客新的需求，为顾客提供较高性价比的产品，而并不强调产品绝对价格的低廉。例如，易事特虽然也是通过低成本战略进入国际代工市场的，但随着企业的发展，董事长何思模博士认为低成本战略并不能使企业在国际代工市场获得竞争优势，并将企业的生产运营战略由低成本战略转变为创新战略。为此，多年来，易事特不断加大研发投入，并通过招聘和培养研发人员，以及产学研合作来提升公司的创新水平和能力。

（二）生产运营战略与国际代工绩效

案例分析表明，虽然我国制造企业通过低成本战略进入国际代工市场并取得了巨大的成功，但随着国际代工环境的变化，单纯的低成本战略已不能为企业带来竞争优势。例如，格兰仕虽然通过实施低成本战略为国外客户提供有竞争力的价格，迅速扩大了其国际代工规模，使得格兰仕微波炉在国际市场的占有率达到50%左右。然而，公司除产品价格方面的相对优势外，在质量、柔性和创新等方面并没有表现出相应优势，导致公司国际代工产品的销售数量虽然不断增加，但利润率却越来越低，企业总体利润不仅没有增加，反而出现下降趋势。

在案例分析中同时发现，一些制造企业虽然也是通过低成本战略进入国际代工市场，但随着外部环境的变化和企业的发展，企业的生产运营战略开始由低成本转向创新战略，并取得了成功，在国际代工市场获得了较强的竞争优势。例如，易事特通过发挥比较优势，实施低成本战略进入了国际代工市场，但随着企业的发展，易事特认为低成本战略并不能使企业在国际代工市场上获得持久的竞争优势，通过生产运营战略的转变，易事特 UPS 电源产品在创新、柔性和质量方面表现出较好的绩效水平，虽然公司产品的价格在国际代工市场上并没有绝对优势，但公司产品整体的性价比较高，公司整体生产运营绩效水平较高。公司目前已可为国外代工客户提供研发、设计、生产及培训售后服务人员等一条龙服务，在国际金融危机的背景下，公司国际代工产品年销售额和净利润不仅没有下降，反而出现了较快的增加，目前公司代工产品的净利润率已达到 20% 左右。

（三）生产运营绩效与国际竞争绩效

在案例分析中也发现，对于国际代工企业而言，企业在生产运营（成本、质量、交货、柔性、创新）方面的表现对其国际竞争绩效具有正向的影响。从格兰仕和易事特的案例可以发现，易事特虽然在产品的生产成本方面没有表现出较强的竞争优势，但公司在质量、柔性、创新等方面表现出了较强的竞争优势，相对于其他竞争者而言，公司整体生产运营绩效水平较高。由于公司生产运营绩效总体水平较高，公司能够在国际代工市场上更好地满足国外客户的需求，从而使公司在国际代工市场的销售额、净利润及利润率均表现出较高的水平。相反，格兰仕生产运营绩效表现一般，其国际竞争绩效也表现平平，公司微波炉在国际代工市场上的销售额及销售数量虽然在不断增加，但公司产品的净利润率却越来越低，公司的利润总额近年来反而出现下降的趋势。

六 案例总结

格兰仕集团从 1997 年进入国际代工市场，以低成本的生产运营战略为基础，不断扩大生产规模，经过十多年的发展，国际代工产品的销量从 1997 年的 7.5 万台扩大到 2006 年的 1 141 万台，国际市场的占有率达到 50%，成为国际微波炉市场的“老大”。然而，由于格兰仕没有在创新方面形成自己的独特的竞争力，而主要依靠价格战来挤压竞争对手，所以近年来格兰仕在销售额不断增加的同时，利润额不仅没有增加，反而出现下降的趋势。

易事特集团在 1989 年公司刚刚成立就开始进入国际市场，从国际代工开始做起，在 20 年的时间里，由一个仅有 12 名员工的小厂发展成为拥有 4 000 多员工的高科技企业。由于公司非常重视产品的创新和技术的升级，在国际市场上，易事特代工产品的净利润率达到20%左右。2006—2008年，公司代工产品的利润总额年均增长率达35%左右。在2008年金融危机的背景下，公司国际市场销售额不仅没有减少，反而同比增加了65%。

由以上两个案例可以看出，我国国际代工制造企业以低成本战略进入国际市场，嵌入国际价值链，并取得了巨大的成功。然而，随着国际、国内环境的变化，单纯的低成本战略已不能使我国制造企业继续保持竞争优势，我国国际代工制造企业的生产运营战略应逐步由低成本战略向柔性和创新战略转变，不断提高产品的附加值。我国制造企业一定要做好生产运营战略的制定、实施、监控及评价工作。只有这样，才能在国际市场上拥有更强的话语权，“中国制造”也才能真正赢得世界。

七　本章小结

本章首先对案例的研究目的、研究对象，以及案例的选择、资料收集的方法及研究的信度与效度进行了介绍，然后对我国国际代工制造企业格兰仕和易事特的案例进行了探讨，在对其国际代工历程进行回顾的基础上，通过内容分析和归纳性分析，对两家企业的国际代工环境、生产运营战略及绩效的情况进行了系统的分析和讨论。

第六章 国际代工环境、生产运营战略与国际代工绩效关系的实证研究

我国经过40多年的改革开放，特别是近20年来的高速增长，已融入全球经济体系之中。中国被称为“世界的工厂”，中国产品对全球市场产生了巨大的影响，在美国和欧洲，人们正在谈论如何应对来自中国的冲击。但是中国仅在全球价值链的末端占据优势，中国的竞争力仅仅是低成本的制造能力，在价值增值中所得份额很小。同时，中国制造最近几年也面临着前所未有的挑战。土地、劳动力、各种原材料成本的上升，人民币汇率升值、环保、贸易保护等更突显了问题的严重性。因此，有西方媒体认为，一旦成本上升的趋势开始，中国制造的国际竞争力将难以维系。

我国制造企业的国际化是伴随着我国对外开放的深化和国际制造业的产业转移而同步发展的。20世纪90年代，发达国家和地区的跨国公司纷纷将产业链条中一些处于低端的生产/加工/装配环节转移到我国沿海经济发展环境较好的地区（如珠江三角洲、长江三角洲等），在这个过程中，中国本土企业从承接跨国公司的一些技术水准较低的劳动密集型产品生产订单开始，边干边学，使自身的生产制造技术与管理水平不断提高，通过成本竞争，逐渐赢得国外跨国公司更多的代工订单，形成了我国沿海地区制造企业与跨国公司之间的代工关系。通过国际代工进入国际市场成为我国制造企业国际化过程的一个显著特征。

这种以“国际代工”为特征的国际化发展模式，不可避免的问题是接受代工的企业难以创造出自身的品牌优势和创新优势，因此面临着来自国内官、产、学界要求产业升级的巨大压力。那么，如何认识我国制造企业在初始国际化过程中定位于“国际代工”者的角色？我国制造企业的技术能力与发达国家先进企业之间客观上存在较大的落差，决定了我国企业在初期无法在研究、开发、设计

等方面与先进企业进行正面较量，而只能通过发挥自身的比较优势（如劳动力、土地、环境要求）来参与国际竞争。即在发达国家企业所开发产品的成熟阶段，利用发达国家企业的产品生产链条向低成本地区分解、外包的机会，以劳动力密集的规模经济优势降低生产成本，并保证提供较高性价比、及时交货的服务，这对于我国广大的制造企业而言是一种现实的战略选择。另外，通过代工方式介入国际价值链之中，将我国企业从较为封闭的环境带入了高度竞争的开放性国际市场，锻炼了劳动者和企业高级管理者，唤起了企业的国际市场意识和品牌意识，逐步积累起参与国际市场竞争的组织能力，使代工企业培育起向产品分工的高端延伸的学习与创新能力，与发达国家企业之间的差距逐步缩小，因此，“国际代工”的方式是我国制造企业在国际化竞争中一种有效的低成本学习途径。

事实上，我们注意到，中国的国际代工制造企业（以下简称企业或制造企业）不仅在服装、制鞋、箱包、玩具等传统的劳动密集型产业具有全球竞争力，也在电子、机械、信息技术等技术密集性产业表现出明显的竞争优势（郭万达、朱文晖，2003；刘志彪等，2006）。在国际市场竞争中，许多企业从 OEM（Original Equipment Manufacturer）提供商起步，逐步发展到 ODM（Original Design Manufacturer）阶段，部分企业开始 OBM（Own Brand Manufacturer）的经营阶段。如格兰仕公司微波炉 2006 年产量 2 200 万台，占全球市场份额的 1/2，在国际市场上销售达 1 140 多万台；该公司 2000 年提出的口号是做“世界工厂”，2006 年的口号改为做“世界品牌”，并开始加大在国外市场上的自主品牌推广力度，2006 年格兰仕品牌在国外销售量近 200 万台。其他公司如联想、比亚迪、格力等也以相似的方式在国际市场上攻城略地，竞争能力迅速提高。在我国沿海地区拥有大量的以国际代工起步，进而成为细分市场销量冠军的制造企业，曾鸣认为，“提供给全球消费者的经济价值方程式已经被中国竞争者以成本创新的方式改写。被中国制造宠坏了的全球消费者把性价比的重要性提到了前所未有的高度。”（曾鸣，彼得·威廉姆斯，2008）这表明中国制造企业在国际化的激烈竞争中正在形成自身独特的能力，以国际代工起步的中国制造企业正在探索一条成功的国际化道路。对国际代工背景下我国制造企业生产运营管理实践的经验与教训进行理论研究和总结，是我国制造企业对从事管理学科研究的学术界提出的一个重要研究课题。

根据企业国际化阶段理论，企业的国际化经营一般经过下列几个阶段：国内经营—通过中间商间接出口—直接出口—设立海外销售分部—海外生产—跨国经营。我国企业的国际化经营还主要以出口为主，部分企业已经在海外设立销售分部，直接在海外生产的企业较少。对于大量从国际代工起步的我国制造企业而言，目前还处于国际化经营的初级阶段，面临的首要任务是巩固在国际产品分工序列中的地位，并向价值链的上游延伸，在此基础上才有可能在国际市场上建立自己的品牌，步入国际化经营的更高级阶段。

对于作为国际代工者的我国制造企业而言，要巩固自身在跨国公司产品分工中的地位并实现升级，面临着严峻的竞争形势，既要与周边具有比较优势的国家和地区的企业竞争，也要与来自外商直接投资企业的竞争，因此必须通过规模生产不断提高效率，并加快对产品和工艺技术的消化、吸收和再创新，以低成本与创新的综合优势赢得跨国公司的外包订单，并进一步迫使跨国公司退出该产品的生产制造甚至设计领域。企业在该阶段的主要任务不是通过大规模的投资建立著名品牌，而是提高企业生产运营系统的效率和效能，在价格、质量、交货期、灵活性和产品的多样化创新等方面满足国外订单的个性化需求。这就要求我国制造企业能够根据自身的条件和国际市场需求的特点进行生产运营系统的战略设计，以求更快、更有效地形成具有竞争优势的生产运营的组织和创新能力。因此，对我国制造企业的国际代工环境、生产运营战略与国际代工绩效关系进行实证研究具有重要的理论意义和实践价值。研究成果将帮助承接国际代工的中国制造企业认清自身所处的位置及所具有的优势与差距，指导企业制定和形成面向未来的生产运营战略，对于中国制造企业提升国际竞争能力也具有重要的现实意义。

一 理论背景

从 1969 年 Skinner 提出生产运营战略的概念以后，生产运营战略在制造企业发展中所起到的重要作用开始引起研究者的重视。生产运营战略与企业绩效的关系在理论上早已被学者们关注，但在 20 世纪 80 年代之前人们仅局限于理论上的探讨。从 20 世纪 80 年代末开始，制造企业生产运营战略与企业绩效之间关系的实证研究逐渐受到国外学术界的重视。如果生产运营战略确实能给制造企业带来竞争优势，这种竞争优势就会表现为更高的企业绩效。那么，制造企业的生产运营战略包括哪些类型呢？不同类型的生产运营战略能否为企业带来竞争优势，进而提高企业的绩效呢？现实的经验到底提供了哪些证明和检验？Amoako-Gyampah 和 Acquaah（2008）认为对上述问题进行研究是非常有意义的。Stonebraker 和 Leong（1994）也呼吁人们加强对生产运营战略是否影响制造企业的发展和绩效这一问题的研究。

国外学者对生产运营战略与绩效关系的研究主要从两个途径进行。第一个途径是从制造系统的内部进行研究，探讨制造战略内部各要素之间的互相联系与协同关系及其与绩效的关系。另一个途径是研究制造战略与企业战略、制造战略与其他职能战略之间的协调配合及其与绩效之间的关系。然而，现有的实证研究并没有得到一致的结论，一些研究认为竞争要项中的柔性与企业绩效是正相关的关系，而另一些研究则发现生产运营战略中仅有质量与绩效之间是正相关的关系。

研究结论的不一致，说明生产运营战略与绩效之间的关系仍需要更多的经验数据来检验。另外，现有关于生产运营战略与绩效关系的实证研究中，学者们并没有将创新战略纳入生产运营战略的实证研究范畴。因此，有必要在中国情境下对生产运营战略与企业绩效之间的关系进行验证。

环境因素在企业战略的研究中早已成为重要的考虑的对象。然而，与企业战略的研究相比，在生产运营战略的研究中，环境因素却未受到足够的重视。虽然部分国外学者已经开始对环境、生产运营战略及企业绩效的关系进行实证研究，但是有关环境、生产运营战略、绩效关系的实证研究比较少。并且已有的研究很多是集中于单一行业中的，而没有覆盖到制造业中的多个行业。

国内对生产运营战略的研究起步较晚，石涌江（1990）最先将生产运营战略的概念介绍到中国。目前国内生产运营战略的理论和实证研究均处于起步阶段，国内学者对生产运营战略的研究基础还相当薄弱。从研究文献来看，国内有关制造企业生产运营战略的研究基本集中在定性研究，仅有的一些定量研究也是以现状调查为主，研究结论基本来自国外已有的研究成果。对于国际代工制造企业生产运营战略与绩效的关系这一问题，缺乏足够的实证支持和系统分析。

现有研究的不足，表明对国际代工环境、生产运营战略与国际代工绩效关系进行系统、深入的研究的迫切性和必要性。

二 研究问题的提出

随着国际价值链的分化及国际制造网络的形成，人们越来越认识到生产运营战略在制造企业国际拓展中的重要作用，制造企业生产运营战略的研究也受到各国的关注。目前国外学者采用实证方法对生产运营战略与绩效关系进行研究时，主要以美国、欧洲发达国家为背景，对生产运营战略诸要素与绩效之间的关系所做的实证研究较为深入，取得了许多对于这些国家的企业有意义的研究成果；对发展中国家和地区企业的研究还较少，所做的研究也仅是针对生产运营战略的某一个方面；而对于以我国企业为背景的研究，才刚刚引起我国学者的注意。

中国作为全球最大的发展中国家，其制造业的国际拓展有其自身的特点。20世纪90年代初以来，中国各地区特别是沿海发达地区因开放而大量地吸收了国际跨国公司的直接投资、产业转移和外包订单，使那些劳动密集、附加价值较低、加工贸易为主的制造业依靠国际代工的方式得到了迅速的发展，对国际代工环境、生产运营战略与国际代工绩效关系的研究将具有重要的学术价值。

基于上述认识，目前迫切要求学术界对下列问题进行研究：

①对于中国这样一个发展中国家，国际代工环境与生产运营战略间存在何种关系？国际代工环境的不确定性会对企业生产运营战略的选择产生何种影响？

②我国国际代工制造企业生产运营战略与国际代工绩效的关系如何？我国制造企业的生产运营战略是否会对其国际代工绩效产生重要影响？

③对于我国国际代工制造企业而言，生产运营绩效与企业国际竞争绩效间存在何种关系？企业生产运营绩效水平的提高对其国际竞争绩效会产生何种影响？

三 研究对象

本书的研究对象为在中国大陆（不包括港、澳、台地区）设厂且具有国际代工业务的制造企业，包括国有、民营、三资及外商独资企业等。由于调查的时间和人力、物力的限制，本书将调查区域限定为珠三角地区，具体包括广州、佛山、东莞等市。珠三角地区是我国最早开展国际代工的区域，也是中国代工制造业发展最为典型的地区。

四 相关概念的界定及说明

（一）国际代工

国际代工是指代工行为发生在不同国家的厂商之间。国际代工是伴随着经济全球化和国际制造业的转移而产生的。在此过程中，发达国家品牌商将研发、销售等高增加值的“战略环节”牢牢掌握在母公司内，而将生产、加工、装配等低增加值的“非战略环节”转包给成本较低的发展中国家的企业完成，从而达到了在全球范围内最优利用资源的目的，并造成了行业内、企业内的全球分工。本研究从承接国际代工行为的生产商的视角，将国际代工（International Subcontracting）界定为“发达国家品牌商向国外制造商下订单，后者依照所提供的规范及设计要求生产产品或组件、零部件，生产完成后由发达国家厂商以其自有品牌及营销渠道销售的贸易和生产合作方式”。国际代工可以分为三种层次：

①低层次代工生产：国外委托厂商提供完整设计图及制造规格，甚至供应相关零部件，而由生产厂商负责装配或后续的加工制造，即是原厂委托制造（Original Equipment Manufacturer，OEM）。

②中层次代工生产：国外委托厂商提供规格及部分制造技术，生产厂商负责部分设计及全部制造。

③高层次代工生产：生产厂商负责设计、生产，国外委托厂商负责销售，其产品需贴上委托厂商品牌，即为近来发展的原厂委托设计与制造（Original Design Manufacturer，ODM）。

（二）国际代工环境

从广义上来说，企业环境是指影响企业管理决策和生产经营活动的各因素的集合，它既包括外部环境，也包括内部环境。但迄今为止，管理学家们多把企业环境定义为组织的外部环境。如罗宾斯（1997）认为“环境是指对组织绩效起着潜在影响的外部机构或力量”；琼斯等（2003）把组织环境定义为“超出组织边界但对管理者获得、运用资源有影响的一组力量和条件的组合”。关于企业环境的界定，学者们一般认为企业环境包括任务环境和一般环境。任务环境是指来自供应商、分销商、消费者及竞争对手，影响企业获取投入、提供产出的一组力量和条件；一般环境是指经济、科技、社会文化、人口、政治法律及全球力量等更大范围的影响企业及其任务环境的一组力量。

参考 Ward 等（1995）的研究，本研究将从任务环境的视角，从环境的动态性和威胁性两个方面对我国制造企业国际代工过程中所面临的外部环境因素进行研究。在对企业调研的基础上，结合我国制造企业的实际情况和相关的理论研究，并借鉴琼斯等（2003）对环境的定义，将国际代工环境界定为“制造企业在国际代工过程中，来自供应商、发包商、消费者及竞争对手等，影响企业获取投入、提供产出的一组力量和条件”。

（三）生产运营战略

生产运营战略（Manufacturing Strategy）的概念是由美国学者 Skinner 在 1969 年第一次明确提出的。Skinner 的主要思想是生产系统能够也应当被作为企业竞争的武器，仅把成本和效率作为生产管理的目标是不充分的，具有明确和特定市场定位及较少的产品组合的工厂优于一般的工厂，生产运营战略应该是协调一致的，满足企业战略要求，提供竞争优势。Skinner 将生产运营战略定义为“生产内部一系列结构性的决策，这样的决策可把生产构成战略武器”。此后，随着生产运营战略研究的不断深入，上述概念的内涵也逐渐扩展或变化。参考石涌江（1992）对生产运营战略的定义，本研究将生产运营战略界定为“企业根据产品的市场环境和内部的资源条件，以企业战略为指导，形成的生产系统的目标，以及在此目标指引下，有关制造资源获取、配置和产品生产、交付的一系列决策”。

（四）国际代工绩效

绩效（Performance）是企业经营管理的效益和效率的总称，以及对企业经营管理者经营管理成效的概括与汇总，它不仅可以分为获利性绩效和成长性绩效，还可分为财务绩效和非财务绩效。已有的有关生产运营战略与企业绩效关系的研究，或是将生产运营绩效作为因变量，或是将企业财务绩效作为因变量，而本研究的因变量是我国制造企业的国际代工绩效。本研究之所以选择国际代工绩效作为因变量，是因为本研究所关注的焦点与已有的研究有一定的区别。在调研中，笔者发现，对于国际代工制造企业而言，它们不仅关注企业在国际代工过程中的获利情况，而且关注企业在此过程中的生产运营情况。借鉴张炜（2005）的研究，本研究将国际代工绩效定义为制造企业国际代工过程中的发展能力，包括生产运营绩效和国际竞争绩效两个方面。其中生产运营绩效反映企业生产运营中取得的成果；国际竞争绩效反映制造企业国际代工的经营和发展状况。

五 研究内容、意义和研究方法

（一）研究内容

本研究的研究目的是以参与国际代工的我国制造企业为样本，全面实证分析国际代工环境、生产运营战略与国际代工绩效之间的关系，以期得出一些有价值的研究成果来支持定性理论分析的结论，从而为我国制造企业制定和形成面向未来的生产运营战略提供指导和参考。为实现上述目的，本书的研究内容主要包括：

①国际代工环境与生产运营战略的关系研究。当前，我国制造企业的国际代工环境发生了很大的变化，对企业的生产运营战略也提出了不同要求。本研究将首先构建国际代工环境与生产运营战略的概念模型，在此基础上，研究国际代工环境与生产运营战略的关系，以验证国际代工环境的不确定性是否会对企业的生产运营战略产生影响。

②生产运营战略与国际代工绩效的关系研究。本部分将探讨不同类型的生产运营战略与其国际代工绩效之间的关系。定量研究企业生产运营战略与其生产运营绩效之间的关系，以验证不同类型的生产运营战略是否会对生产运营绩效产生显著影响；定量研究生产运营战略与其国际竞争绩效之间的关系，以验证生产运营战略是否会对国际竞争绩效产生显著影响。

③生产运营绩效与国际竞争绩效的关系研究。目前在生产运营战略与企业绩效关系的研究中，生产运营绩效未受到足够的重视，并且目前的研究未对企业生产运营方面的总体表现（成本、质量、柔性、交货、创新）与其竞争绩效间的关系进行研究。从生产运营管理的角度而言，生产运营绩效水平的提高能

够带来企业总体效益的提升。因此，本部分将定量研究生产运营绩效与其国际竞争绩效间的关系，以验证生产运营绩效是否会对国际竞争绩效产生显著影响。

（二）研究意义

1. 研究的理论意义

第一，有助于丰富制造企业生产运营战略研究的理论体系。尽管国外学者对制造企业生产运营战略与企业绩效的关系进行了实证研究，然而，这些研究并没有得到一致的结论。并且国外学者在研究时多使用的是欧、美等西方发达国家的数据对特定国家的情况进行了研究，极少以发展中国家或中国的企业为研究对象进行研究。在中国情境下，外部环境的差异使得中国制造企业生产运营战略与企业绩效之间的关系与西方的有所区别，由于本研究是在中国这一特定背景下展开的，因而研究结论不仅可以为中国制造企业生产运营战略的定性研究提供实证支持，而且会丰富和发展生产运营战略研究的理论体系。

第二，有助于缩小国内外在生产运营战略研究上的差距。国外学者对生产运营战略进行研究时，实证研究比较充分，以大量的制造企业为样本，在调查和统计分析的基础上得出结论。与国外学者相比，国内学者对生产运营战略的研究相当薄弱，二者存在较大的差距。从笔者已收集的资料来看，国内有关制造企业生产运营战略的研究基本集中在定性研究，仅有的一些定量研究也是以现状调查为主，研究结论基本上来自国外已有的研究成果。对于我国国际代工制造企业生产运营战略与企业绩效的关系这一问题，缺乏足够的实证支持和系统分析。可见国内运营战略研究的实践明显落后于中国制造企业发展的实践，无法充分发挥理论对实践的指导作用。本研究运用实证的方法对我国制造企业国际代工环境、生产运营战略与国际代工绩效的关系进行分析，将有助于缩小国内外在此领域研究的差距。

第三，目前有关生产运营管理的研究大多集中在生产运营层面的一些具体方法和技巧上，但由于企业的运营涉及多个企业及企业中的多个部门，是一个庞大而复杂的系统，这样一个复杂巨系统的运行，如果离开了战略上的整体思考，即使有很好的局部改善方法和技巧，其应用效果也是十分有限的。本研究从战略上对我国制造企业的生产运营进行整体探讨，将有助于提高我国制造业国际运营水平，促进运营管理研究的进一步发展。

2. 研究的实践意义

企业的竞争实力是以企业生产系统及其输出产品为基础的机能和素质，只有当企业将以往的精神竞争转变为真正的物质竞争时，它才可能赢得最终的胜利。生产运营战略的重要作用就是帮助企业构造有效的生产运营系统。我国制造企业在国际竞争中主要停留在国际价值链的低端，通过国际代工进入国际市场是我国制造企业国际化过程中的一个显著特征。作为世界制造业的代工大国，长期以来，我国制造企业追求的是不断提高生产运营系统的效率，低成本战略是我国制造企业国际代工过程中主要采用的生产运营战略类型。然而，随着国际环境的变化，人民币的不断升值，出口退税的逐步减少，中国代工制造企业面临着越来越大的压力。面对新形势，我国国际代工制造企业首先要解决的是如何构造有效的生产系统，其次才是在有效性的基础上提高效率的问题。为了构造有效的生产运营系统，提高我国代工制造企业的生产运营管理水平，帮助企业获取竞争优势，需要加强生产运营战略方面的研究与探讨。尤其迫切需要加强对国际代工环境、生产运营战略与国际代工绩效关系的实证研究，用现实的经验为我国制造企业的管理者提供可信的证据。从企业的角度分析，国际代工制造企业的管理者需要明确认识国际代工环境对企业生产运营战略选择的影响，清楚了解不同类型的生产运营战略与企业国际代工绩效的关系。基于上述，笔者认为，立足中国国情，对中国制造企业的国际代工环境、生产运营战略与国际代工绩效的关系进行深入、系统的研究具有明显的现实紧迫性。本研究的研究成果将有助于人们进一步了解生产运营战略在制造企业发展中的作用和意义，同时，也能够为代工制造企业更好地实施生产运营管理，选择合适的生产运营战略提供科学的依据和有益的指导。

（三）研究方法

本研究综合运用国际企业管理、生产运营战略与管理、权变理论、资源基础理论、替代权衡理论、国际价值链理论、组织理论、绩效管理的理论与方法，理论研究和实证研究相结合，定性研究与定量研究相结合，在对生产运营战略的相关文献进行理论研究的基础上，对我国国际代工制造企业进行实地调研、企业访谈，然后通过大规模问卷调查对我国制造企业国际代工环境、生产运营战略与国际代工绩效的关系进行实证研究，在文献研究、问卷调查研究的基础上，提出研究结论。

六 调查问卷的设计

问卷是社会调查中用来收集资料的一种工具。它的形式是一份预先精心设计好的问题表格，用途在于测量人们的行为、态度和特征。近年来，问卷作为社会调查中收集资料的工具越来越受到人们的重视，问卷为社会科学研究从定性走向定量、从思辨走向实证提供了十分关键的物质手段。

（一）问卷设计的目标与原则

一份优良的问卷应具有较高的信度和效度，适用于研究的目的和内容，适用于调查对象。为达到以上目标，问卷设计应尽可能简明，便于回答和有吸引力。本研究的问卷设计严格按照风笑天、李怀祖、林聚任和刘玉安等提出的问卷设计原则。另外，由于本研究的大部分问题采用李克特七点量表，被调查者对问题的回答主要建立在主观评价之上。为避免被调查者由于主观上的障碍（被调查者心理上和思想上对问卷产生的各种不良反应所形成的障碍，如不重视、不想回答等）及客观上的障碍（被调查者自身的能力、条件等方面的限制所形成的障碍，如不知道、不能回忆、不能理解等）而导致非准确性回答，本研究采取了以下措施：

①调查问卷首先通过对本次调查的目的、意义及对我国制造企业未来发展的作用进行了简要说明，并承诺如果被调查者对研究结果感兴趣，将通过电子邮件将研究结果反馈给他们，以激发被调查者参与的兴趣和热情。

②调查问卷的问题尽量不涉及企业及个人的隐私，没有要求填写制造企业的名称和填答者的姓名。同时，在调查问卷的封面信中明确向被调查者承诺调查数据仅用于学术研究，不涉及商业用途，保证对填答者提供的一切信息严格保密。

③在保证达到调查目的的前提下，尽量减少调查题项的数量，使大多数回答者基本上在 20 分钟以内完成回卷。

④在题项顺序设计方面，本研究尽量将被调查者感兴趣的、熟悉的、简单易答的、非敏感性的问题放在前面，将个人背景资料和开放式问题放在后面。

⑤要求调查问卷的填写者是代工制造企业的高层管理人员、高管助理或生产运营部门管理人员，他们熟悉企业的情况，能够较为准确地对上述问题进行回答。

⑥调查问卷中的题项大多是针对制造企业现阶段的情况，问卷的填答者只需要根据现阶段的情况进行回答。

⑦本研究调查问卷在设计和修订过程中多次征询相关研究人员及国际代工制造企业高层管理人员的意见，并根据他们的意见对题项的设计，语言的表达方式和遣词造句等方面进行了多次修改，尽量减少题项难以理解和表达不清楚的情况。

（二）问卷设计的过程

风笑天（2001）认为问卷设计可以按照以下步骤进行：①探索性工作；②设计问卷初稿；③试用；④修改、定稿并印刷。在参考风笑天（2001）的观点的基础上，本研究的问卷设计经历了文献研究、企业访谈、初稿设计、主观评价、客观检验、修改和定稿等过程。

调查问卷的最终稿由四部分组成：第一部分测量我国国际代工制造企业面临的环境因素；第二部分测量企业的生产运营战略的类型；第三部分测量企业的国际代工绩效；第四部分为公司基本情况部分，包括被调查者的个人信息及被调查者所在企业的基本情况。这份问卷用于正式的问卷调查和数据收集。

七 变量的测量

（一）国际代工环境的测量

在生产运营战略与外部环境关系的研究中，主要关注的是环境的动态性和威胁性，而较少关注环境的复杂性，因为环境的复杂性主要是在企业战略的层面研究的维度。因此，本书在对我国制造企业国际代工环境进行研究时，将从环境的动态性和威胁性两个维度对我国制造企业国际代工过程中面临的外部环境进行测量。本研究中，国际代工环境只包括制造企业在国际代工过程中的任务环境，不包括企业的内部环境和一般环境。

具体测量指标方面，Swamidass 和 Newell（1987）用了 6 个题项对环境的不确性进行了度量。Slevin 和 Covin（1997）用 6 个题项测量环境的威胁性。Ward 等（1995）从环境的动态性和威胁性两个方面对企业环境进行了测量，其中环境的动态性使用 4 个题项进行测量，环境的威胁性从经营成本（8 个题项）、劳动力（6 个题项）及敌意的竞争（7 个题项）3 个方面进行度量。Badri、Davis 和 Davis（2000）对 Ward（1995）的研究进行了拓展，在环境变量中加入了政府的法律法规及政治影响两个潜变量，各用了 6 个题项对这两个因子进行了度量。Huo Baofeng（2007）用了 12 个题项对环境的威胁性进行了度量。

本书对国际代工环境的测量参考了 Swamidass 和 Newell（1987），Slevin 和 Covin（1997），Ward 等（1995），Badri、Davis 和 Davis（2000），Huo Baofeng（2007）的研究，结合访谈结果，从动态性和威胁性两个维度测量国际代工环境。其中，环境的动态性主要指外部环境要素的变化程度，环境的威胁性主要是指外部环境中对企业经营中不利的方面。在预试中，前 4 个题项用于测量环境的动态性，后 5 个题项用于测量环境的威胁性，见表 6 - 1。9 个题项均采用李克特七点量表进行评价，从 1 到 7 依次表示从“非常不同意”到“非常同意”的 7 等分变化选择，要求被调查者对国际代工时面临的环境要素做出判断。

表 6－1 我国制造企业国际代工环境的测量题项

正式调查问卷中的序号	题项内容	题项来源
1	产品和服务过时的速度很快	Swamidass 和 Newell（1987），Ward 等（1995），Slevin 和 Covin（1997），Badri、Davis 和 Davis（2000），Huo Baofeng（2007），企业访谈
2	新的产品和服务创新的速度很快	
3	新的运营流程创新的速度很快	
4	顾客需求变化很快	
5	企业的经营成本不断上升	
6	国际市场竞争非常激烈	
7	贴牌产品的利润率越来越低	
8	国际市场需求不断下降	
删除	国外的非关税壁垒越来越多	

注：没有标序号的测量题项是经过预试被删去的题项，本节其他表格同。

（二）生产运营战略的测量

本研究将生产运营战略定义为“企业根据产品的市场环境和内部的资源条件，以企业战略为指导，形成的生产系统的目标，以及在此目标指引下，有关制造资源获取、配置和产品生产、交付的一系列决策”。在生产运营战略的分类方面，学者们主要从竞争要项（competitive priorities）的角度对生产运营战略进行分类。许多学者认为生产运营战略的类型可以分为低成本、质量、交货、柔性四类。20 世纪 90 年代以来，随着国际竞争的加剧和顾客需求的变化，创新战略越来越受到学者们的重视。学者们认为生产运营战略的类型应包括创新战略。

本研究在对生产运营战略的分类中，根据实际研究的需要和中国代工制造企业的实践，将生产运营战略分为低成本战略、质量战略、柔性战略和创新战略四种类型，并未将交货作为一种单独的生产运营战略类型提出。本研究采用上述分类的原因主要在于：①笔者在与我国代工企业的相关人员交流和访谈中，一些制造企业的生产运营管理人员认为，准时和快速的交货对于制造企业来说虽然非常重要，但将交货单独作为一种生产运营战略类型并不合适，因为交货的可靠性是执行代工合同的必要因素，是所有企业都应当严格遵守的；②笔者在与相关研究者和专家的交流中，他们认为，对于我国代工企业来说，可将准时和快速的交货作为生产运营绩效的一个方面，将交货作为生产运营战略类型的一种并不妥当；③国内学者杨东涛等在对生产运营战略的实证研究中，也认为不应该将交货作为生产运营战略的一种类型。因此，笔者在研究中采纳了他们的意见，将准时和快速的交货作为生产运营绩效的一个方面，不再将交货单独作为一种战略类型提出，将生产运营战略的类型分为低成本战略、质量战略、柔性战略和创新战略 4 类。在对上述 4 种战略类型的测量方式上，每个题项都采用 Likert 七点量表进行评价，从 1 到 7 依次表示从“非常不重要”向“非常重要”过渡的 7 等分变化选择，要求被调查者根据实际情况对本企业的生产运营战略做出选择。

1. 低成本战略的测量

本研究中，将低成本战略界定为“产品生产过程中最大限度减少开支和避免浪费，为消费者创造价值”。Ward 等（1995）使用降低产品的单位成本的能力、降低原材料的成本、降低一般管理费用及降低库存水平测量低成本战略。此后，Amoako-Gyampah 和 Boye（2001），Badri、Davis 和 Davis（2000），Amoako-Gyampah（2003）在他们的研究中均使用了 Ward 等（1995）的测量题项。Ward 等（1998）使用降低产品生产成本、降低库存、提高劳动生产率、增加产能利用率 4 个题项测量低成本战略。Ward 和 Duary（2000）使用降低库存、增加产能利用率、增加设备利用率及降低产品生产成本 4 个题项测量低成本战略。Kathuria（2000）使用控制产品的单位成本、提高劳动生产率及提高产能利用率 3 个题项来测量低成本战略。Xiande Zhao 等（2002）使用在价格竞争激烈的市场中获利的能力、降低原材料成本的能力、降低产品生产循环周期的能力、降低一般管理费用的能力及降低劳动力成本的能力 5 个题项来度量低成本战略。杨东涛等（2004）在对低成本战略的度量进行综合的基础上，结合中国制造企业的实际，认为应使用公司的价格定位低于其他竞争者、公司通过开发低成本原材料（原材料替代）来降低采购成本、公司通过提高运营效率和降低生产成本来超越竞争对手、公司削减一般管理费来保持竞争力、公司谋求零部件标准化以降低成本 5 个题项来度量低成本战略。借鉴他们的研究，参考访谈中代工制造企业有关人员的意见，本研究用 5 个题项测量低成本战略，见表 6－2。

表 6－2　低成本战略的测量题项

正式调查问卷中的序号	题项内容	题项来源
删除	以低廉的单位成本进行生产	Ward 等（1995），Ward 等（1998），Ward 和 Duary（2000），Xiande Zhao 等（2002），杨东涛等（2004），企业访谈
9	提高劳动生产率	
10	增加生产能力利用率	
11	提高库存周转率	
12	控制原材料成本	

2. 质量战略的测量

质量战略是指通过生产过程的改善来不断提高产品的性能和可靠性。Garvin

(1987) 从性能、可靠性、耐用性等 8 个方面对质量战略进行了度量。Ward 等 (1995)、Amoako-Gyampah 和 Boye (2001) 使用降低产品废品率、提高产品的性能和可靠性、提高供应商产品的质量、实施质量控制环、获取 ISO 9000 质量认证 5 个题项对质量战略进行度量。Tracey、Vonderembse 和 Lim (1999) 通过询问被调查的企业是否能够基于产品的质量进行竞争、是否能够提供非常可靠的产品、是否能够提供非常耐用的产品及是否能够为顾客提供高质量的产品 4 个题项测量质量战略。Xiande Zhao 等 (2002) 通过对企业提供可靠产品的能力、提高产品设计质量的能力、提供高性能产品的能力、提供一致的产品质量的能力、提高工作的条件和安全性的能力、提供耐用产品的能力、减少产品对环境的危害的能力 7 个题项的询问对质量战略进行了测量。杨东涛等 (2007) 使用质量控制、与供应商合作以提高其质量、统计过程控制、品质圈管理小组 (QC)、质量生产的基准、质量管理程序测量生产运营战略。Martin-Pena 和 Diaz-Garrido (2008) 使用提供一致的和低废品率的产品、符合设计规范要求的产品及高性能的产品 3 个题项来度量质量战略。参考上述研究，并结合访谈中相关人员的意见，本研究使用了 4 个题项测量质量战略，见表 6-3。

表 6-3　质量战略的测量题项

正式调查问卷中的序号	题项内容	题项来源
13	实施质量控制	Garvin (1987), Ward 等 (1995), Xiande Zhao 等 (2002), 杨东涛等 (2007), Martin-Pena 和 Diaz-Garrido (2008), 企业访谈
14	提高供应商产品质量	
15	提供可靠的产品/服务	
16	提供耐用的产品/服务	

3. 柔性战略的测量

柔性战略是指企业在不增加成本的前提下，对产品规模、产品种类、产品组合、设计改变、物料波动、排程改变等做出敏捷反应的能力。Swamidass 和 Newell (1987) 使用新产品引入的速度、新的生产流程引入的速度、产品品种的多样性、产品功能的多样性及企业在研发方面的努力 5 个题项测量柔性战略。Gervin (1993) 认为可从生产提前期的缩减、生产转换时间的缩减、生产车间工作任务优先顺序的改变、生产车间工作任务内容的改变 4 个方面度量柔性战略。Ward 等 (1998) 则从产品功能或选择的多样性、快速推出新产品的能力、快速调整产能的能力、快速改变产品设计的能力 4 个题项对柔性战略进行测量。Shih-Chia Chang 等 (2003) 则通过询问企业能否及时和快速地推出新产品、能否快速变更不同产品的组合、能否快速变更产品的生产水平、能否快速调整现有产品的功能、能否快速调整产品的交货期、能否快速提供多种售前和售后服务来度量柔性战略。在对上述研究进行借鉴的基础上，并参考制造企业相关人员的意见，本研究使用了5个题项测量柔性战略，见表6-4。

表6-4 柔性战略的测量题项

正式调查问卷中的序号	题项内容	题项来源
17	缩短生产提前期	Swamidass 和 Newell（1987），Gervin（1993），Ward 等（1998），Shih-Chia Chang 等（2003），企业访谈
18	缩短生产线产品转换时间	
19	短时间内迅速调整产能	
20	短时间内快速调整产品品种	
21	处理客户交货期变化	

4. 创新战略的测量

生产运营的创新战略主要是指制造企业开发新产品、新工艺及以此为基础来开拓国际市场的能力。Xiande Zhao 等（2002）使用开拓国内市场的能力、开发新技术的能力、实施新技术的能力、开拓或扩展海外市场的能力、获取专利的能力5个题项来测量创新战略。张慧颖等（2003）使用提供技术性产品和服务、渗透特定目标市场的能力、渗透全行业目标市场的能力3个题项来度量创新战略。程发新、赵艳萍、李守伟（2007）认为创新战略可从引进新产品的次数、推出全新产品的次数、获得技术发明专利的次数及产品生命周期比较系数来度量。Theodorou 和 Florou（2008）认为创新战略可以通过设计创新的频率、生产技术创新频率及促进创新的方法实施3个题项进行测量。本研究对创新战略的度量一方面借鉴了相关学者的研究，另一方面也考虑了代工制造企业有关人员的意见。具体的测量题项见表6-5。

表6-5 创新战略的测量题项

正式调查问卷中的序号	题项内容	题项来源
22	生产流程的创新	Xiande Zhao 等（2002），张慧颖等（2003），程发新等（2007），Theodorou 和 Florou（2008），企业访谈
23	产品设计的创新	
24	产品功能的创新	
25	专利的获取	
删除	目标市场的开拓	

（三）国际代工绩效的测量

绩效就是业绩和效益，是人们通过体力或脑力劳动的实践所产生的有益结果和效果。所谓绩效评价，就是对个人或一个组织在一定时期的工作结果，从效益和效率方面进行科学的、客观的评价。

在组织绩效的测量方面，有的学者采用客观的观察营运资料方式来衡量，有的学者则采用主观的以自评问卷的方式来衡量。Swamidass 和 Newell（1987）发现获取企业客观绩效数据（比如企业利润的增长、利润率、销售额的增长、市场占有率及投资回报率等）非常困难。并且客观数据无法将不同行业的制造企业进行相比（Bozarth 和 Edwards，1997）。Ward、Leong 和 Boyer（1994）对企业的主观绩效和客观绩效同时进行了测量，结果发现，在对主观绩效指标进行填答的样本中，只有不到一半的企业愿意对客观绩效的指标进行填答。Ward、leong 和 Boyer（1994），Ward 等（1995），Ward 和 Duray（2001）将企业的主观绩效与其客观绩效相比较后发现，主观绩效与客观绩效之间显著正相关，主观绩效在测量企业绩效方面具有很好的可靠性。Churchill 等（1985）在一项研究中发现主观绩效可以提供和客观资料及上司评估方式相同的结果。

本研究对我国制造企业的国际代工绩效采取由企业管理人员进行主观评价的测量方法，其原因主要在于：①主观评价方法测量企业绩效已被证实具有有效性。已有的研究发现，企业主观绩效与客观绩效之间显著正相关，主观绩效在测量企业绩效方面具有很好的可靠性。②本研究所调查的制造企业大都为非上市企业，企业客观绩效的数据无法公开获得，只能通过问卷调查获得。而客观绩效数据对于中国的许多非上市企业而言是商业机密，被调查者出于保密性考虑，一般不愿意提供客观数据。而采用主观评价的方法有可能得到相对更加完整和可靠的关于企业绩效的信息。③本研究的样本包含不同行业，客观绩效数据无法对不同行业的制造企业进行比较，而横向比较的主观评价方法有可能是更为合理的评价绩效的途径。④许多学者在分析生产运营战略对企业绩效的影响时，采用了主观评价的方法，并取得了良好的效果。

在企业绩效衡量指标的选取上，Kathuria（2000）认为管理绩效可以通过工作的质量、工作的精确度、工作小组的产出、客户的满意度、运营效率、工作的数量及准时交货来衡量。他认为上述指标不仅适用于不同行业，而且适用于采用不同战略的不同部门。林义屏（2001）从短期绩效和长期绩效两个方面对组织绩效进行衡量。Vickery 等（2003）从运营绩效和财务绩效两个方面对组织绩效进行了度量。刘二丽（2007）从竞争绩效和潜力绩效两个方面来衡量企业的成长绩效。Huo Baofeng（2007）在对供应链的整合与绩效关系的实证研究中，从财务绩效、运营绩效和供应链绩效三个方面对企业绩效进行了度量。

在生产运营战略与企业绩效关系的研究中，现有的研究一方面从生产运营绩效的视角对企业绩效进行度量，另一方面则从财务绩效角度对企业绩效进行度量。在参考上述研究的基础上，结合本研究的实际需要，本研究将国际代工绩效定义为企业国际代工过程中的发展能力，从生产运营绩效和国际竞争绩效两个方面对企业国际代工绩效进行度量，见表6－6。其中，企业的生产运营绩效是指企业生产运营的情况，反映的是过程绩效；国际竞争绩效是指我国制造企业国际经营和发展状况，反映的是结果绩效。预测试中，前6个题项用于测量生产运营绩效，后4个题项用于测量国际竞争绩效。10个题项均采用Likert七点量表进行评价，从1到7分别表示从“非常不满意”向“非常满意”的7等分变化选择，要求被调查者给出相对于同行业竞争对手的评分。

表6－6　我国制造企业国际代工绩效的测量题项

正式调查问卷中的序号	题项内容	题项来源
26	本公司贴牌产品的成本优势	Kathuria（2000），林义屏（2001），Schroeder等（2002），Vickery等（2003），杨东涛等（2007），Huo Baofeng（2007），企业访谈
27	本公司贴牌产品的质量	
28	本公司贴牌产品准时、快速交货	
29	本公司贴牌产品新产品推出的速度	
30	本公司对国外非标准代工订单的反应	
删除	本公司贴牌产品的售前及售后服务	
31	本公司贴牌产品销售收入的增长	
32	本公司贴牌产品的盈利水平	
33	本公司贴牌产品的国际市场占有率	
34	本公司面向国际代工市场的投资回报率	

（四）国际代工企业特征变量的测量

本书研究的是国际代工环境、生产运营战略与企业国际代工绩效的关系。除国际代工环境与生产运营战略外，还有一些因素可能对我国国际代工制造企业的绩效产生影响。由于影响因素众多，不可能一一加以研究。综合考虑研究的可行性、变量的重要性等因素，本研究选择了企业规模、行业类别、国际代工年数、国际代工合作方式这4个特征变量，研究这几个变量对企业国际代工绩效的影响。

1. 企业规模

企业的规模会对其发展和绩效产生影响，企业规模是影响其竞争力的重要因素。一般来说，规模较大的企业通常被认为具有获取高于正常利润率的能力。首先，由于市场的不完全性，它们能够通过其垄断优势，获得较高的超额利润。不仅如此，规模较大的企业能够在资本市场以较低的成本获得资金，并能以较低的成本在市场中运营。小企业拥有的资源较少，不具备规模经济的优势，它们在与规模较大的企业竞争中会处于劣势地位。对于我国国际代工制造企业而言，规模较大的企业的产品单位成本往往较低，在国际竞争中可能会具有价格优势；同时，相对规模较小的代工企业来说，规模较大的企业由于退出成本较高，因此一般具有较好的信誉优势。因此，企业的规模越大，企业的规模经济效应和信誉优势就越明显，企业的绩效可能越好。目前，企业规模划分的标准并不一致，有的以产品产量为标准，有的以销售额为标准，有的以职工人数为标准，也有的以固定资产为标准。本研究采用代工企业的员工人数作为测量企业规模的指标，分析企业规模对其国际代工绩效的影响。

2. 行业类别

企业所处行业不同，其利润率同样会存在差异。不同行业的企业在运营绩效和竞争绩效的表现上会存在差异。Dess 等（1990）也认为在战略管理研究中，应考虑行业的差异导致的企业绩效差异。一些学者在对生产运营战略与绩效关系进行研究时，也对行业类别进行了控制，因而本研究将分析行业类别对制造企业运营绩效与国际竞争绩效是否会产生显著影响。在调查问卷中，对制造企业行业是根据中华人民共和国国家标准 GB/T 4754—94、国民经济行业分类与代码进行划分的，分为家电行业、玩具行业、食品饮料行业等类别。

3. 国际代工年龄

企业国际代工年龄是企业国际化的属性之一。根据企业能力理论，企业的竞争优势来源于企业特有的知识和能力，而企业特有的知识和能力是随着时间的推移而逐步积累起来的。我国作为发展中国家，可以在制造企业融入全球价值链过程中“边干边学”，通过国外跨国公司的知识溢出和企业自身的组织学习，不断提高竞争优势。企业国际代工时间越长，企业的经验优势、能力优势和知识优势可能就会越强，企业的绩效也就可能越好。因此，本研究将对我国制造企业国际代工年龄与国际代工绩效间的关系进行研究，并将企业国际代工年龄界定为企业从国际代工开始到 2008 年为止所经历的年数。

4. 代工合作方式

国外客户与代工厂商合作方式（OEM 或 ODM）涉及代工厂商是否提供产品的设计或制造技术。OEM 对我国制造企业的要求较低，我国国际代工制造企业仅从事产品的生产制造，主要凭借成本优势进入国际市场。而 ODM 要求我国代工厂商不仅从事产品的生产制造，同时还从事产品的设计、研发等，此时我国国际代工产品已具备产品优势。不同代工合作方式可能会对企业的国际代工绩效产生不同影响。因此，本研究对我国制造企业国际代工合作方式与绩效间的关系进行研究。

八 数据收集

（一）调查对象及资料收集方法

由于本研究是对企业的外部环境、生产运营战略及绩效等内容进行测量，只有熟悉企业总体情况和生产运营状况的人员才有可能准确反馈调查所需要的信息。为了保证问卷填答人有足够的知识来填答问卷，本研究所设定的调查对象要求是制造企业高层管理人员、高管助理或生产运营部门管理人员，例如企业总裁、总经理、副总经理、总裁助理、总经理助理、生产运营经理、车间的生产主管等。

本研究的资料收集方法主要采用自填问卷法，通过个别发送和邮寄填答的方式来收集资料。在个别发送过程中，笔者与苏州健雄职业技术学院工程硕士班进行了联系，在他们的课余时间将问卷逐个发送到被调查者手中，同时讲明调查的意义和要求，请他们合作填答，表示愿意将研究结果反馈给每一个参与者，并约定在下一次上课的时候笔者过来收取问卷。同时，笔者又通过邮局将问卷寄给被调查者或通过电子邮件将问卷发给被调查者，请他们予以配合。

（二）预测试的数据收集

本研究使用问卷的第二次修改稿进行了预测试。本次预测试主要是通过本人在企业工作和曾在企业工作的同学和朋友，请他们帮忙填写和发放问卷。问卷主要是通过电邮方式发放，共发放 100 份问卷，回收 53 份，删除了多处缺答或全部题项答案相同的问卷后，获得有效问卷 46 份。达到了吴明隆（2003）提出的预测试对象人数以问卷中包含最多题项的分量表的 3 ~5 倍人数的要求。

（三）正式调查的数据收集

本研究利用调查问卷的最终稿对我国制造企业负责生产运营或熟悉生产运营的管理人员进行了正式的问卷调查。正式调查中，问卷的发放和回收主要采取以下方式进行：

①采用个别发送的方式在工程硕士班发放问卷。笔者将打印出来的问卷在课余时间直接发放给苏州健雄职业技术学院工程硕士班符合条件的同学，向被调查者说明填写要求，并约定下次上课时统一收取。这种方式共发放问卷 13 份，最

终回收问卷10份，全部为有效问卷，问卷回收率和有效问卷回收率均为76.9%。

②向苏州健雄职业技术学院已毕业的校友通过电子邮件的方式发放问卷。笔者首先查阅苏州健雄职业技术学院已毕业的MBA和工程硕士的联系方式，在对相关人员进行筛选后，首先通过电话与他们取得了联系，在确认该校友所在企业符合要求并征得他们的同意后，通过电子邮件的方式将问卷发放给他们，共发放问卷75份，回收问卷28份，删除多处缺答或全部题项答案相同的问卷后，得到有效回卷27份，问卷的回收率为37.3%和有效问卷回收率均为36%。

③通过广东省经贸委协助发放问卷。导师首先通过电话与中山市经贸局、东莞市经贸局、东莞市顺德区经贸局、佛山市经贸局取得了联系，在征得他们同意并向他们说明了选取企业的要求后，请他们帮忙分发到相关企业，请相关企业填好后直接寄回即可。笔者分别向他们各寄送了60套问卷，每套问卷包括由导师亲笔签名的感谢信、一个打印好回邮地址并贴好邮票的回邮信封及一份问卷，并在问卷首页注明了电子版问卷的下载地址及填写好的电子问卷发送的邮箱。回收问卷83份，删除多处缺答或全部答案相同的问卷后，得到有效问卷72份，问卷的回收率为34.6%，有效回收率为30%。

④通过个人和导师的社会关系，通过电子邮件或邮寄的方式直接向企业发放问卷。采用这种方式共发放问卷200份，回收问卷73份，将多处缺答或全部题项都填写为一样的问卷删除后，得到有效问卷63份，问卷回收率为36.5%，有效问卷回收率为31.5%。

表6-7为调查问卷发放与回收情况汇总。

表6-7　调查问卷发放与回收情况表

发放方式	发放问卷数/份	有效问卷/份	问卷回收率/%	有效问卷回收率/%
1	13	10	76.9	76.9
2	75	27	37.3	36
3	240	72	34.6	30
4	200	63	36.5	31.5
合计	528	172	36.7	32.6

（四）数据收集过程中的局限性

虽然笔者采取多种方式来保证问卷调查中的科学性与严谨性，但是由于客观现实条件的限制，数据收集过程中可能存在以下局限：

①由于客观条件的限制，本研究缺乏研究总体的完整资料，因此无法采用随机抽样的方式抽取样本，并且无法进行样本代表性的分析。由于符合调查要求的

企业被抽中的概率并不相同，因此研究的结果无法验证是否可以推论到整个总体。

②本研究收集问卷对象全部来自珠三角制造企业，未对其他地区制造企业（如长三角、京津唐地区等）进行问卷调查，然而不同地域的企业间的情况可能会存在差异。

③本研究采用单一受访者的认知来评估制造企业面临的环境、生产运营战略及绩效的情况，由于不同层次、不同部门的个体对同一问题的认识可能会存在差异，因此个人层次的认知能否准确反映企业的内外部情况，可能会存在争议。

九 问卷的预试分析

（一）预试样本企业的基本特征

表6-8和表6-9分别为预试的问卷填答者信息和样本企业基本资料统计。从表6-8可以看出，预试的填答者中既有代工企业的高层管理人员，如总经理或副总经理、副总裁等，又有高管助理及生产运营管理人员，在填答者总数中所占的比例分别为17.4%、26.1%、56.5%。他们熟悉企业各方面的情况，能够准确、客观地反馈调查所需要的信息。从问卷填答者的工作年限来看，工作年限在3年以下、3~5年、5年以上的填答者在填答者总数中所占比例分别为10.9%、36.9%、52.2%。可见，有近90%的填答者工作年限在3年以上，他们对企业的情况了解会比较全面及客观。

表6-8　问卷填答者个人信息

项目	分类	频次	百分比/%	累计百分比/%
职务	高层管理人员	8	17.4	17.4
	高管助理	12	26.1	43.5
	生产运营管理人员	26	56.5	100
工作年限	3年以下	5	10.9	10.9
	3~5年	17	36.9	47.8
	5年以上	24	52.2	100

资料来源：笔者根据调研数据整理。

表6-9的结果表明，预试样本企业主要分布在广州、东莞、佛山、深圳4个城市。回收的有效问卷中，位于广州、东莞、佛山、深圳的制造企业分别为9家、14家、13家、7家，这4个城市样本总数的累计百分比占样本总数的

93.5%。从企业的国际代工时间看，近90%的企业国际代工时间在3年或3年以上。从企业国际代工的合作形式来看，63%的企业采取ODM方式从事代工生产。从企业的规模来看，既有不足100人的企业，也有5 000人以上的企业，人数在500~5 000人的企业占样本总数的63%。从企业所有制结构来看，私营/民营企业、外商独资企业、中外合资/中外合作企业居多，分别为21家、8家和13家，累计占样本企业总数的91.3%。从样本企业的行业类别来看，主要包括食品、玩具、家电、制衣等行业，其中玩具和家电行业合计占样本总数的52.2%。以下将利用预试的数据对问卷进行信度分析。

表6-9　预试样本基本资料统计

代工企业特征	分类	频次	百分比/%	累计百分比/%
所在城市	广州市	9	19.6	19.6
	东莞市	14	30.4	50
	佛山市	13	28.3	78.3
	深圳市	7	15.2	93.5
	其他	3	6.5	100
代工年龄	3年以下	5	10.9	10.9
	3~5年	13	28.3	39.2
	6~8年	12	26.1	65.3
	9~10年	9	19.5	84.8
	10年以上	7	15.2	100
代工合作方式	OEM	17	37.0	37.0
	ODM	39	63.0	100
企业规模	100人以下	3	6.5	6.5
	100~500人	5	10.9	17.4
	500~1 000人	18	39.1	56.5
	1 000~5 000人	11	23.9	80.4
	5 000人以上	9	19.6	100
所有制结构	国有	4	8.7	8.7
	集体	0	0	8.7
	私营/民营	21	45.6	54.3
	外商独资	8	17.4	71.7
	中外合资/中外合作	13	28.3	100

续表

代工企业特征	分类	频次	百分比/%	累计百分比/%
行业类别	食品	7	15.2	15.2
	玩具	11	23.9	39.1
	家电	13	28.3	67.4
	制衣	5	10.9	78.3
	金属制品、陶瓷	6	13.0	91.3
	机械制造	2	4.3	95.7
	其他	2	4.3	100

（二）预试分析方法

本研究预试分析利用 Cronbach's *a* 系数对问卷的信度进行检验。一份信度系数好的量表或问卷，其总量表的信度系数最好在 0.80 以上，如果在 0.70 ~0.80 之间，仍是可以接受的范围；如果是分量表，其信度系数最好在 0.70 以上，如果是在 0.60 ~ 0.70 之间，可以接受使用。另外，纠正项目与总体相关系数（Corrated-Item Total Correlation，CITC）应大于 0.35。本研究以 0.70 作为 Cronbach's *a* 系数的最低标准，对 CITC 小于 0.35 且删除后可以增加 Cronbach's *a* 系数的测量题项，将予以删除。以下笔者将通过 SPSS 15.0 软件对各变量的信度进行检验。

（三）预试分析结果

1. 国际代工环境的信度分析

我国制造企业国际代工环境的信度分析结果见表 6 – 10。由表 6 – 10 的数据可知，环境的动态性信度系数为 0.862，大于 0.7，并且测量环境的动态性的 4 个题项的 CITC 指数均大于 0.35，因此，保留这 4 个题项测量环境的动态性。

表 6 – 10　国际代工环境的信度分析

潜变量	测量题项	CITC	删除该题项后的 *a* 系数	*a* 系数
环境的动态性	产品和服务过时的速度很快	0.739	0.811	0.862
	新的产品和服务创新的速度很快	0.716	0.822	
	新的运营流程创新的速度很快	0.795	0.788	
	顾客需求变化很快	0.597	0.870	

续表

潜变量	测量题项	CITC	删除该题项后的 a 系数	a 系数
环境的威胁性	企业的经营成本不断上升	0.661	0.689	初始：0.772 最终：0.812
	国际市场竞争非常激烈	0.665	0.693	
	代工产品的利润率越来越低	0.548	0.730	
	国际市场需求不断下降	0.616	0.706	
	国外的非关税壁垒越来越多	0.278	0.812	

测量环境的威胁性的 5 个题项中，国外的非关税壁垒越来越多这一题项 CITC 指数为 0.278，小于 0.35，并且删除该题项后，环境的威胁性的 Cronbach's a 系数由 0.772 上升到 0.812，因此删除该题项。其他 4 个题项的 CITC 值均大于 0.35，并且删除题项后 a 系数有所降低，因而保留这 4 个题项用来测量环境的威胁性。

总之，删除内部一致性较低的测量题项后，测量国际代工环境的各潜变量的 Cronbach's a 系数为 0.862 和 0.812，说明各潜变量的测量是可信的。

2. 生产运营战略的信度分析

制造企业生产运营战略用低成本战略、质量战略、柔性战略及创新战略 4 个潜变量来测量。制造企业生产运营战略的各潜变量的信度分析结果见表 6－11。

表 6－11　生产运营战略的信度分析

潜变量	测量题项	CITC	删除该题项后的 a 系数	a 系数
低成本战略	以低廉的单位成本进行生产	0.225	0.830	初始：0.778 最终：0.830
	提高劳动生产率	0.664	0.622	
	增加生产能力利用率	0.705	0.607	
	提高库存周转率	0.474	0.690	
	控制原材料成本	0.585	0.659	
质量战略	在工厂中实施质量控制	0.730	0.771	0.829
	提高供应商产品的质量	0.594	0.812	
	提供可靠的产品/服务	0.699	0.765	
	提供耐用的产品/服务	0.678	0.791	

续表

潜变量	测量题项	CITC	删除该题项后的 a 系数	a 系数
柔性战略	减少生产提前期	0.545	0.811	0.824
	减少生产线产品转换时间	0.737	0.758	
	短时间内迅速调整产能	0.638	0.784	
	短时间内快速调整产品品种	0.647	0.781	
	短时间内快速处理客户交货期的变化	0.541	0.811	
创新战略	目标市场的开拓	0.340	0.791	初始：0.764 最终：0.791
	生产流程的创新	0.667	0.685	
	产品设计的创新	0.645	0.690	
	产品功能的创新	0.496	0.740	
	专利的获取	0.605	0.694	

表6－11的数据显示，测量低成本战略的各题项中，以低廉的单位成本进行生产这一题项的CITC指数为0.225，小于0.35，并且删除该题项后，该变量信度系数由0.778上升到0.830，所以将该题项删除。而其余4个题项的CITC指数均大于0.35，且删除题项后 a 系数有所降低。因此，保留这4个题项用来测量生产运营战略。

测量质量战略的所有题项的CITC指数均大于0.35，删除题项后，a 系数有所降低，不符合删除条件，并且该变量的Cronbach's a 系数为0.829，大于0.7，因此，保留这4个题项用来测量质量战略。

柔性战略的信度系数为0.824，测量柔性战略的题项共5个，5个题项的CITC指数最低为0.541，最高为0.737，均大于0.35，且删除题项后 a 系数有所降低。所以，保留这5个题项来测量柔性战略。

测量创新战略的5个题项中，目标市场的开拓这一题项的CITC指数为0.340，小于0.35，并且删除此题项后，该变量的信度系数由0.764上升到0.791，所以将该题项删除。而其余的4个题项CITC指数均大于0.35，并且删除题项后，a 系数有所降低。因此，保留这4个题项用来测量创新战略。

因此，由表6－11中的数据可以看出，删除内部一致性较低的测量题项后，测量生产运营战略的各潜变量的Cronbach's a 系数分别为0.830、0.829、0.824、0.791，均超过0.60，说明对各潜变量的测量具有较好的一致性和稳定性。

3. 国际代工绩效的信度分析

我国制造企业国际代工绩效的信度分析结果见表 6－12。表 6－12 中的数据显示，在生产运营绩效的测量题项中，本公司国际代工产品的售前及售后服务这一题项 CITC 指数为 0.248，小于 0.35，并且删除该题项后，运营绩效的 Cronbach's a 系数由 0.737 上升到 0.764，因此删除该题项。其他 5 个题项的 CITC 值均大于 0.35，并且删除题项后，a 系数有所降低，因而保留这 5 个题项用来测量生产运营绩效。

表 6－12　国际代工绩效的信度分析

潜变量	测量题项	CITC	删除该题项后的 a 系数	a 系数
生产运营绩效	本公司贴牌产品的成本优势	0.444	0.708	初始：0.737 最终：0.764
	本公司贴牌产品的质量	0.542	0.681	
	本公司贴牌产品准时、快速交货	0.646	0.643	
	本公司贴牌产品新产品推出的速度	0.624	0.654	
	本公司对国外非标准代工订单的反应	0.367	0.728	
	本公司贴牌产品的售前及售后服务	0.248	0.764	
国际竞争绩效	本公司贴牌产品销售收入的增长	0.745	0.808	0.860
	本公司贴牌产品的盈利水平	0.746	0.806	
	本公司贴牌产品的国际市场占有率	0.639	0.849	
	本公司面向国际代工市场的投资回报率	0.721	0.821	

测量国际竞争绩效的 4 个题项的 CITC 指数最小为 0.639，4 个题项的 CITC 指数均远大于 0.35，并且删除任一题项后，Cronbach's a 系数均会降低，不符合删除条件，并且 Cronbach's a 系数为 0.860，大于 0.7，不符合删除条件，因此保留所有题项。

另外，生产运营绩效和国际竞争绩效的信度系数分别为 0.764、0.860，大于 0.7，也反映出生产运营绩效和国际竞争绩效的测量具有良好的信度。

十　数据分析方法

为验证概念模型与研究假设，本研究使用了 SPSS 15.0 和 AMOS 7.0 统计分析软件对问卷调查获得的数据进行了统计分析，分析中用到的统计分析方法包括描述性统计分析、信度和效度检验、结构方程建模及单因素方差分析等。

（一）描述性统计分析

通过频数分布及百分比分析对我国国际代工制造企业的基本情况（如企业所在城市、行业类别、员工人数、国际代工年龄、国际代工合作方式、国际代工营业额占总营业额的比重、填表者职位、填表者工作年限等）进行了描述。此外，使用平均数和标准差等对各潜变量的测量题项进行了描述，以了解问卷填答者对各测量题项的总体认知情况。

（二）信度和效度检验

调查问卷的信度是指问卷调查结果所具有的一致性或稳定性的程度。目前最常用的检测信度的方法是使用 Cronbach's *a* 系数，它能很好地反映出测量项目的内部一致性程度。本研究将首先通过探索性因子分析对各潜变量的单向度进行检测，然后使用 Cronbach's *a* 系数来检测问卷的信度。

效度是指测量工作或测量手段能够准确测出所要测量的变量的程度。测量的效度一般可以分为内容效度（Content Validity）、效标关联效度（Criterion-related Validity）及建构效度（Construct Validity）（Flynn，1990）。由于本研究各个测量题项都是直接测量，难以找到概念上完全重合的客观效标来进行效标关联效度的检验，因此，本研究只针对内容效度和建构效度进行检验。统计上，建构效度主要通过因子分析进行检验。本研究通过对问卷的题项进行验证性因子分析，对建构效度进行检验。

（三）结构方程建模

结构方程建模（SEM）是一种综合运用多元回归分析、路径分析和验证性因子分析方法而形成的一种统计数据分析工具。结构方程模型既可以研究可观测变量，又可以研究不能直接观测的变量（隐变量）；它不仅能研究变量间的直接作用，还可以研究变量间的间接作用，通过路径图直观地显示变量间的关系；通过结构方程模型，研究者可以构建出隐变量间的关系，并验证这种结构关系是否合理。本研究使用 AMOS 7.0 统计软件，通过结构方程建模对我国制造企业国际代工环境、生产运营战略与国际代工绩效间的关系进行研究，对所提出的假设进行验证与分析。具体的过程如下：首先进行理论研究、模型界定和模型识别；然后进行测量变量的选择及资料的收集工作；接着进行模型估计和适配度评估，若整体模型适配度未达到可接受的程度，将依据理论假设和统计结果对模型进行修正；最后对模型的统计结果进行解释。

（四）单因素方差分析

单因素方差分析（One-Way ANOVA）又称一维方差分析，它检验由单一因素影响的一个（或几个相互独立的）因变量、因素各水平分组的均值之间的差异、是否具有统计意义，并可以进行两两组间均值的比较，还可以对该因素的若干水平分组中哪些组均值不具有显著性差异进行分析。本研究使用单因素方差分析研究我国制造企业的特征变量对国际代工绩效的影响，分别分析不同规模、不同行业、不同代工年龄的制造企业的国际代工绩效是否具有显著性差异。方差分析的过程是先对不同组间的均值变化是否具有显著性差异进行检验，然后看方差是否具有齐性，如果方差具有齐性，采用 LSD 方法检验，如果方差不具有齐性，则采用 Tamhane's T2 方法进行检验。

（五）独立样本 T 检验

独立样本 T 检验（Independent-Samples T Test）用来检验两组平均数的差异。它的基本原理是计算两组平均数之间的差异，如果差异足够大，达到了统计上的显著水平，说明两组平均数之间具有显著的差异。本研究采用独立样本 T 检验分析不同国际代工方式的制造企业的国际代工绩效是否具有显著性差异。

十一 样本的基本特征

（一）问卷填答者的基本特征

本章利用正式问卷调查得到的数据对概念模型和研究假设进行检验。正式调查问卷调答者的个人信息见表 6－13。从表 6－13 可以看出，正式调查问卷的填答者共 172 人，正式调查问卷的填答者中，既有代工企业的高层管理人员，如总裁、副总裁、总经理或副总经理等，又有高管助理及生产运营管理人员，在填答者总数中所占的比例分别为 22.7%、30.8%、46.5%。他们熟悉本企业的总体情况及生产运营管理的现状，能够较为准确客观地反馈调查所需要的信息。从问卷填答者在本企业从事工作的年限来看，从业年限在 3 年以下、3～5 年、5 年以上的填答者在填答者总数中所占的比例分别为 6.4%、42.4%、51.2%。接近 95% 的填答者工作年限都在 3 年以上，他们对本企业的情况具有较为深入的了解，能够较好地回答问卷的问题。

表 6-13 问卷填答者个人信息

	分类	频次	百分比/%
职务	高层管理人员	39	22.7
	高管助理	53	30.8
	生产运营管理人员	80	46.5
	合计	172	100
工作年限	3 年以下	11	6.4
	3~5 年	73	42.4
	5 年以上	88	51.2
	合计	172	100

资料来源：本研究整理。

（二）样本企业的基本特征

1. 代工企业所在区域

从表 6-14 可发现，本研究样本中，代工企业主要来自广州、东莞、佛山，上述 3 个城市样本数目分别为 30 家、67 家、54 家，所占比例分别为 17.4%、39.0%、31.4%，3 个地区的样本共计 151 家，占样本总数的 87.8%。

表 6-14 代工企业所在地区分布

地区	样本数目	百分比/%
广州市	30	17.4
东莞市	67	39.0
佛山市	54	31.4
江门市	7	4.1
中山市	8	4.6
其他	6	3.5
合计	172	100

2. 代工企业所属行业

在代工企业所属行业方面（表 6-15），家电行业的样本最多，共有 37 家企业，占样本总数的 21.5%。金属制品及陶瓷、制衣、机电设备、机械制造行业样本数为 10~20 家，其样本数目分别为 18 家、16 家、15 家、15 家。其余行业样本数目皆在 10 家或 10 家以下。

表6－15　代工企业所属行业分布

行业	样本数目	样本比重/%	行业	样本数目	样本比重/%
食品	7	4.1	制衣	16	9.3
木料与家具	7	4.1	造纸、印刷品、纸制品	6	3.5
玩具	6	3.5	橡胶、塑料	7	4.1
建筑材料	3	1.7	化学、石油、化工	5	2.9
家电行业	37	21.5	家居清洁用品、化妆品	6	3.5
机械制造	15	8.7	汽车及其配件	6	3.5
金属制品、陶瓷	18	10.5	机电设备	15	8.7
电子、软件	10	5.8	精密仪器	8	4.6

3. 代工企业员工人数

代工制造企业员工人数见表6－16。在本研究样本中，员工人数为101～500人的代工企业最多，共有70家，占样本总数的40.7%；样本企业员工人数小于等于1 000人的代工企业为128家，占样本总数的74.4%。

表6－16　代工企业员工人数分布

员工人数/人	样本数目	百分比/%
少于等于100	21	12.2
101～500	70	40.7
501～1 000	37	21.5
1 001～5 000	30	17.4
5 000以上	14	8.2
合计	172	100

4. 代工企业所有制结构

由表6－17可以看出，样本企业中私营/民营企业数目最多，共有83家企业，占样本总数的48.3%。其次为外商独资企业（含港、澳、台），共有59家企业，占样本总数的34.3%。国有和集体企业的样本数目较少，样本数目分别为4家和3家，占样本总数的百分比分别为2.3%和1.7%。

表 6-17 代工企业所有制状况分布

所有制结构	样本数目	百分比/%
国有	4	2.3
集体	3	1.7
私营/民营	83	48.3
外商独资	59	34.3
中外合资/中外合作	23	13.4
合计	172	100

5. 国际代工年龄

表 6-18 为我国制造企业国际代工年龄的分布表。由此表可知，国际代工时间长度在 3 年以下的制造企业为 41 家，占样本总数的 23.8%，76.2% 的制造企业国际代工的年数都大于或等于 3 年，其中代工年龄在 10 年以上的制造企业为 53 家，占样本总数的 30.8%。

表 6-18 我国制造企业代工年数分布

代工年龄	样本数目	百分比/%
3 年以下	41	23.8
3~5 年	39	22.7
6~8 年	33	19.2
9~10 年	6	3.5
10 年以上	53	30.8
合计	172	100

6. 代工合作方式

从代工企业的角度，可将我国制造企业的代工方式分为 OEM 和 ODM，见表 6-19。在全部样本中，有 109 家制造企业采用 ODM 的代工合作方式，占样本总数的 63.3%；而采用 OEM 方式的企业有 63 家，占样本总数的 36.7%。

7. 代工客户所在国家或地区

由表 6-20 发现，本研究样本中，代工客户主要来自欧洲和美国，其样本企业分别为 63 家和 48 家，分别占样本总数的 36.6%、27.9%，合计占样本总数的 64.5%。除此之外，来自日本、澳洲、东南亚的客户分别为 15 家、16 家、16 家，分别占样本总数的 8.7%、9.3%、9.3%。上述 5 个国家和地区的客户共计

158 家，占样本总数的 91.9%。

表 6-19　我国制造代工合作方式

代工方式	样本数目	百分比/%
OEM	63	36.7
ODM	109	63.3
合计	172	100

表 6-20　代工客户国家和地区分布

员工人数	样本数目	百分比/%
欧洲	63	36.6
美国	48	27.9
日本	15	8.7
澳洲	16	9.3
东南亚	16	9.3
其他国家	14	8.2
合计	172	100

8. 代工销售收入所占比例

从代工业务占总业务的比例情况来看（表 6-21），在所有样本企业中，代工产品销售收入占总销售额比例在 80% 以上的样本企业最多，共有 51 家，占样本总数的 29.7%；其次为代工业务占总业务比例小于或等于 20% 的企业，共有 41 家，占样本总数的 23.8%；代工销售收入占总销售收入比例超过 20% 的企业共有 131 家，占样本总数的 76.2%。

表 6-21　代工销售收入占总销售额的比例分布

销售收入/%	样本数目	百分比/%
小于等于 20	41	23.8
21~40	32	18.6
41~60	31	18.0
61~80	17	9.9
80 以上	51	29.7
合计	172	100

（三）外部效度的探讨

外部效度（External Validity）是指研究所收集的样本能否代表研究总体，若样本具有代表性，则样本的研究结论可推及至整个研究总体。本研究的总体是我国从事国际代工业务的制造企业，到目前为止，尚无法取得整个研究总体完整的资料，故无法判断本研究样本是否具有较高的外部效度。不过本研究的样本全部从我国代工企业较为密集的珠江三角洲地区取得，应该具有相当的代表性。

十二 内容效度与信度检验

（一）内容效度检验

内容效度（Content Validity）又称表面效度（Face Validity），是指测量项目能否充分涵盖所欲探讨概念的程度。内容效度属于一种命题的逻辑分析，也可以说是指测量所选择的项目是否“看起来”符合测量目的和要求。若问卷内容是以理论为基础，并参考以往学者类似研究的问卷内容加以修订，并与实务或学术专家讨论过，且进行过预测试，即可认为具有相当的内容效度。本研究的问卷设计经历了文献研究、实地调研、企业访谈、征求相关人员意见等一系列过程，各变量的测量题项经过了适当的发展过程，从变量概念范畴的界定、前人所发展的衡量尺度的收集，到问卷的预试和修正等过程，皆综合参考了大量相关文献，各测量题项是以相关理论为基础进行设计的，并多次与企业人员和研究人员就问卷的内容和形式进行了深入的研讨，问卷的最终稿是根据有关意见修订而成的。因此，可以认为研究问卷具有相当程度的内容效度。

（二）单维度与信度检验

信度（Reliability）是指测量结果的一致性或稳定性，即测量工具能否稳定地测量所测的事物或变量。问卷的信度主要通过其内部一致性进行测度，Cronbach's α 系数是最常用的测量内部一致性的方法。本研究借鉴 Narasimhan 和 Jayaram（1998）的研究，通过两步法对量表的信度进行检测。笔者首先通过 EFA 对量表的单维度（Unidimensionality）进行检测，然后使用 Cronbach's α 系数对每个构念的信度进行评估。

第一步，笔者对各变量进行探索性因子分析。具体因子分析过程分两步进行，首先通过适当性数值（KMO）的检验，根据 Kaiser（1974）的观点，KMO 在 0.60 以上，勉强可进行因子分析；KMO 在 0.70 以上，可以进行因子分析；KMO 在 0.80 以上，适合进行因子分析；KMO 在 0.90 以上，非常适合进行因子分析。参考 Kaiser（1974）的观点，本研究将 KMO 的值定为 0.70，对于 KMO 值符合要求的，再进行因子分析。

在进行因子分析时，采用主成分分析法（Principle Components），通过相关矩阵（Correlation Matrix）来抽取因子，在抽取因子时，要求特征值（Eigenvalues）大于1，在进行因子转轴时，选用最大变异法（Varimax）进行因子分析。在确定题项是否纳入某一因子时，Comrey 和 Lee（1992）认为因子负荷量在 0.45 ~0.55 为尚可，0.55 ~0.63 为良好，0.63 ~0.71 为非常好，0.71 以上为最佳。Hair 等（1998）提出因子负荷量取舍标准主要由样本大小决定，当样本为 100 个时，以 0.55 作为取决标准；当样本大小为 120 个时，以 0.50 作为取决标准；当样本为 150 个时，以 0.45 作为取决标准；当样本数为 200 个时，以 0.40 作为取决标准。本研究的样本数为 172 个，大于 150 个且小于 200 个，参考上述研究，本研究将因子负荷量的取舍标准定为 0.50。

第二步，本研究对各变量的 Cronbach's a 系数进行计算，同时计算各题项的 CITC 值，以评价变量测度的信度。一份信度系数好的量表或问卷，其总量表的信度系数在 0.7 以上才是可以接受的；其分量表的信度系数在 0.6 以上才是可以接受的（吴明隆，2003）。Nunnally（1978）则认为 Cronbach's a 系数应该大于 0.7 才能满足信度要求，并且各题项的 CITC 值应在 0.35 以上才可以。本研究分别以 0.7 和 0.35 作为 Cronbach's a 系数和 CITC 的最低标准。

1. 国际代工环境的探索性因子分析

本研究首先对国际代工环境的 8 个题项进行 KMO 和 Bartlett 球形检验。由表 6－22 结果可知，KMO 检验值为 0.833，Bartlett 球形检验的卡方值为 627.632（自由度为 28），Bartlett 球形检验显著性水平为 0.000，表示适合进行因子分析。

表 6－22 国际代工环境的 KMO 与 Bartlett 检验

Kaiser-Meyer-Olkin 取样适当性度量		0.833
Bartlett 球形检验	近似卡方分布	627.632
	自由度	28
	显著性	0.000

国际代工环境的主成分因子分析结果见表 6－23。通过转轴后，共抽取 2 个特征值大于 1 的因子（国际代工环境动态性和威胁性），所提取的共同因子与概念结构特征一致。抽取的因子解释了 69.839% 的方差，高于 60% 的要求，各题项的因子载荷均大于 0.5（最小值为 0.790，最大值为 0.849），说明各测量题项收敛性较好，具有明显的单维度特点。

表 6－23 国际代工环境的探索性因子分析

潜变量		题　项	因子载荷	
			1	2
环境的威胁性	Q5	企业的经营成本不断上升	0.849	0.132
	Q7	贴牌产品的利润率越来越低	0.846	0.129
	Q6	国际市场竞争非常激烈	0.811	0.266
	Q8	国际市场需求不断下降	0.793	0.144
环境的动态性	Q2	新的产品和服务创新的速度很快	0.142	0.831
	Q1	产品和服务过时的速度很快	0.105	0.816
	Q3	新的运营流程创新的速度很快	0.169	0.802
	Q4	顾客需求变化很快	0.234	0.790

2. 生产运营战略的探索性因子分析

本研究对生产运营战略的 17 个题项进行 KMO 和 Bartlett 球形检验（表 6－24），结果显示，KMO 的值为 0.841，表示适合进行因子分析。此外，Bartlett 球形检验的卡方值为 1 403.810（自由度为 136），显著性水平为 0.000，表示适合进行因子分析。

表 6－24 生产运营战略的 KMO 与 Bartlett 检验

Kaiser-Meyer-Olkin 取样适当性度量		0.841
Bartlett 球形检验	近似卡方分布	1 403.810
	自由度	136
	显著性	0.000

进一步的主成分因子分析结果见表 6－25。通过转轴后，共有 4 个特征值大于 1 的因子（低成本战略、质量战略、柔性战略、创新战略），所提取的共同因子与概念结构特征一致。抽取的因子解释了 68.922% 的方差，高于 60% 的要求。各题项的因子载荷均大于 0.5（最小值为 0.766，最大值为 0.838），说明各测量题项收敛性较好，具有明显的单维度特点。

3. 国际代工绩效的探索性因子分析

国际代工绩效的 KMO 和 Bartlett 球形检验见表 6－26。结果显示，KMO 的值为 0.881，表示适合进行因子分析。此外，Bartlett 球形检验的卡方值为 1 008.332（自由度为 36），显著性水平为 0.000，也表示适合进行因子分析。

表 6-25 生产运营战略的探索性因子分析

潜变量		题 项	因子载荷			
			1	2	3	4
柔性战略	Q18	减少生产线产品转换时间	0.819	0.094	0.177	0.116
	Q20	短时间内快速调整产品品种	0.800	0.195	0.101	-0.110
	Q17	减少生产提前期	0.797	0.159	0.097	0.140
	Q19	短时间内迅速调整产能	0.791	0.237	-0.015	0.121
	Q21	处理客户交货期变化	0.789	0.084	0.206	0.132
创新战略	Q22	生产流程的创新	0.160	0.838	0.085	0.006
	Q24	产品功能的创新	0.127	0.807	0.160	0.130
	Q25	专利的获取	0.145	0.798	0.051	0.169
	Q23	产品设计的创新	0.232	0.790	0.062	0.004
质量战略	Q14	提高供应商产品质量	0.081	0.012	0.813	0.154
	Q13	实施质量控制	0.072	0.054	0.809	0.213
	Q15	提供可靠的产品/服务	0.213	0.188	0.800	0.026
	Q16	提供耐用的产品/服务	0.126	0.112	0.777	0.125
低成本战略	Q9	提高劳动生产率	0.063	-0.019	0.101	0.803
	Q12	控制原材料成本	0.111	0.065	0.047	0.801
	Q10	增加生产能力利用率	0.079	0.151	0.164	0.784
	Q11	提高库存周转率	0.066	0.101	0.199	0.766

表 6-26 国际代工绩效的 KMO 与 Bartlett 检验

Kaiser-Meyer-Olkin 取样适当性度量		0.881
Bartlett 球形检验	近似卡方分布	1 008.332
	自由度	36
	显著性	0.000

接着对国际代工绩效的 9 个题项进行探索性因子分析，结果见表 6-27。通过转轴后，共有 2 个特征值大于 1 的因子（生产运营绩效和国际竞争绩效），所提取的共同因子与概念结构特征一致。抽取的因子解释了 74.258% 的方差，高于 60% 的要求。各题项的因子载荷均大于 0.5（最小值为 0.711，最大值为 0.877），说明各测量题项收敛性较好，具有明显的单维度特点。

表 6-27 国际代工绩效的探索性因子分析

潜变量	题项		因子载荷	
			1	2
生产运营绩效	Q28	贴牌产品准时、快速交货	0.877	0.208
	Q27	贴牌产品的质量	0.852	0.210
	Q29	贴牌产品新产品推出的速度	0.842	0.210
	Q26	贴牌产品的成本优势	0.812	0.215
	Q30	对国外非标准代工订单的反应	0.711	0.323
国际竞争绩效	Q31	贴牌产品销售收入的增长	0.234	0.861
	Q34	面向国际代工市场的投资回报率	0.226	0.838
	Q32	贴牌产品的盈利水平	0.174	0.829
	Q33	贴牌产品的国际市场占有率	0.313	0.817

4. 信度检验

在对各变量通过探索性因子分析进行单维度检验后，以下笔者对各潜变量的 Cronbach's a 系数进行检测，结果见表 6-28。分析表 6-28 中的数据可以看出，环境的动态性、环境的威胁性、低成本战略、质量战略、柔性战略、创新战略、生产运营绩效、国际竞争绩效 8 个潜变量的 Cronbach's a 系数均超过了临界值 0.7，各测量题项的 CITC 值均大于 0.35，说明各潜变量的测量具有良好的信度，测量的一致性和稳定性较好。

表 6-28 潜变量测量的信度分析

变量	潜变量	CITC		Cronbach's a 系数
		最小值	最大值	
国际代工环境	环境的动态性	0.667	0.698	0.844
	环境的威胁性	0.666	0.730	0.863
生产运营战略	低成本战略	0.637	0.661	0.822
	质量战略	0.659	0.694	0.842
	柔性战略	0.707	0.743	0.883
	创新战略	0.679	0.717	0.853
国际代工绩效	生产运营绩效	0.675	0.827	0.906
	国际竞争绩效	0.721	0.797	0.892

十三 结构方程建模概述

结构方程模型是一种高级统计分析方法，属于多变量统计分析方法中的一种。它是一种综合运用多元回归分析、路径分析（Path Analysis）和验证性因子分析（Confirmatory Factor Analysis）而形成的统计数据分析工具。它包括测量模型（Measurement Model）和结构模型（Structural Model）两部分。测量模型主要描述潜变量（Latent Variable）与指标间的关系，它可以检查测量变量的信度和效度。结构模型主要描述潜变量之间的因果关系，并计算出解释与未解释的变异量。两部分均为线性模型。

对于潜变量与指标间的关系，通常写成如下测量方程：

$$x = \boldsymbol{\Lambda}_x \xi + \delta$$

$$y = \boldsymbol{\Lambda}_y \boldsymbol{\eta} + \varepsilon$$

其中，

x——外源（Exogenous）指标组成的向量；

y——内生（Endogenous）指标组成的向量；

$\boldsymbol{\Lambda}_x$——外源指标与外源潜变量之间的关系，是外源指标在外源潜变量上的因子负荷矩阵；

$\boldsymbol{\Lambda}_y$——内生指标与内生潜变量之间的关系，是内生指标在内生潜变量上的因子负荷矩阵；

δ——外源指标 x 的误差项；

ε——内生指标 y 的误差项。

对于潜变量间的关系，通常写成如下结构方程：

$$\eta = B\eta + \Gamma\xi + \zeta$$

其中，

η——内生潜变量；

ξ——外源潜变量；

B——内生潜变量间的关系；

Γ——外源潜变量对内生潜变量的影响；

ζ——结构方程的残差项，反映了 η 在方程中未能被解释的部分。

潜变量间的关系即结构模型，通常是研究的重点，因此整个分析也称为结构方程模型。

相比于传统的分析方法，结构方程模型容许自变量和因变量含测量误差；可同时处理多个因变量；同时估计结构和因子关系；容许更大弹性的测量模型；可估计整个模型的拟合程度。

当然，SEM 也有基本的假定，当这些假定被满足时，才能够确保统计的推论。这些假定包括多变项常态性（Multivariate Normality）、无系统遗漏值（Non-systematic Missing Value）、足够大的样本（Sufficiently Large Sample）、正确的模式界定（Correct Model Specification）及简单随机抽样（Simple Random Sampling）。

在满足基本假定的前提下，结构方程模式的分析过程主要包括：①理论（Theory）。SEM 中变量间关系的呈现，需要依靠理论来建立，而且理论是假设模式成立的主要的解释依据。②模式界定（Model Specification）。将理论所呈现的假设以 SEM 的形式加以表达。③模式识别（Model Identification）。决定模式是否是可识别的，如果模式是可识别的，则表示理论上模式中的每一个参数皆可导出唯一的估计值。④选择测量变量及收集资料。⑤模式估计（Model Estimation）。⑥适配度评价（Assessment of Fit）。用于决定理论预测模式与所收集资料间适配的程度。⑦模式修正。当整体模式适配度未达到可接受的程度时，可以依据理论假设及统计所呈现的结果，来将参数释放或固定。⑧解释。对模式的统计结果作解释。

本研究选择 SEM 作为统计分析工具是基本合适的。第一，从本章数据的描述性统计可以看出，本研究中的测量变量是符合正态分布的。第二，笔者对回收的问卷进行了筛选，剔除了无效问卷，对于部分问卷漏答的题项，通过电话和 E-mail 再次向问卷填答者进行询问，保证了问卷中无系统遗漏值。第三，本研究的样本数目已达到结构方程分析所需的样本数量。对于结构方程分析中的样本数目，不同学者有着不同的看法。Anderson 和 Gerbing（1988）认为 100～150 个样本是满足样本大小的最低底线。Rigdon（2005）认为 SEM 模型分析中，样本数至少应在 150 个以上，若样本数在 150 个以下，模型估计是不稳定的。本研究正式调查收集到企业有效样本数据 172 份，已达到 SEM 所需要的样本容量要求。第四，本研究提出概念模型是在已有研究的理论基础上产生的，因而可采用 SEM 进行深入分析。第五，虽然本研究无法获得研究对象总体的资料，无法采用随机抽样的方法，但本研究选取的样本企业主要在代工企业较为集中的广州、东莞、佛山等地，因此样本基本可满足 SEM 统计分析的要求。以下将按照结构方程模型分析过程的要求，采用 SEM 对样本企业进行统计分析。

十四 正态分布检验

最大似然估计（Maximum Likelihood，ML）是目前最广泛应用的 SEM 适配函数估计法。使用最大似然法来估计参数时，样本资料必须符合多变量常态性的假定。数据的非正态程度，通常可用偏度（Skewness）与峰度（Kurtosis）表示，偏度反映数据的非对称性，峰度反映数据平坦或尖峰分布的情况。当样本数据的偏度绝对值小于3，同时峰度的绝对值小于10时，可以认为观测变量基本上是服从正态分布的（Kline，2004）。本研究采用 SPSS 15.0 对样本数据进行了描述性统计分析，得到样本数据偏度的绝对值最大0.923，远小于3，峰度的绝对值最大为1.231，远小于10，由此可见，本研究中的观测变量基本服从正态分布要求，可以使用最大似然估计进行结构方程模型估计。

十五 测量模型的适配度检验

进行假设检验之前，对概念模型的测量模型进行检验是非常必要的一项工作。模型适配度的检验一般包含违反估计检验、整体模型适配度检验和内部结构适配度检验三个部分（吴明隆，2008）。

1. 违反估计检验

在使用 CFA 估计模型之前，要先检查参数估计值的合理性，检验是否存在以下违规估计的现象：①有无负的误差变异数存在；②标准化系数是否在0.50～0.95，是否超过或太接近于1；③有无太大的标准化误差。

2. 整体模型适配度检验

测量模型整体适配度的评价指标，一般可分为3类：第一类是绝对适配度指标（absolute fit measures），它用于决定理论的整体模型能够预测观测共变数或相关矩阵的程度，如 RMSEA、GFI、AGFI、SRMR 等；第二类是相对性适配指标（comparative fit index），它是将理论模型和基准模型比较得到的统计量，如 NFI、NNFI、IFI、RFI、CFI 等；第三类是简约适配指标（parsimonious fit measures），它用于呈现需要达成某一特殊水准的模型适配的估计系数的数目，如 PNFI、PGFI、AIC、CAIC 等。

对于评价模型拟合度的指标，不同学者的看法也不相同。总体来说，一个理想的拟合指数，应包括以下3个方面特征：①与样本容量 N 无关，即拟合指数不受样本容量的系统影响；②惩罚复杂模型，即拟合指数要根据模型参数多寡而做调整，惩罚参数多的模型；③对误设模型敏感，即如果所拟合的指数不真（参数过多或过少），拟合指数能反映拟合不好。要保证基于拟合效果良好的模型来对理论假设进行验证，至少达到多于一个参数标准是必需的。

Hu 和 Bentler（1998，1999）建议在结构方程模型中报告χ^2、df、RMSEA、TLI（NNFI）、CFI、IFI 和 SRMR 的值。Kline（2004）认为结构方程模型中至少应报告χ^2、RMSEA、CFI、SRMR 的值。温忠麟、侯杰泰和 Marsh（2004），侯杰

泰、温忠麟和成子娟（2004）认为，在结构方程模型中报告χ^2/df、TLI（NNFI）、CFI、RMSEA的值即可，并且他们认为直接用χ^2检验推断一个模型是否与数据拟合并不妥当，因为χ^2的大小与样本容量N有关，当N很小时，χ^2往往很小，使得与真实模型相距很远的错误模型也给人拟合得好的印象；而当N很大时，χ^2则很大，一个模型只要与真实的模型有很小的差距，就可能被认为拟合不好，χ^2及其自由度df主要用于比较多个模型。陈晓萍、徐淑英和樊景立（2008）认为应该报告χ^2/df、TLI（NNFI）、CFI、RMSEA和SRMR的值。刘二丽（2007）认为，除了绝对和相对适配指标外，还应报告简约适配指标PNFI的值。由于RMR、GFI、AGFI、NFI和RFI受样本容量的系统影响较大，学者们并不推荐使用。在参考上述研究的基础上，本研究用于评价模型拟合度的指标及其适配标准见表6－29。

表6－29　SEM整体模式适配度的评价指标及其评价标准

指标	数值范围	评价标准
χ^2/df	大于0	小于5，小于3更好
RMSEA	0～1之间	小于等于0.1，小于0.05更好
SRMR	0～1之间	小于等于0.1，小于0.05更好
CFI	0～1之间	大于0.8，大于0.9更好
TLI（NNFI）	一般介于0～1之间	大于0.8，大于0.9更好
IFI	一般介于0～1之间	大于0.8，大于0.9更好
PNFI	0～1之间	大于0.5

（1）绝对适配度指标

绝对适配度指标包括χ^2/df（卡方自由度比）、RMSEA（近似误差均方根）、SRMR（标准化残差均方根）。χ^2/df表示假设模式的共变数矩阵与观察资料间的适配程度。卡方自由度比值越大，表示模式的适配度越差。当χ^2/df小于1时，表示过度适配；当χ^2/df的值介于1～3之间时，表示模式的适配良好；当χ^2/df的值介于3～5之间时，表示模式可以接受；当χ^2/df的值大于5时，表示模式适配度不佳。本研究以χ^2/df的值不超过5作为标准。RMSEA的值越小，表示模式的适配度越好。一般而言，其数值在0.08～0.1之间表示模式尚可；其数值在0.05～0.08之间表示模式适配良好；其数值小于0.05时，表示模式适配度非常良好（Browne和Cudeck，1992）。本研究以RMSEA不超过0.1作为标准。SRMR最早是由Hu和Bentler于1995年提出的适配指标，SRMR的值越小，表示模式的适配越好，一般而言，其数值小于0.05时，表示模式适配非常良好（Hu和

Bentler，1995），其数值在0.05～0.08之间表示模式适配良好（Hu和Bentler，1998），其数值在0.08～0.1之间表示模式尚可接受（Schermelleh-Engel K、Moosbrugger和Müller，2003；Kline，2004），本研究以SRMR不超过0.1作为标准。

（2）相对适配度指标

相对适配度指标包括CFI（比较适配指数）、NNFI（非规范适配指数）、IFI（增值适配指数）。当CFI、NNFI、IFI的值大于0.9时，表示模型的拟合效果较好；当CFI、TLI、IFI在0.8～0.9之间时，表示该模型的拟合效度是可以接受的。

（3）简约适配度指标

简约适配度指标包括PNFI（简效规范适配指数）。PNFI把自由度的数量纳入预期获得的适配程度的考量中，一般以PNFI的值大于0.5作为模式适配度通过与否的标准。即PNFI的值在0.5以上，表示假设理论模式是可以接受的。

3. 内部结构适配度检验

内部结构适配度主要从建构效度与信度两个方面进行检验。建构效度是指量表能够测量出其所要测量的理论或概念的程度。建构信度或称为组合信度（Construct Reliability，CR），是指一组潜在构念指标的一致性程度，即所有测量指标分享该因素构念的程度。

建构效度一般包括聚合效度（Convergent Validity）和区别效度（Discriminant Validity）两种形式。聚合效度（Convergent Validity）是指测量相同潜在特质的题项或测验会落在同个因素构面上，并且题项或测验间所得到的测量值之间具有高度相关性（吴明隆，2008）。对于聚合效度的检验，可以根据观测变量的标准化因子负荷及其显著性来判断，如果同一理论概念的不同观测变量的因子负荷值均显著大于0.5，则说明测量量表具有较好的聚合效度（Fornell和Larcker，1981；Chau，1997）。聚合效度还可以用平均变异数抽取量（Average Variance Extracted，AVE）来测量，AVE的计算公式为：

$$\rho_v = \frac{\sum \lambda^2}{\sum \lambda^2 + \sum (\theta)}$$

其中，

ρ_v——平均变异数抽取量；

λ——观测变量在潜变量上的标准化参数；

θ——观测变量的测量误差。

AVE评价了潜变量相对于测量误差来说所解释的方差总量。如果所提取的潜变量的平均变异量大于或等于0.5，则表示潜变量的测量有足够的聚合效度（Bagozzi和Yi，1988）。

区别效度（discriminant validity）是指构面所代表的潜在特质与其他构面所代表的潜在特质间有低度相关或有显著的差异存在。即当量表与不同概念的测量工具相关程度很低时，说明该量表具有较好的区别效度。对于潜变量之间区别效度的检验，可将两个潜变量的未限制模式（潜变量间的共变关系不加限制，潜变量间的共变参数为自由估计参数）与限制模式（潜变量间的共变关系限制为 1，潜变量间的共变参数为固定参数）的卡方值相比较，如果限定模式的卡方值比未限定模式的卡方值大且达到显著水平（$P<0.05$）时，则表示潜在变量具有较高的区别效度（Bagozzi 和 Phillips，1982；Anderson 和 Gerbing，1988；Chau，1997）。

潜在变项的建构信度（CR）计算公式如下：

$$\rho_c = \frac{(\sum \lambda)^2}{(\sum \lambda)^2 + \sum(\theta)}$$

其中，

ρ_c——建构信度；

λ——观测变量在潜变量上的标准化参数；

θ——观测变量的测量误差。

学者们对建构信度所需要达到的最低标准存在不同的看法。Bagozzi 和 Yi（1988）认为建构信度在 0.60 以上，就表示潜在变项的建构信度良好。Hair 等（1998）认为建构信度最好在 0.70 以上。Raines-Eudy（2000）采用更低标准，认为建构信度只要在 0.50 以上即可。Kline（2004）认为建构信度系数在 0.90 以上是最佳的，0.80 附近是非常好的，0.70 附近是适中的，0.50 是最低可以接受的值。本研究采用 Hair 等（1998）的观点，以 0.70 作为建构信度的最低标准。

以下本研究依据 Bentler 和 Chou（1987）、Sethi 和 Carraher（1993）的建议，先将测量模型分为国际代工环境、生产运营战略、国际代工绩效三个子测量模型，分别通过验证性因子分析进行检验，然后再对测量模型的区别效度进行检验。

（一）国际代工环境的适配度检验

依据相关文献研究、国际代工制造企业相关人员的分析和预试结果，笔者得到测量国际代工环境的 8 个题项，其中 4 个题项用于测量国际代工环境的动态性，4 个题项用于测量国际代工环境的威胁性。对国际代工环境的测量模型进行验证性因子分析的结果见表 6－30。

首先对国际代工环境的测量模型是否存在违规估计的现象进行检验。从表 6－30 可以看出，标准化系数值为 0.72 ~ 0.82，这些值均未大于 0.95，表示其并非过大的参数，观测变量的测量误差的值为 0.33 ~ 0.48，标准误差为 0.09 ~ 0.11，表明不存在太大的标准误差，并且也没有负的误差变异数。这说明不存在违规估计的现象，因而可以进行模型整体适配度的检验。

由表6-30中的数据可以看出，χ^2/df 为1.76，不仅远小于5这个最高上限，而且小于更严格的标准3；RMSEA的值为0.066，小于可接受的值0.1；SRMR的值为0.040，不仅远小于可接受的值0.1，而且小于更严格的标准0.05；CFI、TLI、IFI的值分别为0.98、0.97、0.98，不仅远大于0.8，而且大于更严格的标准0.9；PNFI的值为0.64，大于可接受的值0.5。可见国际代工环境测量模型的整体拟合情况非常理想，测量模型是可以接受的。同时，也显示国际代工环境是一个相当符合实证资料的模型。

表6-30 国际代工环境测量模型参数估计和整体拟合优度

变量	题项	标准化系数	t 值	标准误差	测量误差	AVE	CR
环境的动态性	Q4	0.77	—	—	0.41	0.58	0.84
	Q1	0.74	9.45	0.11	0.46		
	Q2	0.77	9.63	0.10	0.40		
	Q3	0.76	9.18	0.09	0.43		
环境的威胁性	Q5	0.80	—	—	0.37	0.61	0.86
	Q6	0.82	10.92	0.09	0.33		
	Q7	0.79	10.60	0.09	0.37		
	Q8	0.72	9.56	0.09	0.48		

整体拟合优度（$\chi^2=33.344$，$df=19$）

χ^2/df	RMSEA	SRMR	CFI	TLI	IFI	PNFI
1.76	0.066	0.040	0.98	0.97	0.98	0.64

从聚合效度来看，表6-30显示，测量国际代工环境的8个题项在各自潜变量上的标准化负荷值为0.72~0.82，均大于0.5，具有较高负荷，并且都达到统计显著的水平；同时，各潜变量的平均变异抽取量分别为0.58和0.61，均大于或等于0.5这一最低标准，表现出较好的聚合效度。此外，观察表6-55相关系数矩阵表中的数据，可以发现，环境的动态性的4个测量题项之间的最小相关系数为0.510，大于0.5；环境的威胁性的4个题项之间的最小相关系数为0.564，大于0.5；进一步验证了潜变量的测量具有较好的聚合效度。

从区别效度上看（见表6-31），国际代工环境潜变量间未限制模式的卡方值为33.344（$df=19$），限制模式的卡方值为52.671（$df=20$），与限制模式相比，未限制模式的卡方值较小，且限制模式与未限制模式的卡方值的差异为19.327，卡方值差异显著性检验的概率值 $P<0.001$，表示未限制模式与限制模式两个测量模型有显著不同，说明潜变量间具有良好的区别效度。

从建构信度上看，表6－30显示，环境动态性和环境威胁性的建构信度（CR）分别为0.84和0.86，远大于0.70的最低标准，表示测量模型的内在品质理想。

表6－31　国际代工环境潜变量间区别效度的分析

模式	χ^2	df	$\Delta\chi^2$
未限制模式	33.344	19	—
环境的动态性与环境的威胁性相关系数限定为1	52.671	20	19.327***

注：$\Delta\chi^2$ 的计算以未限定模式为基准，***表示 $P<0.001$。

（二）生产运营战略的适配度检验

根据相关文献研究、代工企业相关人员的访谈和预试结果，笔者得到测量生产运营战略的17个题项，其中4个题项用于测量低成本战略，4个题项用来测量质量战略，5个题项用来测量柔性战略，4个题项用来测量创新战略。对生产运营战略的测量模型进行验证性因子分析，结果见表6－32。

首先检验模型是否存在违规估计的现象。从表6－32可以看出，标准化系数值为0.71～0.81，这些值均未大于0.95，表示其并非过大的参数，观测变量的测量误差的值为0.34～0.49，标准误差为0.08～0.11，表明不存在太大的标准误差，并且也没有负的误差变异数。这说明不存在违规估计的现象，因而可以进行模型整体适配度的检验。

表6－32中的数据显示，χ^2/df 为1.48，不仅远小于5这个最高上限，而且小于更严格的标准3；RESEA的值为0.053，低于可接受的值0.1；SRMR的值为CFI、TLI、IFI的值分别为0.96、0.95、0.96，超过了0.9，远大于可接受的值0.8，PNFI的值为0.74，远大于可接受的值0.5。因此可见，生产运营战略测量模型的整体拟合情况较好，测量模型是可以接受的，隶属于4个潜变量的17个题项能较好地测量生产运营战略这一变量。同时，也显示生产运营战略测量模型是一个相当符合实证资料的模型，具有整体的建构效度。

从聚合效度上看，表6－32显示，测量生产运营战略的17个题项在各自潜变量上的标准化负荷值为0.71～0.81，均大于0.5，具有较高负荷，并且都达到统计显著的水平，说明各潜变量测量的聚合效度较好；同时，各潜变量的平均变异抽取量分别为0.54、0.58、0.60、0.59，均大于0.5这一最低标准，表现出较好的聚合效度。此外，观察表6－55相关系数矩阵表中的数据，可以发现，低成本战略的4个测量题项之间的最小相关系数为0.525；质量战略的4个题项之间的最小相关系数为0.518；柔性战略的5个题项之间的最小相关系数为0.562；创新战略4个题项之间的最小相关系数为0.518，即各潜变量测量题项之间的最小相关系数均大于0.5，进一步验证了各潜变量的测量具有较好的聚合效度。

表 6－32　生产运营战略测量模型参数估计和整体拟合优度

变量	题项	标准化系数	t 值	标准误差	测量误差	AVE	CR
低成本战略	Q11	0.73	—	—	0.47	0.54	0.82
	Q9	0.73	8.38	0.11	0.47		
	Q10	0.76	8.68	0.11	0.42		
	Q12	0.71	8.25	0.11	0.49		
质量战略	Q15	0.77	—	—	0.39	0.58	0.85
	Q13	0.78	9.71	0.09	0.46		
	Q14	0.76	9.45	0.10	0.44		
	Q16	0.73	9.05	0.11	0.43		
柔性战略	Q19	0.76	—	—	0.42	0.60	0.88
	Q17	0.79	10.33	0.09	0.38		
	Q18	0.81	10.67	0.09	0.34		
	Q20	0.75	9.84	0.09	0.44		
	Q21	0.77	10.14	0.09	0.40		
创新战略	Q24	0.78	—	—	0.39	0.59	0.85
	Q22	0.79	10.21	0.08	0.37		
	Q23	0.76	9.85	0.09	0.42		
	Q25	0.75	9.64	0.09	0.44		

整体拟合优度（$\chi^2=167.161$，$df=113$）

χ^2/df	RMSEA	SRMR	CFI	TLI	IFI	PNFI
1.48	0.053	0.055	0.96	0.95	0.96	0.74

从区别效度上看，由表 6－33 可以看出，生产运营战略的潜变量间未限制模式的卡方值为 167.161（$df=113$），限制模式的卡方值最小为 209.123（$df=114$），最大为 245.159（$df=114$），与限制模式相比，未限制模式的卡方值较小，且限制模式与未限制模式的卡方值的差异最小为 41.961，最大为 77.998，所有限制模式与未限制模式间卡方值差异显著性检验的概率值 $P<0.001$，表示未限制模式与限制模式的测量模型有显著差异，说明生产运营战略的各潜变量间具有良好的区别效度。

从建构信度上看，表 6－32 显示，低成本战略、质量战略、柔性战略、创新战略的建构信度（CR）分别为 0.82、0.85、0.88 和 0.85，远大于 0.70 这个最低标准，表示测量模型的内在品质理想。

表 6－33　生产运营战略潜变量间区别效度的分析

模　式	χ^2	df	$\Delta\chi^2$
未限制模式	167.161	113	—
低成本战略与质量战略的相关系数限定为 1	232.605	114	65.444***
质量战略与柔性战略的相关系数限定为 1	226.519	114	59.358***
柔性战略与创新战略的相关系数限定为 1	209.123	114	41.961***
低成本战略与柔性战略的相关系数限定为 1	245.159	114	77.998***
质量战略与创新战略的相关系数限定为 1	219.958	114	52.797***
低成本战略与创新战略的相关系数限定为 1	232.364	114	65.203***

注：$\Delta\chi^2$ 的计算以未限定模式为基准，*** 表示 $P<0.001$。

（三）国际代工绩效的适配度检验

根据相关文献研究、代工企业相关人员的访谈和预试结果，笔者得到测量生产运营战略的 9 个题项，其中 5 个题项用来测量生产运营绩效，4 个题项用来测量国际竞争绩效。对国际代工绩效的测量模型进行验证性因子分析，结果见表 6－34。

表 6－34　国际代工绩效测量模型参数估计和整体拟合优度

变量	题项	标准化系数	t 值	标准误差	测量误差	AVE	CR
生产运营绩效	Q28	0.89	—	—	0.21	0.66	0.90
	Q26	0.78	12.81	0.06	0.39		
	Q27	0.85	14.96	0.06	0.27		
	Q29	0.82	14.01	0.07	0.32		
	Q30	0.71	11.02	0.07	0.49		
国际竞争绩效	Q31	0.85	—	—	0.28	0.67	0.89
	Q32	0.76	11.43	0.07	0.42		
	Q33	0.85	13.30	0.07	0.28		
	Q34	0.82	12.70	0.06	0.32		

整体拟合优度（$\chi^2=48.281$，$df=26$）

χ^2/df	RMSEA	SRMR	CFI	TLI	IFI	PNFI
1.86	0.071	0.039	0.98	0.97	0.98	0.69

首先检验国际代工绩效的测量模型是否存在违规估计的现象。从表 6－34 的

数据可以看出，标准化系数值为0.71～0.89，这些值均未大于0.95，表示其并非过大的参数，观测变量的测量误差的值为0.21～0.49，标准误差为0.06～0.07，表明不存在太大的标准误差，并且也没有负的误差变异数。这说明不存在违规估计的现象，因而可以进行模型整体适配度的检验。

分析表6－34中的数据可以看出，χ^2/df为1.86，不仅远小于5这个最高上限，而且小于更严格的标准3；RESEA的值为0.071，低于可接受的值0.1；SRMR的值为0.039，不仅低于可接受的值0.1，并且低于更严格的标准0.05；CFI、TLI、IFI的值分别为0.98、0.97、0.98，均超过了0.9，远大于可接受的值0.8，PNFI的值为0.69，远大于可接受的值0.5。因此可见，国际代工绩效测量模型的整体拟合情况较好，测量模型是可以接受的，隶属于2个潜变量的9个题项能较好地测量国际代工绩效这一变量。同时，也显示该测量模型是一个相当符合实证资料的模型，模型整体的建构效度较好。

从聚合效度上看，表6－34显示，测量生产运营绩效的5个题项在各自潜变量上的标准化负荷值为0.71～0.89，均大于0.5，具有较高负荷，且都达到统计显著的水平，说明生产运营绩效与国际竞争绩效测量的聚合效度较好；同时，生产运营绩效和国际竞争绩效的平均变异抽取量分别为0.66和0.67，均高于0.5这一最低标准，表现出较好的聚合效度。此外，观察表6－55相关系数矩阵表中的数据，可以发现，生产运营绩效的5个测量题项之间的最小相关系数为0.547，大于0.5；国际竞争绩效的4个题项之间的最小相关系数为0.602，大于0.5。进一步验证了潜变量的测量具有较好的聚合效度。

从区别效度上看，表6－35显示，国际代工绩效潜变量间未限制模式的卡方值为48.281（$df=26$），限制模式的卡方值为58.062（$df=27$），与限制模式相比，未限制模式的卡方值较小，且限制模式与未限制模式的卡方值的差异为9.781，卡方值差异显著性检验的概率值$P<0.01$，表示未限制模式与限制模式两个测量模型有显著差异，说明国际代工绩效潜变量间具有良好的区别效度。

表6－35　国际代工绩效潜变量间区别效度的分析

模　式	χ^2	df	$\Delta\chi^2$
未限制模式	48.281	26	—
生产运营绩效与国际竞争绩效相关系数限定为1	58.062	27	9.781**

注：$\Delta\chi^2$的计算以未限定模式为基准，**表示$P<0.01$。

从建构信度上看，表6－34显示，生产运营绩效与国际竞争绩效的建构信度（CR）分别为0.90、0.89，远大于0.60的最低标准，表示测量模型的内在品质理想。

十六 企业特征对企业国际代工绩效的影响

企业自身的一些因素可能对企业的国际代工绩效产生影响。这些因素包括企业规模、行业类别、国际代工年龄、国际代工方式等。本研究采用单因素方差分析（One way ANOVA），分别研究不同规模、不同行业、不同代工年龄的企业国际代工绩效是否有显著差异；采用独立样本 T 检验（Independent Samples T-Test）。研究不同代工方式的企业国际代工绩效是否存在显著差异。

（一）企业规模对国际代工绩效的影响

本研究对于企业规模的测量是采用企业的员工总数作为测量企业规模的指标。本研究根据企业的员工总数将被投资企业分为 5 类：小于或等于 100 人、101～500 人、501～1 000 人、1 001～5 000 人、5 000 人以上。由于分组在三组以上，可以采用单因素方差分析方法进行分析，以判断企业规模对其运营绩效的影响是否有显著性差异。

表 6－36 是对不同规模企业的运营绩效的描述性统计。从均值上看，不同规模企业的运营绩效呈现出一定的差异，规模为501～1 000 人的企业运营绩效最小为4.95，规模为5 000 人以上企业运营绩效最大为5.73。

表 6－36　不同规模企业运营绩效的差异

员工人数/人	数量	均值	标准差	最小值	最大值
小于等于 100	21	5.247 6	0.579 33	3.40	6.00
101～500	70	5.265 7	0.949 58	2.80	7.00
501～1 000	37	4.951 4	0.954 99	1.60	6.80
1 001～5 000	30	5.393 3	0.650 69	3.80	6.40
5 000 以上	14	5.728 6	0.708 66	4.60	6.80
合计	172	5.255 8	0.864 18	1.60	7.00

方差齐性检验的结果显示，t 值为 2.384，P 值为 0.052，大于 0.05，不显著，则方差具有齐性，可以认为各组的总体方差相等。表 6－37 显示了企业规模对生产运营绩效的单因素方差分析结果。从表 6－37 可以看出，在置信度为95%的水平下，其 F 值为 2.47，对应的相伴概率（Sig.）小于 0.05，因而不同规模的企业在生产运营绩效上至少有一组与另外一组差异显著。但不能说明是哪两组间差异显著，需要进一步进行事后比较来确定是哪两组的生产运营绩效有差异。

表6-37　不同规模企业生产运营绩效的单因素方差分析

运营绩效	偏差平方和	自由度	均方	F 值	Sig.
组间	7.134	4	1.784	2.470	0.047
组内	120.570	167	0.722		
总和	127.704	171			

由于方差齐性检验结果显示方差具有齐性，因而采用LSD方法进行进一步的多项比较（结果见表6-38），来检验具体的差异。进一步的多项比较显示，规

表6-38　不同规模企业生产运营绩效的多项比较

变量	比较方法	（I）员工人数/人	（J）员工人数/人	平均差异（I-J）	Sig.（显著性）
竞争绩效	LSD	≤100	101~500	-0.018 10	0.932
			501~1 000	0.296 27	0.204
			1 001~5 000	-0.145 71	0.548
			5 000以上	-0.480 95	0.103
		101~500	≤100	0.018 10	0.932
			501~1 000	0.314 36	0.071
			1 001~5 000	-0.127 62	0.492
			5 000以上	-0.462 86	0.065
		501~1 000	≤100	-0.296 27	0.204
			101~500	-0.314 36	0.071
			1 001~5 000	-0.441 98（*）	0.036
			5 000以上	-0.777 22（*）	0.004
		1 001~5 000	≤100	0.145 71	0.548
			101~500	0.127 62	0.492
			501~1 000	0.441 98（*）	0.036
			5 000以上	-0.335 24	0.225
		5 000以上	≤100	0.480 95	0.103
			101~500	0.462 86	0.065
			501~1 000	0.777 22（*）	0.004
			1 001~5 000	0.335 24	0.225

模在501～1 000人的企业分别与规模在1 001～5 000人及规模在5 000人以上的企业的生产运营绩效存在统计意义上的显著差异；员工人数小于等于100人的企业与其他各组之间没有统计意义上的显著差异，规模在1 001～5 000人的企业与规模在5 000人以上的企业的生产运营绩效也没有统计上的显著差异。这说明代工企业规模对其生产运营绩效的影响有显著差异。

表6－39是对不同规模企业国际竞争绩效的描述性统计。从均值上看，不同规模的代工企业国际竞争绩效出现较大波动，501～1 000人的代工企业的国际竞争绩效最小，为3.97；5 000人以上的代工企业的国际竞争绩效最大，为5.23。

表6－39　不同规模企业竞争绩效的差异

人数/人	数量	均值	标准差	最小值	最大值
≤100	21	4.392 9	0.788 87	3.50	6.25
101～500	70	4.282 1	1.093 39	1.25	7.00
501～1 000	37	3.973 0	1.172 28	1.00	6.00
1 001～5 000	30	4.741 7	0.588 99	3.75	5.75
5 000以上	14	5.232 1	0.874 12	4.00	7.00
合计	172	4.386 6	1.040 94	1.00	7.00

方差齐性检验的结果显示，t值为2.397，P值为0.052，大于0.05，不显著，则方差具有齐性，可以认为各组的总体方差相等。进一步的单因素方差分析结果见表6－40。由表6－40可知，在置信度为95%的水平下，其F值为5.304，对应相伴概率（Sig.）小于0.05，因而不同规模的企业在竞争绩效方面表现出显著差异，至少存在一组与另外一组差异显著。但不能说明是哪两组间的差异显著，需要进一步进行事后比较来确定是哪两组的国际竞争绩效有差异。

表6－40　不同规模企业竞争绩效的单因子方差分析

运营绩效	偏差平方和	自由度	均方	F值	Sig.
组间	20.886	4	5.222	5.304	0.000
组内	164.403	167	0.984		
总和	185.289	171			

方差检验结果显示方差具有齐性，因而采用LSD方法进行进一步的多项式比较，检验具体差异。进一步的多项比较显示（见表6－41），小于等于100人、101～500人、501～1 000人的企业与5 000人以上的企业的国际竞争绩效存在统

计意义上的显著差异；501～1 000人的企业与1 001～5 000人及5 000人以上的企业的国际竞争绩效存在统计意义上的显著差异；小于等于100人的企业与101～500人、501～1 000人、1 001～5 000人的企业的国际竞争绩效不存在统计意义上的显著差异；101～500人的企业与501～1 000的企业的国际竞争绩效不存在统计意义上的显著差异；1 001～5 000人与5 000人以上的企业的国际竞争绩效不存在统计意义上的显著差异。这说明代工企业规模对其国际竞争绩效的影响有显著差异。规模较大的企业，其国际竞争绩效相对较好，这可能是因为大型企业拥有的资源较多，并且单位产品生产的成本相对较低，因此在国际代工市场上具有较强的竞争优势。

表6－41　不同规模企业国际竞争绩效的多项比较

变量	比较方法	（I）员工人数/人	（J）员工人数/人	平均差异（I－J）	Sig.（显著性）
竞争绩效	LSD	≤100	101～500	0.110 71	0.654
			501～1 000	0.419 88	0.123
			1 001～5 000	－0.348 81	0.218
			5 000以上	－0.839 29（＊）	0.015
		101～500	≤100	－0.110 71	0.654
			501～1 000	0.309 17	0.127
			1 001～5 000	－0.459 52（＊）	0.035
			5 000以上	－0.950 00（＊）	0.001
		501～1 000	≤100	－0.419 88	0.123
			101～500	－0.309 17	0.127
			1 001～5 000	－0.768 69（＊）	0.002
			5 000以上	－1.259 17（＊）	0.000
		1 001～5 000	≤100	0.348 81	0.218
			101～500	0.459 52（＊）	0.035
			501～1 000	0.768 69（＊）	0.002
			5 000以上	－0.490 48	0.129
		5 000以上	≤100	0.839 29（＊）	0.015
			101～500	0.950 00（＊）	0.001
			501～1 000	1.259 17（＊）	0.000
			1 001～5 000	0.490 48	0.129

根据对不同规模企业生产运营绩效和国际竞争绩效的变化情况的分析，可以发现企业规模对其国际代工绩效的影响具有显著差异。总体来说，随着企业规模的增大，制造企业的国际代工绩效也会随之提高，但当企业规模到达一定程度后，企业规模的继续增大并不能提高企业的国际代工绩效。其中可能的原因在于在一定范围内，规模较大的代工企业的规模经济效应和信誉优势比规模较小的代工企业明显，但如果企业规模过度膨胀，最终将出现规模不经济的现象。赖国毅（2005）通过实证研究发现，公司规模的扩张与绩效间存在着明显的相关关系，但这种相关为非线性相关，并且二者之间有着显著的不平稳状态。本研究与得出的代工企业规模对其国际代工绩效有显著差异的结果和赖国毅（2005）的研究结论是一致的。

（二）企业行业类别对国际代工绩效的影响

本研究样本中企业行业类别共有 16 类，由于样本中行业较多，本研究中笔者选取频数靠前的五类行业的企业进行分析（见表 6－42），这五类行业的企业样本数为 101 个，占样本总数的 58.7%，已具有相当的代表性。由于分组在 3 组以上，可以采用单因素方差分析方法进行分析，以判断企业行业类别对其成长绩效的影响是否有显著差异。

表 6－42　不同行业企业生产运营绩效的差异

行业	数量	均值	标准差	最小值	最大值
纺织制衣、印染	16	5.412 5	0.824 52	3.40	6.60
家电	37	5.221 6	0.849 55	2.80	6.80
机械制造	15	5.240 0	0.914 02	3.60	6.40
金属制品陶瓷	18	5.033 3	0.791 87	3.00	5.80
机电设备	15	5.013 3	0.948 58	3.80	6.80
合计	101	5.190 1	0.853 87	2.80	6.80

表 6－42 是对不同行业企业运营绩效的描述性统计，从均值上看，不同行业类别的企业生产运营绩效呈现出微小的波动，但彼此间差异不大，机电设备行业的企业生产运营绩效最小，为 5.01，纺织制衣、印染行业的企业生产运营绩效最大，为 5.41。

方差齐性检验的结果显示，t 值为 0.483，P 值为 0.748，大于 0.05，不显著，则方差具有齐性，可以认为各组的总体方差相等。进一步的单因素方差分析结果见表 6－43。从表 6－43 可以看出，在置信度为 95% 的水平下，不同行业类别的企业在生产运营绩效方面没有表现出显著差异，其 F 值为 0.599。这说明代工企业的行业类别对其生产运营绩效的影响不显著。

表 6－43　不同行业企业生产运营绩效的单因素方差分析

运营绩效	偏差平方和	自由度	均方	F 值	Sig.
组间	1.777	4	0.444	0.599	0.664
组内	71.134	96	0.741		
总和	72.910	100			

表 6－44 是对不同行业企业国际竞争绩效的描述性统计。从均值上看，不同行业类别的企业国际竞争绩效呈现出一定的波动，但彼此间差异不大，机电设备行业的企业国际竞争绩效最小，为 4.17，机械制造行业的企业国际竞争绩效最大，为 4.60。

表 6－44　不同行业企业国际竞争绩效的差异

行业	数量	均值	标准差	最小值	最大值
纺织制衣、印染	16	4.343 8	1.186 29	2.00	7.00
家电	37	4.459 5	0.938 22	1.75	6.00
机械制造	15	4.600 0	1.381 64	1.25	7.00
金属制品陶瓷	18	4.166 7	1.104 80	1.75	5.75
机电设备	15	4.433 3	0.878 65	3.00	6.25
总和	101	4.405 9	1.062 34	1.25	7.00

方差齐性检验的结果显示，t 值为 0.976，P 值为 0.425，大于 0.05，不显著，则方差具有齐性，可以认为各组的总体方差相等。进一步的单因素方差分析结果见表 6－45。从表 6－45 可以看出，在置信度为 95% 的水平下，不同行业类别的企业在国际竞争绩效方面没有表现出显著差异，其 F 值为 0.383。这说明代工企业的行业类别对其国际竞争绩效的影响不显著。

表 6－45　不同行业企业国际竞争绩效的单因素方差分析

竞争绩效	偏差平方和	自由度	均方	F 值	Sig.
组间	1.775	4	0.444	0.383	0.820
组内	111.082	96	1.157		
总和	112.856	100			

不同行业类别的国际代工企业生产运营绩效和国际竞争绩效的分析结果表明，企业的行业类别对其国际代工绩效的影响无显著差异。企业行业类别对其国

际代工绩效的影响无显著差异的原因可能在于，不管是传统制造行业还是高科技行业，我国国际代工制造企业大都处于价值链的低端，产品利润率普遍较低，从而使得不同行业的企业间国际代工绩效无统计意义上的显著差异。

（三）国际代工年龄对国际代工绩效的影响

本书中国际代工年龄是指企业自进入国际代工市场起到2008年为止所经历的年数。参考柳燕（2007）对企业年龄的分类，本研究根据企业自进入国际代工市场到2008年为止所经历的年数，将代工企业分为5类：3年以下、3~5年、6~8年、9~10年、10年以上。由于分组在三组以上，采用单因素方差分析方法进行分析，以判断企业国际代工年龄对其国际代工绩效的影响是否有显著差异。

表6-46是对不同国际代工年龄企业生产运营绩效描述性统计。从均值上看，企业进入国际市场的年数不同的运营绩效呈现出微小的波动，代工年龄在6~8年的企业，其生产运营绩效最小，为5.09；9~10年的代工企业，其生产运营绩效水平最高，为5.53。

表6-46　不同代工年龄企业生产运营绩效描述性统计

工龄/年	数量	均值	标准差	最小值	最大值
3以下	41	5.117 1	0.778 43	3.20	6.80
3~5	39	5.317 9	0.835 68	3.60	6.80
6~8	33	5.097 0	0.968 40	2.80	7.00
9~10	6	5.533 3	0.615 36	5.00	6.60
10以上	53	5.384 9	0.897 73	1.60	6.80
总和	172	5.255 8	0.864 18	1.60	7.00

方差齐性检验的结果显示，t值为0.573，P值为0.682，大于0.05，不显著，则方差具有齐性，可以认为各组的总体方差相等。进一步的单因素方差分析结果见表6-47。从表6-47可以看出，在置信度为95%的水平下，不同国际代工年龄的企业在生产运营绩效方面没有表现出显著差异，其F值为1.045，对应的相伴概率（Sig.）大于0.05，说明企业国际代工年龄对其生产运营绩效的影响不显著。

表6-48是对不同代工年龄企业竞争绩效的描述性统计。从均值上看，代工年龄不同的企业国际竞争绩效呈现出一定的波动，但彼此间差异不大，代工年龄为9~10年的企业的竞争绩效最小，为4.00，10年以上的企业的国际竞争绩效最大，为4.42。

表 6-47　不同代工年龄企业生产运营绩效的单因素方差分析

运营绩效	偏差平方和	自由度	均方	*F* 值	Sig.
组间	3.118	4	0.779	1.045	0.386
组内	124.586	167	0.746		
总和	127.704	171			

表 6-48　不同代工年龄企业国际竞争绩效描述性统计

工龄/年	数量	均值	标准差	最小值	最大值
3 以下	41	4.347 6	0.971 3	1.25	6.25
3～5	39	4.403 8	1.005 9	2.00	6.75
6～8	33	4.295 5	1.042 9	2.00	6.00
9～10	6	4.000 0	1.000 0	2.50	5.50
10 以上	53	4.424 5	1.120 8	1.00	7.00
总和	172	4.361 9	1.033 2	1.00	7.00

方差齐性检验的结果显示，t 值为 0.246，P 值为 0.912，大于 0.05，不显著，则方差具有齐性，可以认为各组的总体方差相等。进一步的单因素方差分析结果见表 6-49。从表 6-49 可以看出，在置信度为 95% 的水平下，不同国际代工年龄的企业在国际竞争绩效方面没有表现出显著差异，其 F 值为 0.067。这说明企业国际代工年龄对其国际竞争绩效的影响不显著。

表 6-49　不同代工年龄企业国际竞争绩效的单因素方差分析

运营绩效	偏差平方和	自由度	均方	*F* 值	Sig.
组间	0.299	4	0.075	0.067	0.992
组内	184.990	167	1.108		
总和	185.289	171			

不同国际代工年龄企业生产运营绩效和国际竞争绩效的分析结果表明，企业国际代工年龄对其国际代工绩效的影响无显著差异。其中可能的原因在于由国际大买家或跨国公司所主宰的俘获型网络中，虽然我国制造企业随着国际代工年龄的增加，其自身能力可能会不断增强。但是，一旦我国制造企业代工生产体系进入功能或链的升级高端阶段，试图建立自己的核心技术研发能力、品牌和销售终端时，就对国际大购买商或跨国公司的买方垄断势力和既得利益形成挑战，其就会利用各种手段来阻碍和控制发展中国家代工生产体系的升级进程，从而迫使发

展中国家代工生产体系“锁定”于 GVC 中的低端环节，使得企业国际代工年龄对其国际代工绩效的影响并无显著差异。

（四）国际代工方式对国际代工绩效的影响

本书中将企业产品国际代工方式划分为 OEM（原厂委托制造）和 ODM（委托设计制造）两种方式。由于仅为两类，这里采用独立样本 T 检验，判断两种方式之间是否存在显著差异。

表 6 – 50 是对企业产品代工方式不同的运营绩效描述性统计。从均值上看，企业不同代工方式的生产运营绩效略有不同，OEM 的均值为 5. 14，ODM 的均值为 5. 32。

表 6 – 50　不同代工方式生产运营绩效的描述性统计

产品出口形式	数量	均值	标准差	最小值	最大值
OEM	63	5. 142 9	0. 969 49	2. 80	6. 80
ODM	109	5. 321 1	0. 794 43	1. 60	7. 00
总和	172	5. 255 8	0. 864 18	1. 60	7. 00

独立样本 T 检验的结果见表 6 – 51。由表 6 – 51 可以看出，在置信度为 95% 的水平下，t 值为 – 1. 239，P 值为 0. 218，大于 0. 05，这说明企业的国际代工方式对其生产运营绩效的影响不显著。

表 6 – 51　代工方式与生产运营绩效的独立样本 T 检验结果分析表

t 值	自由度	Sig. （2 – tailed）	均值差异
– 1. 239	170	0. 218	–0. 178

表 6 – 52 是对企业产品出口形式不同的竞争绩效描述性统计。仅从均值上看，不同国际代工方式的企业国际竞争绩效呈现出微小的波动，OEM 方式的企业国际竞争绩效均值为 4. 18，ODM 方式的企业国际竞争绩效均值为 4. 50。

表 6 – 52　不同代工方式国际竞争绩效的描述性统计

产品出口形式	数量	均值	标准差	最小值	最大值
OEM	63	4. 182 5	1. 162 42	1. 75	7. 00
ODM	109	4. 504 6	0. 949 53	1. 00	7. 00
总和	172	4. 386 6	1. 040 94	1. 00	7. 00

进一步的独立样本 T 检验结果见表 6-53。从表 6-53 中可以看出，在置信度为 95% 的水平下，t 检验的值为 -1.868，P 值为 0.064，大于 0.05，这说明企业国际代工方式对其国际竞争绩效的影响不显著。

表 6-53 代工方式与国际竞争绩效的独立样本 T 检验结果

t 值	自由度	Sig. (2-tailed)	均值差异
-1.868	170	0.064	-0.322

不同国际代工方式企业生产运营绩效和国际竞争绩效的分析结果表明，采用 ODM 方式的企业的国际代工绩效平均值略高于采用 OEM 方式的企业，但这两种代工方式对其国际代工绩效的影响无显著差异。国际代工方式对其国际代工绩效的影响无显著差异的原因可能是 ODM 方式的企业虽然在从事生产制造的同时，从事产品的设计与研发，但产品的附加值并没有显著提高，并且由于产品的定价权掌握在国外客户手中，使得采用 ODM 方式的企业的生产运营绩效和国际竞争绩效虽然均略高于采用 OEM 方式的企业，但并不存在统计意义上的显著差异。

十七 结构方程模型分析

（一）模型设定

根据已有的研究成果，结合实地访谈，本研究在第四章建立了国际代工环境、生产运营战略与我国制造企业国际代工绩效关系的概念模型。该概念模型说明，国际代工环境对生产运营战略的选择会产生影响，不同类型的生产运营战略对国际代工绩效会产生影响，生产运营绩效会对国际竞争绩效产生影响。根据第四章的概念模型建立相应的结构方程模型。在这一结构方程模型中，潜变量包括环境的动态性、环境的威胁性、低成本战略、质量战略、柔性战略、创新战略、生产运营绩效及国际竞争绩效。各潜变量之间存在 17 条假设路径。本结构方程模型以 4 个外源观测变量（Q1、Q2、Q3、Q4）对外源潜变量环境的动态性进行测量；以 4 个外源观测变量（Q5、Q6、Q7、Q8）对外源潜变量环境的威胁性进行测量；以 4 个内生观测变量（Q9、Q10、Q11、Q12）对内生潜变量低成本战略进行测量；以 4 个内生观测变量（Q13、Q14、Q15、Q16）对内生潜变量质量战略进行测量；以 5 个内生观测变量（Q17、Q18、Q19、Q20、Q21）对内生潜变量柔性战略进行测量；以 4 个内生观测变量（Q22、Q23、Q24、Q25）对内生潜变量创新战略进行测量；以 5 个内生观测变量（Q26、Q27、Q28、Q29、Q30）

对内生潜变量生产运营绩效进行测量；以4个内生观测变量（Q31、Q32、Q33、Q34）对内生潜变量国际竞争绩效进行测量。使用AMOS 6.0软件的最大概似估计方法对结构方程模型进行检验，结构方程模型分析结果见表6-54、表6-55及图6-1。

表6-54　结构方程模型整体拟合优度（$N=172$）

χ^2/df	RMSEA	SRMR	CFI	TLI	IFI	PNFI
1.36	0.046	0.091	0.94	0.94	0.94	0.73

（二）模型识别

利用SEM进行分析时，需要考虑模型的识别问题，如果所有未知参数能用已知量唯一地表示出来，即所有未知参数有唯一解，则模型是可识别的（侯杰泰、温忠麟、成子娟，2004）。依据Bollen（1989）的模型识别评价原则，首先要求模型必须符合t规则。本结构方程模型有8个外源观测变量，26个内生观测变量，因而变数共有（8+26）×（8+26+1）/2=595（个），而本模型中需要估计的参数为86个，自由度为509，符合t规则。其次，一个观测变量只从属于一个潜变量，并且无论是外源潜变量还是内生潜变量，都至少有2个以上的观测变量来测量。最后，模型中没有互惠关系。上述分析表明本结构方程模型已经符合模型识别的必要条件。

（三）模型违规检验

根据结构方程模型分析结果对国际代工环境、生产运营战略与国际代工绩效的结构方程模型是否存在违规估计的现象进行检验。从表6-56和路径图6-1可以看出，各潜变量之间的标准化估计系数的值均未大于0.95，表示其并非过大的参数，标准误差在0.05~0.14，表明不存在太大的标准误差，并且也没有负的误差变异数。这说明不存在违规估计的现象，因而可以进行模型整体拟合优度的检验。

（四）模型评价

观察表6-54中的数据可以看出，χ^2/df为1.36，不仅远小于5这个最高上限，而且小于更严格的标准3；RMSEA的值为0.046，不仅远低于可接受值0.1，而且低于更严格的标准0.05；SRMR的值为0.091，低于可接受值0.1；CFI、TLI、IFI的值均为0.94，不仅远大于最低标准0.8，而且大于更严格的标准0.9；PNFI的值为0.73，大于可接受的值0.5。由此可见，国际代工环境、生产运营战略与国际代工绩效的结构方程模型的各项拟合指标都达到了可以接受的水平，模

表 6 - 55 相关系数矩阵

	Q1	Q2	Q3	Q4	Q5	Q6	Q7	Q8	Q9	Q10	Q11	Q12	Q13	Q14	Q15	Q16	Q17
Q1	1																
Q2	0.621	1															
Q3	0.510	0.596	1														
Q4	0.571	0.549	0.616	1													
Q5	0.203	0.233	0.241	0.32	1												
Q6	0.287	0.36	0.314	0.38	0.636	1											
Q7	0.165	0.199	0.286	0.337	0.635	0.659	1										
Q8	0.274	0.254	0.239	0.219	0.604	0.576	0.564	1									
Q9	0.076	0.177	0.122	0.120	0.193	0.213	0.260	0.192	1								
Q10	0.074	0.061	0.094	0.135	0.216	0.251	0.336	0.193	0.562	1							
Q11	0.06	0.158	0.002	0.044	0.206	0.224	0.168	0.117	0.531	0.542	1						
Q12	0.142	0.213	0.185	0.198	0.254	0.202	0.278	0.128	0.531	0.539	0.525	1					
Q13	0.099	0.092	0.12	0.122	0.188	0.253	0.226	0.098	0.214	0.289	0.330	0.258	1				
Q14	0.099	0.151	0.086	0.114	0.130	0.115	0.138	0.047	0.249	0.258	0.212	0.194	0.653	1			
Q15	0.029	0.125	0.078	0.144	0.243	0.301	0.21	0.174	0.149	0.166	0.256	0.087	0.590	0.536	1		
Q16	0.022	0.09	0.005	0.049	0.084	0.183	0.088	0.126	0.161	0.302	0.25	0.158	0.518	0.548	0.615	1	
Q17	0.036	0.166	0.074	0.188	0.119	0.272	0.277	0.099	0.125	0.186	0.243	0.205	0.182	0.158	0.288	0.206	1

续表

	Q1	Q2	Q3	Q4	Q5	Q6	Q7	Q8	Q9	Q10	Q11	Q12	Q13	Q14	Q15	Q16	Q17
Q18	0. 066	0. 197	0. 141	0. 166	0. 12	0. 183	0. 22	0. 157	0. 157	0. 198	0. 17	0. 192	0. 237	0. 182	0. 358	0. 256	0. 669
Q19	0. 146	0. 183	0. 23	0. 266	0. 183	0. 211	0. 253	0. 13	0. 14	0. 213	0. 111	0. 217	0. 109	0. 119	0. 168	0. 171	0. 565
Q20	0. 15	0. 248	0. 249	0. 29	0. 137	0. 23	0. 208	0. 175	0. 01	0. 055	0. 009	0. 021	0. 156	0. 18	0. 229	0. 171	0. 59
Q21	0. 07	0. 191	0. 182	0. 226	0. 105	0. 222	0. 219	0. 099	0. 167	0. 196	0. 236	0. 183	0. 212	0. 23	0. 377	0. 27	0. 595
Q22	0. 135	0. 167	0. 099	0. 143	0. 115	0. 135	0. 123	0. 091	0. 046	0. 145	0. 106	0. 107	0. 156	0. 065	0. 266	0. 186	0. 252
Q23	0. 138	0. 247	0. 179	0. 158	0. 085	0. 151	0. 118	0. 083	0. 074	0. 14	0. 1	0. 085	0. 107	0. 145	0. 233	0. 133	0. 308
Q24	0. 065	0. 183	0. 18	0. 134	0. 092	0. 075	0. 085	0. 054	0. 088	0. 238	0. 222	0. 186	0. 207	0. 184	0. 272	0. 226	0. 257
Q25	0. 004	0. 085	0. 09	0. 042	0. 102	0. 1	0. 132	0. 031	0. 101	0. 273	0. 232	0. 173	0. 118	0. 081	0. 245	0. 184	0. 307
Q26	0. 193	0. 111	0. 191	0. 095	−0. 137	0. 024	−0. 028	−0. 075	0. 069	0. 042	0. 009	−0. 009	0. 073	0. 097	0. 071	0. 077	0. 207
Q27	0. 268	0. 206	0. 258	0. 195	−0. 054	0. 085	0. 124	−0. 009	0. 071	0. 064	−0. 045	−0. 016	0. 032	0. 083	0. 1	0. 048	0. 23
Q28	0. 218	0. 146	0. 195	0. 155	−0. 017	0. 064	0. 045	−0. 052	0. 044	0. 047	0. 042	0. 04	0. 09	0. 145	0. 18	0. 133	0. 306
Q29	0. 251	0. 243	0. 241	0. 166	0. 003	0. 149	0. 047	−0. 017	0. 061	0. 07	0. 063	0. 026	0. 048	0. 115	0. 174	0. 113	0. 32
Q30	0. 212	0. 173	0. 219	0. 092	−0. 051	0. 077	0. 037	0. 041	0. 073	0. 07	0. 091	0. 012	0. 039	0. 154	0. 158	0. 177	0. 318
Q31	0. 122	0. 258	0. 209	0. 051	−0. 125	−0. 033	−0. 075	−0. 042	−0. 142	−0. 088	−0. 081	−0. 112	−0. 008	0. 155	0. 139	0. 063	0. 265
Q32	0. 249	0. 284	0. 284	0. 138	−0. 006	0. 094	−0. 012	0. 053	−0. 071	−0. 024	−0. 108	−0. 06	0. 087	0. 198	0. 123	0. 088	0. 246
Q33	0. 21	0. 202	0. 139	0. 12	−0. 166	−0. 004	−0. 051	−0. 091	−0. 095	−0. 001	−0. 076	−0. 113	−0. 02	0. 133	0. 137	0. 106	0. 278
Q34	0. 206	0. 248	0. 228	0. 155	−0. 145	−0. 052	−0. 091	−0. 036	−0. 201	−0. 093	−0. 129	−0. 114	0. 019	0. 11	0. 143	0. 123	0. 196

续表

	Q18	Q19	Q20	Q21	Q22	Q23	Q24	Q25	Q26	Q27	Q28	Q29	Q30	Q31	Q32	Q33	Q34
Q18	1																
Q19	0.605	1															
Q20	0.562	0.645	1														
Q21	0.646	0.575	0.577	1													
Q22	0.211	0.352	0.296	0.217	1												
Q23	0.284	0.365	0.327	0.247	0.677	1											
Q24	0.268	0.252	0.274	0.249	0.588	0.564	1										
Q25	0.216	0.311	0.244	0.230	0.568	0.518	0.659	1									
Q26	0.209	0.32	0.273	0.174	0.261	0.334	0.198	0.150	1								
Q27	0.218	0.301	0.306	0.218	0.241	0.342	0.176	0.227	0.69	1							
Q28	0.262	0.337	0.308	0.278	0.308	0.357	0.222	0.216	0.664	0.784	1						
Q29	0.263	0.307	0.256	0.252	0.347	0.403	0.198	0.181	0.648	0.682	0.734	1					
Q30	0.247	0.297	0.31	0.313	0.291	0.323	0.210	0.186	0.580	0.547	0.625	0.621	1				
Q31	0.293	0.277	0.324	0.222	0.278	0.28	0.248	0.197	0.364	0.368	0.381	0.407	0.447	1			
Q32	0.220	0.281	0.318	0.138	0.157	0.214	0.279	0.234	0.312	0.359	0.336	0.325	0.376	0.709	1		
Q33	0.297	0.315	0.344	0.24	0.217	0.253	0.222	0.165	0.401	0.452	0.442	0.43	0.471	0.711	0.602	1	
Q34	0.316	0.240	0.348	0.242	0.193	0.207	0.233	0.079	0.417	0.356	0.385	0.346	0.387	0.672	0.621	0.734	1

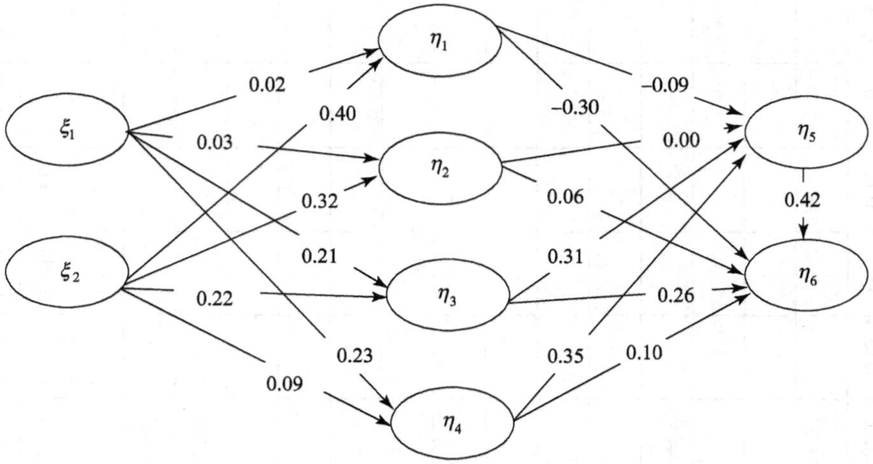

图6－1　国际代工环境、生产运营战略与国际代工绩效关系模型的路径关系图

ξ_1—环境的动态性；ξ_2—环境的威胁性；η_1—低成本战略；η_2—质量战略；
η_3—柔性战略；η_4—创新战略；η_5—生产运营绩效；η_6—国际竞争绩效

型整体拟合情况较好，该结构方程模型是可以接受的，也显示该模型中各潜变量间的关系与实际资料之间具有相当高的拟合优度。

（五）结构方程模型结果分析：假设检验

本节主要检验在概念模型中所包含的假设是否受到实际资料的支持。对概念模型中有关假设的检验主要是通过对结构方程模型中各潜变量之间的路径系数的分析来实现的。路径系数采用标准化系数，该值越大，表示在路径关系中的重要性越高。国际代工环境、生产运营战略与国际代工绩效的结构方程模型的每一个假设关系的标准化路径系数和 t 值如图 6－1 和表 6－56 所示。结构方程模型分析结果显示，假设 1b、假设 2b、假设 3a、假设 3b、假设 4a、假设 5b、假设 7a、假设 7b、假设 8a、假设 9 在 0.05 的显著性水平上获得了支持；假设 1a、假设 2a、假设 4b、假设 5a、假设 6a、假设 6b、假设 8b 在 0.05 的显著性水平上没有获得支持。具体如下。

1. 国际代工环境的不确定性与低成本战略的关系

观察表 6－56 中的数据，可以发现，国际代工环境的动态性与低成本战略不存在显著的相关（标准化路径系数为 0.02，t 为 0.25，$P>0.05$），不支持假设 1a；在该样本范围内，国际代工环境的威胁性与生产运营中的低成本战略存在显著的正相关（标准化路径系数为 0.40，t 为 3.79，$P<0.001$），即国际代工环境的威胁性越高，我国制造企业越倾向于选择低成本战略，假设 1b 得到支持。

表 6-56 结构方程模型分析结果

变量间的关系	标准化路径系数	t 值	标准误差
国际代工环境的动态性→低成本战略	0.02	0.25	0.07
国际代工环境的威胁性→低成本战略	0.40	3.79***	0.08
国际代工环境的动态性→质量战略	0.03	0.28	0.06
国际代工环境的威胁性→质量战略	0.32	3.00**	0.07
国际代工环境的动态性→柔性战略	0.21	2.11*	0.08
国际代工环境的威胁性→柔性战略	0.22	2.28*	0.08
国际代工环境的动态性→创新战略	0.23	2.18*	0.08
国际代工环境的威胁性→创新战略	0.09	0.90	0.09
低成本战略→生产运营绩效	-0.09	-1.06	0.10
低成本战略→国际竞争绩效	-0.30	-3.82***	0.13
质量战略→生产运营绩效	0.00	-0.05	0.11
质量战略→国际竞争绩效	0.06	0.80	0.14
柔性战略→生产运营绩效	0.31	3.77***	0.09
柔性战略→国际竞争绩效	0.26	3.29*	0.12
创新战略→生产运营绩效	0.35	3.94***	0.09
创新战略→国际竞争绩效	0.10	1.24	0.12
生产运营绩效→国际竞争绩效	0.42	4.83***	0.13

注：*表示 $P<0.05$，**表示 $P<0.01$，***表示 $P<0.001$。

2. 国际代工环境的不确定性与质量战略的关系

表 6-56 中的数据显示，国际代工环境的动态性与生产运营中的质量战略不存在显著的相关（标准化路径系数为 0.03，t 值为 0.28，$P>0.05$），假设 2a 未得到支持；国际代工环境的威胁性与生产运营中的质量战略存在显著的正相关（标准化路径系数为 0.32，t 值为 3.00，$P<0.01$），即国际代工环境的威胁性越强，我国制造企业越倾向于选择质量战略。

3. 国际代工环境的不确定性对柔性战略有直接的正向影响

即国际代工环境的不确定性越高，我国制造企业越倾向于选择柔性战略。分析表 6-56 中的数据，可以看出，国际代工环境的动态性对我国制造企业柔性战略的选择有直接的正向影响（标准化路径系数为 0.21，t 值为 2.11，$P<0.05$），假设 3a 被支持；国际代工环境的威胁性与柔性战略之间存在显著的正相关（标准化路径系数为 0.22，t 值为 2.28，$P<0.05$），即国际代工环境的威胁性越强，

我国制造企业越倾向于选择柔性战略，假设 3b 得到支持。

4. 国际代工环境的不确定性与创新战略的关系

从表 6－56 中的数据可以看出，国际代工环境的动态性对我国制造企业创新战略的选择有直接的正向影响（标准化路径系数为 0.23，t 值为 2.18，$P<0.05$），假设 4a 得到支持；在该样本范围内，国际代工环境的威胁性与生产运营中的创新战略不存在显著相关（标准化路径系数为 0.09，t 值为 0.90，$P>0.05$），假设 4b 没有被支持。

5. 低成本战略与国际代工绩效的关系

表 6－56 中的数据显示，在该样本范围内，生产运营的低成本战略与我国制造企业的生产运营绩效之间不存在显著相关（标准化路径系数为 －0.09，t 值为 －1.06，$P>0.05$），假设 5a 未得到支持；低成本战略对我国制造企业的国际竞争绩效有直接的负向影响（标准化路径系数为 －0.30，t 值为 －3.82，$P<0.001$），即低成本战略会降低我国制造企业的国际竞争绩效，假设 5b 得到支持。

6. 质量战略对我国制造企业的国际代工绩效没有显著影响

从表 6－56 中的数据可以发现，在该样本范围内，质量战略与我国制造企业的生产运营绩效之间不存在显著的相关关系（标准化路径系数为 0.00，t 值为 －0.05，$P>0.05$），假设 6a 没有被支持；质量战略对我国制造企业的国际竞争绩效没有显著的影响（标准化路径系数为 0.06，t 值为 0.80，$P>0.05$），假设 6b 没有被支持。

7. 柔性战略对我国制造企业的国际代工绩效有直接的正向影响

即柔性战略的实施可提高我国制造企业的国际代工绩效。分析表 6－56 中的数据，可以看出，柔性战略与我国制造企业的生产运营绩效之间存在显著的正效应（标准化路径系数为 0.31，t 值为 3.77，$P<0.001$），即柔性战略对我国制造企业的生产运营绩效有积极的影响，假设 7a 得到支持；同时，柔性战略对我国制造企业的国际竞争绩效具有直接的正向影响（标准化路径系数为 0.26，t 值为 3.29，$P<0.01$），即生产运营中的柔性战略对我国国际代工制造企业的国际竞争绩效具有提升作用，假设 7b 被支持。

8. 创新战略与我国制造企业的国际代工绩效间的关系

从表 6－56 中的数据可以看出，创新战略和我国制造企业的生产运营绩效之间存在显著的正效应（标准化路径系数为 0.35，t 值为 3.94，$P<0.001$），创新战略能够提升我国制造企业的生产运营绩效，假设 8a 被支持；在该样本范围内，创新战略与我国制造企业的国际竞争绩效之间存在显著的正效应（标准化路径系数为 0.10，t 值为 1.24，$P>0.05$），即创新战略可提高我国制造企业的国际竞争绩效，假设 8b 没有被支持。

9. 生产运营绩效对我国制造企业的国际竞争绩效具有直接的正向影响

表6-57的数据显示，生产运营绩效与我国国际代工制造企业的国际竞争绩效之间存在显著的正效应（标准化路径系数为0.42，t值为4.83，$P<0.001$），即生产运营绩效对我国制造企业的国际竞争绩效具有积极的影响，假设9得到样本数据的支持。

表6-57 假设检验结果

假设	假设内容	是否支持假设
假设1a	国际代工环境的动态性正向影响低成本战略	不支持
假设1b	国际代工环境的威胁性正向影响低成本战略	支持
假设2a	国际代工环境的动态性正向影响质量战略	不支持
假设2b	国际代工环境的威胁性正向影响质量战略	支持
假设3a	国际代工环境的动态性正向影响柔性战略	支持
假设3b	国际代工环境的威胁性正向影响柔性战略	支持
假设4a	国际代工环境的动态性正向影响创新战略	支持
假设4b	国际代工环境的威胁性正向影响创新战略	不支持
假设5a	低成本战略负向影响生产运营绩效	不支持
假设5b	低成本战略负向影响国际竞争绩效	支持
假设6a	质量战略正向影响生产运营绩效	不支持
假设6b	质量战略正向影响国际竞争绩效	不支持
假设7a	柔性战略正向影响生产运营绩效	支持
假设7b	柔性战略正向影响国际竞争绩效	支持
假设8a	创新战略正向影响生产运营绩效	支持
假设8b	创新战略正向影响国际竞争绩效	不支持
假设9	生产运营绩效正向影响国际竞争绩效	支持

根据结构方程模型的分析结果，对本研究所提出的假设的检验结果进行总结，见表6-57。

（六）效应分解

为深入了解各潜变量间的关系，笔者对变量间的直接效应（Direct Effect）和间接效应（Indirect Effect）进行分析。直接效应是指由前因变量（外源变量或内生变量）到结果变量（内生变量）的直接影响，用前因变量到结果变量的路径系数来衡量直接效应大小；间接效应（Indirect Effect），是指前因变量通过影响一个或多个中介变量而对结果变量的间接影响。当只有一个中介变量时，间接效应的大小是两个路径系数的乘积；如果中介变量不止一个，则间接效应是所有从前因变量出发，通过一个或多个中介变量后，结束于结果变量的“箭头链”上的路径系数乘积之和。通常人们主要关注变量之间的因果关系，因而就是指直接效应和间接效应。

表6－58显示了各潜变量间的直接效应、间接效应和总效应。分析表6－59中的数据，可以看出，在本研究模型中，国际代工环境的动态性、威胁性均与低成本战略、质量战略、柔性战略、创新战略存在直接效应，它们对我国国际代工制造企业的生产运营战略的选择产生直接影响；低成本战略、质量战略、柔性战略、创新战略与生产运营战略、国际竞争绩效间也存在直接效应，说明生产运营战略会对我国制造企业的国际代工绩效产生直接影响。除直接影响外，生产运营战略还通过生产运营绩效对国际竞争绩效产生间接影响。效应分解的结果表明，低成本战略对我国制造企业的国际竞争绩效间接效应均为负值，标准化系数为－0.04；柔性战略和创新战略对我国制造企业的国际竞争绩效的间接效应均为正值，分别为0.13和0.15。可见，生产运营战略对我国制造企业的国际竞争绩效的影响比较复杂：一方面，它会对国际竞争绩效直接产生影响；另一方面，它又通过生产运营绩效对国际竞争绩效产生影响。

表6－58　潜变量间的直接效应、间接效应和总效应

变量关系	直接效应	间接效应	总效应	变量关系	直接效应	间接效应	总效应
$\xi_1 \to \eta_1$	0.02	—	0.02	$\eta_1 \to \eta_5$	－0.09	—	－0.09
$\xi_1 \to \eta_2$	0.03	—	0.03	$\eta_1 \to \eta_6$	－0.30	－0.04	－0.34
$\xi_1 \to \eta_3$	0.21	—	0.21	$\eta_2 \to \eta_5$	0.00	—	0.00
$\xi_1 \to \eta_4$	0.23	—	0.23	$\eta_2 \to \eta_6$	0.06	0.00	0.06
$\xi_2 \to \eta_1$	0.40	—	0.40	$\eta_3 \to \eta_5$	0.31	—	0.31
$\xi_2 \to \eta_2$	0.32	—	0.32	$\eta_3 \to \eta_6$	0.26	0.13	0.39
$\xi_2 \to \eta_3$	0.22	—	0.22	$\eta_4 \to \eta_5$	0.35	—	0.35
$\xi_2 \to \eta_4$	0.09	—	0.09	$\eta_4 \to \eta_6$	0.10	0.15	0.25
$\eta_5 \to \eta_6$	0.42	—	0.42				

注：ξ_1—环境的动态性；ξ_2—环境的威胁性；η_1—低成本战略；η_2—质量战略；η_3—柔性战略；η_4—创新战略；η_5—生产运营绩效；η_6—国际竞争绩效。

十八 结果讨论

本研究根据有关文献，结合对企业的访谈，提出了国际代工环境、生产运营战略与国际代工绩效关系的相关假设。结构方程模型分析结果表明，假设1b、假设2b、假设3a、假设3b、假设4a、假设5b、假设7a、假设7b、假设8a、假设9得到了实证支持；假设1a、假设2a、假设4b、假设5a、假设6a、假设6b、假设8b未得到实证支持。

（一）国际代工环境与生产运营战略

本研究有力地支持了环境的不确定性是影响我国制造企业生产运营战略选择的重要因素。这一研究结果与Swamidass和Newell（1987），Ward等（1995），Badri、Davis和Davis（2000），Amoako-Gyampah和Boye（2001），Amoako-Gyampah（2003）等的实证研究结果相一致。即环境的不确定性与生产运营战略选择之间存在显著的正相关。在具体影响路径方面，Ward等（1995）指出，在全球的不同国家或地区，环境与生产运营战略之间的关系可能会存在差异。以下将分别对环境的动态性和环境的威胁性与生产运营战略的选择间的关系进行讨论。

对于我国制造企业国际代工环境与生产运营战略间的关系，目前国内尚未发现有学者对此进行实证研究。笔者首次对两者之间的关系进行了实证研究。研究结果显示，国际代工环境的动态性与柔性战略及创新战略存在显著的正相关，与低成本战略和质量战略并不存在显著的相关关系。这一研究结果与Swamidass和Newell（1987）对美国制造企业实证研究结果一致，即环境的动态性与柔性战略正相关。但本研究与Ward等（1995），Badri、Davis和Davis（2000），Amoako-Gyampah和Boye（2001）的实证研究结果存在差异，Ward等（1995）针对新加坡的研究结果与Badri、Davis和Davsi（2000）针对阿拉伯联合酋长国的研究结果一致，即面对环境的动态性，绩效好的企业会选择交货、质量和柔性战略，而绩效差的企业则不仅会选择上述三种类型的生产运营战略，还同时会选择低成本战略。Amoako-Gyampah和Boye（2001）对加纳制造业的实证研究结果则未发现环境的动态性与生产运营战略的选择间存在关联。同Ward等（1995），Badri、Davis和Davis（2000）的研究结果类似，面对环境的动态性，我国的国际代工制造企业未选择低成本战略，说明我国国际代工制造企业已经认识到低成本战略无法应对外界环境的动态性。但本研究也未发现环境的动态性与质量战略的正效应，其中可能的原因是我国多数制造企业的产品质量已能满足国外客户的需求，所以面对环境的动态性，并未选择质量战略。

另外，本研究结果发现：国际代工环境的威胁性与我国制造企业的低成本战略、质量战略和柔性战略存在显著的正相关，与创新战略间不存在显著的正效应。这一研究结果与 Amoako-Gyampah 和 Boye（2001）针对加纳制造业的实证研究结果基本一致。本研究与 Ward 等（1995），Badri、Davis 和 Davis（2000）研究结果的差异主要表现在面对环境的威胁性，他们的研究发现绩效较好的企业不会选择低成本战略，主要选择以差异化为基础的质量、柔性及交货战略。研究结果出现差异的可能的原因是：当外部环境的威胁性较强时，特别是当国际市场需求下降，竞争激烈时，我国制造企业为赢得国外代工订单，可能会通过低成本战略降低产品的生产成本和销售价格，同时不断提高产品质量，增强生产系统的柔性，以应对外界环境的威胁。而实施创新战略需要企业投入大量的人力、物力和财力，并且在短期内很难见到效果。因此，许多企业往往不会选择创新战略。一项针对中国制造企业的调查发现，我国企业家认为创新战略在各种竞争要项中的重要性最高，并且他们大都认为相对于其竞争者，他们在创新方面的表现并不能令人满意。这也说明，由于主客观条件的限制，在中国制造企业中大力推进和实施创新战略将是一条非常漫长的道路。

（二）低成本战略与国际代工绩效

本研究有力地支持了低成本战略对代工企业的国际竞争绩效具有直接的负向影响，但没有支持低成本战略与我国制造企业生产运营绩效的负效应。低成本战略对企业国际竞争绩效不仅存在直接影响（标准化系数为 -0.30），还存在间接影响（标准化系数：$-0.04 = -0.10 \times 0.42$）。这一研究结论支持了樊奇和徐学军（2008）“低成本是我们进入国际市场的基本条件，但却不能使我们赢得市场”这一定性分析的观点。Xiande Zhao 等（2002）对中国大陆制造企业的问卷调查结果显示：在各种竞争要项中，低成本战略的重要性最低。这说明传统的以成本和价格为基础的竞争在当前国际代工竞争中已经不再有效。企业之间的竞争已经过渡到以柔性、创新等以差异化为基础的竞争。企业在成本优先时，往往会过度考虑成本因素而忽视质量或者降低生产柔性，结果降低了客户满意度，失去了部分市场份额，一定程度上中和了成本降低带来的收益。

低成本战略负向影响我国代工企业国际竞争绩效的可能的原因在于：我国制造企业凭借资源禀赋优势，通过低成本战略进入了国际代工市场。但随着我国经济社会的发展，劳动力、土地及各种资源的价格开始出现上涨的趋势，同周边的国家相比，我国国际代工制造企业的低成本优势正在慢慢消失。另外，根据替代权衡理论，企业不可能在生产运营的各个方面都表现优异，不同的生产运营战略之间存在着替代权衡关系。我国代工企业过于关注低成本战略可能会导致其在柔性和创新方面的表现较差，而我国制造企业的主要代工订单来自欧、美等发达国家，这些国家的人们已经由对产品价格的关注向个性化和差异化需求转移。在这种情况下，大力实施低成本战略难以提高企业总体的生产运营绩效水平，反而可能会降低其国际竞争绩效水平。这一研究结论与 Chang 和 Huang（2005）对 380 家台湾制造企业的实证研究结果相一致，并且验证了案例研究的结论。由本书第三章案例研究结果可知，格兰仕集团微波炉的生产成本在行业内已经做到了最低，其代工生产的微波炉的销量在国际市场上也在逐年增加，然而企业的总体利润不仅没有增长，反而出现了下降的趋势。这说明低成本战略与企业绩效之间可能存在倒 U 形的关系，即我国制造企业刚开始进入国际市场，进行国际代工时，低成本战略可提高企业绩效；而当国际代工发展到一定阶段后，低成本战略并不能带来企业绩效水平的提高；此后，当企业继续以低成本战略主导时，反而可能会带来企业绩效的下降。

（三）质量战略与国际代工绩效

本研究没有支持质量战略对我国制造企业国际代工绩效具有直接的正向影响这一结论。这一结论与国外一些学者的研究结果并不一致。其可能的原因是：当前国内多数国际代工制造企业已经有了比较规范和严格的质量控制体系，企业所生产的产品质量已能够满足国外客户的基本要求。在这种情况下，如果企业仍单纯采取质量优先战略，就会导致质量提高引起的边际绩效降低，从而不能显著地提高企业的生产运营绩效和国际竞争绩效。正如一家国际代工企业的生产主管所说："产品质量达到国外客户的标准是对我们（贴牌生产企业）的基本要求，产品质量达不到标准，只会生产的越多，亏损的越多，但盲目地追求产品的高质量并不能带来代工收益的提高"。本研究结果验证了 Huo Baofeng（2007）"由于激烈的竞争，在当今中国的许多制造企业中，产品的质量已成为订单资格要素，而非订单赢得要素"这一定性分析，并且与杨东涛等（2007）、刘希龙和季建华（2007）的实证研究结果相一致。这说明对于我国制造企业而言，产品质量的缺陷可能会使企业失去国外代工订单，并带来巨额损失。但随着我国制造企业国际代工的发展，产品质量已经由订单赢得要素转变化订单资格要素，从而使得质量战略对我国制造企业的国际代工绩效不能产生显著的积极影响。

（四）柔性战略与国际代工绩效

本研究有力地支持了柔性战略是影响我国制造企业国代工绩效的重要因素。生产运营系统的柔性可以使企业以较少的时间和成本应对外部环境的变化。学者们在研究柔性战略与企业绩效之间的关系时，得到了不一致的结论。有研究认为，柔性战略对提高企业绩效具有重要的作用（Swamidass 和 Newell，1987；Youndt 等，1996；Kazen 等，2006），我国的一些学者针对中国制造企业的研究也得到了类似的结论（杨东涛等，2007；刘希龙和季建华，2007）。因为提高生产系统的柔性意味着企业能够对当前企业外部需求和供给的剧烈波动做出快速反应，并且还可以根据顾客的个性化要求来提高产品定制度，从而提高顾客满意度，进而提高企业绩效（刘希龙和季建华，2007）。另外一些研究则质疑生产运营的柔性战略在提高企业绩效方面的作用（Gaimon 和 Singhal，1992；Pagell 和 Krause，1999；Pagell 和 Krause，2004）。他们认为企业的外部环境已经发现变化，生产运营的柔性战略并不能提高企业绩效。

本研究通过结构方程模型分析检验了柔性战略与我国制造企业的国际代工绩效间的关系。研究表明，柔性战略与我国制造企业的国际代工绩效间存在显著的正效应，柔性战略不仅能提高企业的生产运营绩效，而且可以提高企业的国际竞争绩效。柔性战略对企业国际竞争绩效的影响，除直接效应外（标准化系数为 0.31，$P<0.001$），还可以通过生产运营绩效间接影响其国际竞争绩效（标准化系数：$0.13=0.31\times0.42$）。本研究结论与 Swamidass 和 Newell（1987）、杨东涛等（2007）、Kazen 等（2006）、刘希龙和季建华（2007）等的实证研究结果基本一致，从而支持了第一种观点。这说明柔性战略在我国制造企业国际代工过程中发挥着重要的作用，是影响我国制造企业国际代工绩效的重要因素。

（五）创新战略与国际代工绩效

本研究有力地支持了创新战略是影响我国代工企业生产运营绩效的重要因素（标准化路径系数为 0.35，$P<0.001$），但没有支持创新战略与我国代工企业国际竞争绩效的正效应（标准化路径系数为 0.10，$P>0.05$）。虽然创新战略对我国代工企业国际竞争绩效的直接影响效果并不显著，但创新战略同时可通过影响生产运营绩效进而间接影响企业的国际竞争绩效（标准化系数：$0.15=0.35\times0.42$），创新战略对企业国际竞争绩效的总的效应（标准化系数：$0.25=0.10+0.15$）较高。可见，我国国际代工制造企业实施创新战略不仅对其生产运营绩效的提升具有积极意义，而且对其国际竞争绩效同样具有重要的影响，创新战略可通过提高生产运营绩效进而提高企业的国际竞争绩效。这说明创新战略对我国制造企业国际代工绩效水平的提高具有重要的意义，从而验证了本研究案例“创新战略的实施有利于促进我国企业国际代工绩效的提高”这一定性研究的结论，同时验证了樊奇和徐学军（2008）“我国制造企业应不断提高创新能力”这一定性分析的观点，为创新战略的重要性提供了重要的实证支持。Xiande Zhao 等（2002）对中国模具制造企业的问卷调查结果也显示：在各种生产运营战略（成本、质量、柔性、交货和创新）中，被调查人员普遍认为创新战略对企业的发展具有非常高的重要性。本研究与谢洪明等（2006）的实证研究结果部分一致，但他们的研究中只是证明了技术创新与企业绩效的正相关关系，他们并没有进一步研究技术创新分别与企业短期绩效和企业长期绩效的关系，更没有对不同层面的绩效间关系进行研究。本研究结果与黄培伦等（2008）的实证研究结果基本一致，即技术创新对企业绩效具有正向显著的影响，但技术创新对企业的长期绩效与短期绩效的作用是不同的：对长期绩效而言，技术创新对其有显著的作用，但是对于销售增长率、净利润率、销售利润率、投资报酬率等企业短期绩效，技术创新的作用不显著。

创新战略对于提升我国制造企业国际代工绩效的重要性在于，通过国际代工嵌入国际价值链的低端从而进入国际市场是我国制造企业国际化过程的一个显著特征。然而，在低端嵌入全球价值链发展到一定阶段后，就必然要求转变经济发展方式，推动产业结构化升级。2007 年，我国高新技术产业产值只占工业产值的 8%，发达国家为 40% 左右；研发投入占国内生产总值的 1.44%，发达国家平均为 2.5%，美国为 3.2%；服装类产品占世界服装贸易的 25%，但拥有自主知识产权的产品只占 1%。当前我国制造企业面临的增长停滞、利润下降的不利局面，既是外部市场变化影响所致，也是自身脆弱性的必然结果，是内在结构性矛盾的集中反映。特别是我国产业技术创新能力薄弱，在国际产业分工体系中大多处于组装加工的末端。实践反复证明，技术创新是 100 多年来资本主义国家应对经济危机的共同举措。因此，我国代工企业需要通过创新战略来促进产业结构优化升级，从而在国际代工市场上获取竞争优势。企业通过实施创新战略，通过生产流程的创新、产品设计和功能的创新及专利的获取，不仅可提高产品质量，更快地在市场上推出新产品，而且可使企业对国外非标准订单的反应速度更快，交货的速度更快、更准时，从而可提高企业的生产运营绩效，更好地满足国外客户的需求。不仅如此，创新战略还可通过提高企业的生产运营绩效进而提高其国际竞争绩效。

（六）生产运营绩效与国际竞争绩效

本研究有力地支持了生产运营绩效是影响我国国际代工制造企业国际竞争绩效的重要因素。模型中潜变量间路径分析结果显示，生产运营绩效与我国制造企业的国际竞争绩效间的直接路径系数为正，且具有统计显著性（标准化路径系数为 0.42，$P<0.001$）。说明生产运营绩效对我国国际代工制造企业的国际竞争绩效具有直接的、显著的正向影响。本研究结论验证了案例分析中“生产运营绩效正向影响国际竞争绩效”这一观点，同时验证了樊奇、徐学军（2008）对中国国际代工制造企业的定性分析，并且这一研究结果与 Huo Baofeng（2007）对中国制造企业的实证研究结果相一致。生产运营绩效能够提高我国国际代工制造企业的国际竞争绩效的主要原因在于：对于国际代工制造企业而言，其竞争优势主要来自产品本身。如果我国国际代工制造企业在成本、质量、柔性、交货、创新等生产运营方面总体表现较好，就能够更好地满足国外客户的要求，满意的国外客户将会从这家企业购买更多的产品，同时，更多的国外客户将会从该企业购买产品。这样，这家企业不仅销售额会得到增加，国际市场占有率也会得到提高，企业国际代工的利润也会得到提升，其国际竞争绩效就会得到提高。

十九 主要结论

本研究在当前中国的具体环境下，通过理论研究和实证研究，全面系统地分析了国际代工环境、生产运营战略与企业国际代工绩效的关系。整个研究过程包括理论分析、企业调研、案例研究、模型构建、问卷调查和数据分析等环节，并利用SPSS软件和AMOS软件进行数据统计分析。通过研究，本研究主要得出以下结论：

①国际代工环境的不确定性是影响我国制造企业生产运营战略选择的重要因素。本研究结论与Swamidass和Newell（1987）、Ward等（1995）、Amoako-Gyampah和Boye（2003）的实证研究结果相一致。这说明外部环境确实影响企业生产运营战略的选择，我国代工制造企业在制定生产运营战略时，应首先考虑环境因素，并在此基础上制定出适合企业实际的生产运营战略。

同时，研究结果也表明，在不同的情境中，外部环境与生产运营战略的关系也会存在差异。面对环境的动态性，我国代工企业倾向于选择柔性和创新战略；面对环境的威胁性，我国代工企业倾向于选择低成本战略、质量战略、柔性战略。而Amoako-Gyampah和Boye（2003）的实证研究则发现，环境的动态性对生产运营战略的选择不存在显著影响，对生产运营战略的选择影响最大的是敌意的竞争。本研究则发现，环境的动态性和威胁性都会对生产运营战略的选择产生影响。Ward等（1995），Badri、Davis和Davis（2000）的研究虽然发现环境的动态性和威胁性对生产运营战略的选择都会存在影响，但在具体的影响路径方面与本研究的结果也不相同。这也说明在不同的情境中，面对不同的环境，企业生产运营战略的选择也各不相同。

②低成本战略对我国制造企业的生产运营绩效未产生显著影响，低成本战略会对我国制造企业的国际竞争绩效产生负向影响。本研究结论验证了樊奇和徐学军（2008）的定性分析，并且与Chang和Huang（2005）对我国台湾地区的研究结果相一致。本研究认为，这一研究结果给制造企业国际代工实践一定的启示，即我国制造企业通过低成本战略进入国际市场，在进入国际市场的初期，通过大规模、低成本、低价格的竞争可提高企业的绩效（刘世锦，2005；刘志彪，2005），但随着国际竞争的加剧，片面地追求成本的降低不仅难以提高我国国际代工制造企业的生产运营绩效，反而可能会降低其国际竞争绩效。

③质量战略对我国制造企业的国际代工绩效没有显著影响。本结论验证了Huo Baofeng（2007）的定性分析，并且与杨东涛等（2007）、刘希龙和季建华

（2007）对中国制造企业的实证研究结果相一致。这说明产品的质量已成为订单资格要素，而非订单赢得要素。产品质量的缺陷会带来巨额损失，并失去国际代工订单，但不断提高产品质量并不能显著地提高企业的国际代工绩效。这一研究结果也说明我国国际代工制造企业的产品质量已基本上能满足国外客户的要求，继续提高产品质量并不能显著提高企业的生产运营绩效和国际竞争绩效。

④柔性战略对我国制造企业国际代工绩效具有显著的积极影响，是影响企业国际代工绩效的重要因素。模型中潜变量之间直接路径分析的结果显示，柔性战略与制造企业的生产运营绩效和国际竞争绩效间的直接路径系数为正，且具有统计显著性。说明柔性战略对制造企业国际代工绩效具有直接的、显著的正效应。此外，效应分解说明，除直接效应外，柔性战略还通过影响生产运营绩效对代工企业的国际竞争绩效产生间接的正向影响。本结论与 Swamidass 和 Newell（1987），Kazen 等（2006），Liu Xilong、Ji Jianhua 和 Liu Xijuan（2006），杨东涛等（2007），刘希龙和季建华（2007）实证研究结果相一致。本研究结果对我国国际代工制造企业的启示是：生产运营系统的柔性对我国制造企业的国际代工至关重要，提高生产运营系统的柔性可增强我国制造企业的竞争优势，提高企业的国际代工绩效。

⑤创新战略对我国国际代工制造企业的生产运营绩效具有显著的积极影响，但对国际竞争绩效没有显著影响。模型中路径分析的效应分解显示，创新战略对我国制造企业的国际竞争绩效的影响分为直接效应和间接效应，创新战略虽不能对制造企业的国际竞争绩效产生直接的显著影响，但创新战略对制造企业国际竞争绩效影响的总效应较高。这说明创新战略对我国制造企业的国际代工绩效具有非常重要的影响，它一方面直接影响生产运营绩效，另一方面又通过生产运营绩效间接影响企业的国际竞争绩效。本研究结论验证了“我国制造企业应不断提高创新能力”（徐学军，樊奇，2007；樊奇，徐学军，2008），“加强自主创新，提高工业整体竞争力”（李毅中，2008）等观点。本研究也表明，虽然创新战略并不能直接提高企业的国际竞争绩效，但创新战略可通过提高企业的生产运营绩效进而提高其国际竞争绩效。

⑥生产运营绩效对我国国际代工制造企业国际竞争绩效具有显著的积极影响，是影响国际竞争绩效的重要因素。本研究结论与 Huo Baofeng（2007）的实证研究结果基本一致。本研究结果说明，现阶段我国国际代工制造企业的竞争优势主要来源于产品本身。我国制造企业当前应在保持低成本的同时满足国外客户对产品质量的要求。在此基础上，我国制造企业应不断提高创新能力，加强产品研发，提高生产柔性，保证准时交货，不断提高生产运营绩效，这将有助于我国代工企业国际竞争绩效的提升。

二十 主要创新点

①本研究整合权变理论、资源基础理论及替代权衡理论等观点，结合案例研究，提出了国际代工环境、生产运营战略与国际代工绩效关系的概念模型。并且，与以往相关研究不同，本研究将创新战略作为一种重要的生产运营战略类型引入概念模型，对企业绩效的测量维度进行拓展，从生产运营绩效和国际竞争绩效两个维度对国际代工绩效进行度量，并对不同维度绩效之间的关系进行了探讨，从而深化了生产运营战略的理论研究。

目前对生产运营战略与绩效关系的研究主要从两个方面进行，一方面是从生产运营战略内部一致性的角度来研究其与绩效间的关系，另一方面是从生产运营战略与企业战略协调一致的角度研究其与绩效之间的关系。而将环境、生产运营战略、绩效纳入一个模型的实证研究较少。从现有研究来看，国外学者在生产运营战略与绩效关系的研究中，开始关注外部环境因素；国内尚未发现对环境、生产运营战略和绩效三者之间关系的研究。本研究针对我国国际代工制造企业的实际情况，根据已有的研究成果，结合企业访谈和案例研究，构建了国际代工环境、生产运营战略与国际代工绩效的概念模型。

另外，Leong，Snyder 和 Ward 早在 1990 年就提出了生产运营中的创新战略，并且在理论研究中受到了学者们的关注，然而在生产运营战略与绩效关系的实证研究中，创新战略一直未受到足够的重视。大多数学者在对生产运营战略进行实证研究时，主要是从成本、交货、柔性、质量四个方面对生产运营战略进行研究。本研究将创新战略作为一种重要的生产运营战略类型引入了概念模型。不仅如此，目前生产运营战略与绩效关系的实证研究中主要采用单维度来衡量企业绩效，本研究对企业绩效的测量维度进行了拓展，从生产运营绩效和国际竞争绩效两个维度对国际代工绩效进行度量，并对生产运营绩效与国际代工绩效之间的关系进行了探讨。

本研究的实证研究结果表明，这一概念模型可通过适配度检验，具有一定的普遍适用性。这一概念模型的提出对国内外有关生产运营战略的研究是一种重要的补充，从而丰富了生产运营战略研究的理论体系。

②为揭示国际代工环境、生产运营战略与国际代工绩效的关系，在对前人的研究量表进行总结和归纳的基础上，发展了国际代工环境、生产运营战略及国际代工绩效等研究量表。

尽管已有学者对环境、生产运营战略、绩效等相关量表进行了设计与分析，但由于生产运营战略实证研究领域多数量表来源于国外学者的相关研究，因此必须根据中国的具体环境进行适当的改进，形成适合我国企业的研究量表，以确保实证研究过程中问卷量表的信度和效度。本研究主要通过双向翻译、访谈修正量表和预测试修正量表几个步骤，发展了国际代工环境、生产运营战略与国际代工绩效的研究量表。

首先，笔者广泛收集生产运营战略领域国内外使用过的变量和量表，采用“双向翻译”的方法，先将国外量表翻译成中文，再请精通英语的专家翻译成英文，经过翻译与反翻译的程序后，由笔者逐项加以对比，以确定最贴切的中文翻译。在此基础上，综合国内外相关学者的研究，并依据本研究的目的做适当的修改，形成初始的问卷量表。然后笔者通过与学术界和企业界人士的交流，听取他们的意见，对量表进行修正。之后笔者使用修正后的量表进行预测试，将信度较低的题项进行了删除，形成了最终的测量量表。大样本数据分析显示，发展的量表具有较高的信度和效度，满足研究的需要。本量表对于深入研究国际代工环境、生产运营战略与国际代工绩效等相关问题提供了基础和依据。

③本研究在当前中国具体的环境下，通过利用问卷调查获取数据资料，对国际代工环境、生产运营战略与国际代工绩效的关系进行了实证检验，深入揭示了三者之间的关系，得到了一些有意义的发现，并在一定程度上弥补了国外已有的研究成果选取国外数据作为检验依据的局限性。研究结论不仅具有重要的理论价值，而且对我国国际代工制造企业生产运营战略的实践具有很强的现实指导意义。

国外的学者采用实证的方法对生产运营战略与绩效的关系已经进行了一些研究，然而，这些研究大多针对的是西方发达国家的制造企业，并且并没有得出一致的结论。对于中国制造企业而言，由于其面临的外部环境及自身能力与西方国家的企业不同，其生产运营战略的选择及生产运营战略与企业绩效间的关系可能会与现有的研究存在差异。因此，国外学者的研究结论是否适合中国有待进一步验证。本书对中国情境下制造企业的外部环境、生产运营战略与绩效间的关系进行了验证，在一定程度上弥补了国外已有研究成果选择国外数据作为检验依据的局限性，丰富了生产运营战略研究的理论体系。

国内学者对生产运营战略的研究主要以非实证的理论探讨为主，研究结论缺乏实证支持和系统分析。本研究在理论研究、实地调研、专家访谈的基础上，通过问卷调查收集数据，并运用结构方程建模、单因素方差分析等方法对数据进行统计分析，最后得出了本研究的研究结论。整个研究具有较好的科学性和严谨性，对改变当前生产运营战略领域实证研究缺乏的现状是一个有益的探索。

不仅如此，本研究通过对国际代工环境、生产运营战略与国际代工绩效关系的实证检验，深入揭示了三者之间的关系：①面对环境的动态性，我国代工企业倾向于选择柔性和创新战略；面对环境的威胁性，我国代工企业倾向于选择低成本、质量和柔性战略；②柔性和创新战略对国际代工绩效具有重要的积极影响；

质量战略对国际代工绩效不存在显著影响；低成本战略不仅难以提高生产运营绩效，反而可能降低国际竞争绩效；③生产运营绩效对国际竞争绩效具有显著的积极影响。上述研究结论不仅为国际代工环境、生产运营战略与国际代工绩效的定性研究提供了实证支持，而且也为我国国际代工制造企业的生产运营战略的制定和选择提供了理论依据和有益的指导。

二十一 管理启示

国际代工已成为中国制造企业走向国际市场，学习先进技术和积累管理经验的一种重要方式。本研究将帮助承接国际代工的中国制造企业认清自身所处的位置及所具有的优势与差距，指导企业制定和形成面向未来的生产运营战略，对于中国制造企业提升国际竞争能力也具有重要的现实意义。具体来说，本研究的研究结论可以为中国制造企业的管理实践提供如下启示：

①生产运营系统对我国国际代工制造企业获取竞争优势非常重要。本研究的实证研究结果显示，生产运营绩效正向影响企业的国际竞争绩效。这说明生产运营系统的竞争能力是企业参与外部竞争的基础，生产运营系统能够也应当成为我国制造企业赢得竞争优势的武器。企业的竞争实力不再只是营销观念和战略思想，而是以企业生产系统及其输出产品为基础的机能和素质，只有当企业将以往的精神竞争转变为真正的物质竞争时，它才可能赢得最终的胜利。企业的竞争反映到生产系统上也已超出了效率的范畴，正在诸如质量、品种、交货、服务、创新等更广泛的内容方面全面展开。生产管理首先要解决的是生产系统的有效性问题，其次才是在有效性的基础上提高效率的问题。当前，我国制造企业国际代工过程中的优势主要集中在成本方面，未来我国制造企业发展的主要目标是由成本优势向产品优势过渡。在相当长的一段时间里，我国大部分制造企业在国际市场上并不具备大力发展品牌的实力。因此，未来我国制造企业在国际市场上的竞争主要是在成本、质量、柔性、创新等广泛的内容方面全面展开，而这些都需要企业的生产运营系统来满足。即通过生产系统来赢得竞争优势，并使生产系统建立起一套自我学习、动态完善、保持竞争优势的健全机制，从而形成一个内在、积极的竞争素质。

②我国国际代工制造企业应从战略的视角审视生产运营系统的问题。本研究的实证研究结果表明，我国制造企业的生产运营战略是影响其国际代工绩效的重要因素。这说明生产运营战略对我国代工企业获取竞争优势至关重要，我国企业应从战略的角度审视生产运营系统的问题。当前，国际代工市场的激烈竞争要求生产系统的目标由效率的提高向有效性转变，在此过程中，如果没有理论的指

导，生产运营系统竞争能力的完善是难以自发实现的。要使生产系统具备竞争优势并将其持久保持，经典生产管理的效率理论解决不了问题，管理者需要新的理论体系——生产战略。这就要求我国制造企业能够根据自身的条件和国际市场需求的特点进行生产运营系统的战略设计，以求更快、更有效地形成具有竞争优势的生产运营的组织和创新能力。生产运营战略既是一套战略性计划，又是这一计划的决策过程，企业依据它可以针对选定的目标市场来重新构造自己的生产系统，使得该系统能够为企业立足于市场并获取竞争优势提供保证（石涌江，1990）。对我国制造企业而言，目前最需要引起重视的是生产系统的战略设计。国家应有国家的战略设计，产业应有产业的战略设计，企业也应有企业的战略设计，对于我们这样一个急于赶超的国家而言，对于这样一个资金、技术、人员、管理素质十分薄弱而又日益走向开放，面临国际竞争的国家而言，生产运营战略的设计更显得珍贵。

③我国国际代工制造企业应根据外部环境和自身能力选择合适可行的生产运营战略。本研究的实证研究结果显示，外部环境是影响生产运营战略选择的重要因素，生产运营战略又会对国际代工绩效产生影响。这说明我国制造企业应针对行业特点、外部环境的特点及企业自身的情况来选择和采用不同的生产运营战略，企业生产系统管理模式的选择与该国制造业的基础条件和发展阶段紧密的联系。国外制造企业运营战略的模式可为我国制造企业提供理论上的借鉴和参考，但决不能盲目地照搬和模仿。国外生产模式的产生和发展分别基于不同的社会经济环境和文化背景，具有不可避免的局限性，不顾国情地生搬硬套，只能事与愿违。我国制造企业运营战略的制定应充分考虑外部环境和我国制造企业实际的情况，在此基础上制定出合适可行的生产运营战略。

同时，本研究结果显示，低成本战略负向影响国际竞争绩效，低成本战略对企业的生产运营绩效不存在显著影响；质量战略对国际代工绩效不存在显著影响；柔性战略正向影响国际代工绩效；创新战略正向影响生产运营绩效，创新战略对企业的国际竞争绩效不存直接的显著影响。这说明在当前的国际环境下，继续大力实施低成本战略对我国国际代工制造企业并不适合，质量战略并不能提高企业的国际代工绩效，柔性战略对提高我国制造企业国际代工绩效非常重要，创新战略虽然不能直接提高企业的国际竞争绩效，但可通过提高生产运营绩效进而提高企业的国际竞争绩效。因此，我国国际代工制造企业在产品质量满足国外客户要求的前提下，应将重点加强生产运营系统的柔性和创新，通过实施柔性和创新战略来提高企业的国际代工绩效。

④我国制造企业应根据外部环境的变化及时地调整生产运营战略。基于本研究的验证，环境的不确定性会影响企业生产运营战略的选择，不同生产运营战略又会对企业绩效产生影响，说明当外部环境发现变化时，我国制造企业要及时调整生产运营战略，以应对外部环境的变化。从我国制造企业 30 年左右的发展历

程来看，我国国际代工制造企业以低成本战略为基础嵌入国际价值链并取得了巨大的成功。但随着信息与通信技术的发展，市场国际化已成为趋势，国际竞争日趋激烈，产品生命周期不断缩短，市场日益细分化；消费者的价值观朝着多样化、个性化方向发展，总体上的买方市场正在形成，典型工业化时代的巨大市场需求量的拉动已经转变为各式各样需求特异性的拉动力，使得规模经济原则在许多行业受到挑战。同时，由于市场容量的相对缩小，竞争的焦点开始偏离效率、成本等指标，新的生产系统更多强调产出的质量、交货的周期、系统的柔性及创新能力。面对新环境，我国制造企业应主动应变，而不是被动反应。我国制造企业应及时调整生产运营战略，由低成本战略逐步转向以柔性和创新战略为基础的竞争，不断由价值链的低端向高端移动。只有这样，才能在国际市场上有更强的话语权，“中国制造”也才能真正赢得世界。

总之，面对激烈的国际竞争和不断蔓延的全球金融危机，我国制造企业要重视企业的生产运营系统，从战略的视角审视生产运营系统的问题，根据外部环境和自身能力的变化选择和调整生产运营战略，转变外贸增长方式，优化产品出口结构，推动加工贸易转型升级，不断提高自主创新能力，走新型工业化道路。

二十二 研究局限

本研究将理论研究与实证研究相结合，虽然在研究中力求符合科学的原则，但由于研究时间、研究经费、被调查者的配合程度及个人能力的限制，本研究仍有一些局限之处，需要在未来的研究中加以改善。这些局限表现在以下几个方面：

①本研究属于横向研究（Cross-sectional Study），在研究中只是考察了某一时点上生产运营战略与国际代工绩效的关系，所使用的数据是企业的静态截面数据，虽然研究模型得到了验证，并有重要发现，但由于我国制造企业国际拓展的过程是一个长期、复杂的过程，在不同时期由于外部环境、自身的能力及全球经济形势的不同，环境、生产运营战略与绩效之间的关系会呈现出不同的情况，如果进行纵向研究（Longitudinal Study）和时间序列分析，结合大规模问卷调查，可能会对我国制造企业的国际代工环境、生产运营战略与国际代工绩效间关系有更深刻的认识。

②由于数据收集上的困难，本研究问卷调查的地区仅限于珠江三角洲地区，而未对其他地区制造企业的情况进行调查，然而不同地域制造企业的外部环境、生产运营战略及绩效之间的关系可能会存在差异。另外，为使本研究更具有普遍意义，本研究预测试及正式调查的数据收集都是针对多个行业进行的，但如果聚

焦于某个特定的行业，如家电行业、纺织行业等，可能研究变量之间的关系会发现变化，并可能会有新的发现。

③本研究在各变量的测量上采用李克特量表（Likert Scales）的方式来衡量企业中相关人员对各测量变量的认知情况，被调查者基于主观判断与认知，尤其在企业绩效的衡量上不是以实际的客观资料来衡量，尽管本研究采取了多种方式尽可能增加测量的信度和效度，但主观评价的方法仍有可能会发生某种程度的偏差，进而影响研究的可靠性和准确性。并且本研究通过单一受访者的认知来对该企业所面临的国际代工环境、生产运营战略及国际代工绩效情况做出判断，可能不一定能反映真实的情况。

④本研究问卷发放过程中，虽然指定公司高层管理人员、高管助理或生产运营部门管理人员为问卷填答对象，但由于调查工作的困难及数据可得性的问题，笔者并未请相关人员当面填答，而是请其填答完后通过电邮发送回来或邮寄回来，因此可能会发生其他人代填的情况，而这种情况在本研究中无法得知。

二十三　后续研究建议

针对本研究的局限和不足，本研究提出以下研究建议：

①开展生产运营战略与企业绩效关系的纵向研究。企业在不同时期及发展的不同阶段会采用不同的生产运营战略，从而对绩效产生的影响也不相同。如果仅对某一时点下的企业进行分析，则仅能代表该时点上的结果，而不同时点上的结果是否一致，则需要进一步地观察与验证。因此，可采取纵向研究的方式，定期收集所需要的数据，建立长期数据库，观察不同的样本观测期下国际代工环境、生产运营战略与国际代工绩效间的关系，可能会得到更有价值的结论。如有可能，可以选择几个有代表性的国际代工制造企业，进行纵向跟踪研究。

②开展分地区及分行业的比较研究。今后的研究可对我国不同经济区域（如长江三角洲地区、珠江三角洲地区及京津唐地区等）的制造企业进行问卷调查，通过对不同区域制造企业的情况进行分析，可能会得出更深入、更有价值的结论。另外，本研究由于样本的限制，未进行分行业的研究。然而不同行业的企业面临的外部环境、生产运营战略及绩效都会存在差异。因此，后续的研究可针对某一典型的行业，如家电、纺织、机械制造等，进行大规模问卷调查及实证研究，对本研究提出的概念模型进行验证，以了解本研究模型在某一具体行业的适用性，并且可做不同行业间的比较，以验证本研究结果的一般化推论程度。

③测量方式的改进。本研究中企业绩效的测量采用了主观判断的方式，今后的研究中可考虑将客观绩效指标和主观绩效指标相结合对企业绩效进行测量。此

外，虽然笔者对调查问卷的填答对象进行了限制，但由于问卷的各部分填答者均为同一人，问卷填答者由于个人知识的局限性，对相关问题的回答可能会与客观实际产生偏差。今后的研究可采用生产运营战略部分由生产主管填答，而环境和绩效部分则由总经理填答，这样可能会得到更为客观的结果。

④以国际代工环境作为调节变量，探讨我国制造企业的生产运营战略对其国际代工绩效的影响。国际代工环境除了直接影响生产运营战略的选择外，还有可能影响生产运营战略与国际代工绩效之间的关系。因而，未来研究可以以国际代工环境为调节变量，探讨国际代工环境对企业生产运营战略与国际代工绩效关系的影响。

二十四 本章小结

第一，本章对变量的正态分布、变量测量的信度和效度进行了检验。结果显示，变量符合正态分布，各变量的测量均满足信度和效度要求，测量模式的适配度良好。第二，本研究采用单因子方差分析和独立样本 T 检验的方法分析了我国代工企业特征对其国际代工绩效的影响，结果表明，企业的规模对企业国际代工绩效的影响有显著差异。第三，对结构方程模型进行了评价，显示出该模型整体拟合情况较好，该模型中各潜变量间的关系与实际资料之间有相当高的拟合优度。第四，对相关假设进行了检验，并阐明了假设检验结果。第五，对以上实证研究的结果进行了讨论，对研究的主要结论进行了阐述，对研究的创新点及研究的不足进行了分析，并提出了后续研究的建议。

第七章　中国生产性服务业与制造业种群共生的实证研究

生产性服务业的产生与发展主要来源于产品生产过程中各服务环节的外部化(也称外包)，它与制造业共同承担着产品的整个生产和销售过程，并形成功能互补、高度协作的共生关系。随着工业化的不断推进，社会分工不断加深，一方面，制造业的中间投入比重不断加大，生产性服务投入占中间投入的比重也不断加大；另一方面，制造业投入的生产性服务的技术含量和知识含量也不断提高，生产性服务投入在制造业的中间投入要素中越来越占主要的地位。技术进步和制度变迁不仅导致制造业内部生产性服务环节外部化程度的变化，而且也导致新产业子种群的出现和发展，以及产业内部出现子种群的兴衰演替，从而使生产性服务业与制造业的产业结构出现不断的演进。从先行工业化国家的生产性服务业与制造业的发展经验来看，一般都经历开始以制造业为主导的发展阶段，过渡到后来以服务业为主导的发展阶段。因此，通过发展生产性服务业，促进制造业的升级，使生产性服务业成为经济增长的新动力，是先行工业化国家经济发展的经验，也是中国可以选择的道路。但是，经验研究表明，中国目前国情之下，大量资金投入服务企业尤其是生产性服务业和现代服务业企业的机会成本，大于投入制造业企业的机会成本；并且中国十几年来实施的发展服务业的政策也未取得明显的效果。所以，在资源紧张、环境恶化、出口下降和国际竞争力减弱等硬约束下，发展服务业（尤其是生产性服务业）能否作为中国促进制造业升级和经济增长方式转变的途径，一直是理论界和政府政策争论的焦点。

国内外文献对生产性服务业与制造业关系的研究主要集中于下列5个方面：①基于产业结构的演变；②基于关联关系的研究；③基于外包关系的研究；④基于绩效和竞争力关系的研究；⑤基于互动关系的研究。这些文献揭示了生产性服务业与制造业关系的本质与规律，但较少涉及生产性服务业与制造业互动发展的内在因素（共生）和外在因素（环境）的影响。

有鉴于此，本研究基于生态学 Logistic 生长方程，探索中国生产性服务业与制造业种群共生的机制、特征和规律，寻找中国生产性服务业与制造业种群共生发展的政策启示，为生产性服务业与制造业关系研究提供新视角，并为中国产业发展和升级提供政策依据。

一 生产性服务业与制造业种群共生模型

（一）种群共生的量化方法

在生态学中，共生（Symbiosis）是一种常见现象，它原本表示两个不同物种在长时间进化中形成紧密相伴或紧密联系并且从中获益的种间生态关系；但随着共生研究在生态学的开展，共生也表示两个不同物种，为提高对环境的适合度（Fitness），采取合作或导致关联而产生的相互作用和协同进化的机制。后来，共生概念被引入其他领域（如经济、金融、企业、医药等），产生了其他领域的共生研究。

在共生量化研究方面，May 最先引入 Logistic 生长方程表示互利共生关系，它对共生作用的处理是在 Logistic 生长方程的环境容量中添加由共生种群密度表示的线性项，即把共生作用看成扩大 Logistic 生长方程中的种群环境容量，从而促进种群的增长；王子龙等对共生作用的处理则是在 Logistic 生长方程的抑制项中添加由共生种群密度表示的线性项，把共生作用看成降低 Logistic 生长方程的种群密度约束，从而促进种群的增长。

从生态学的视角来看，生产性服务业与制造业种群数量明显受资源、技术和制度等环境因素约束，因而，种群数量的演变是密度依赖的（Density Dependence），可以借助 Logistic 生长方程对其进行描述。生产性服务业与制造业种群共生作用体现为生产组织的重新组合和专业化分工加深带来的分工效应与网络效应，它们扩大了市场规模并增加了环境中的资源供给。本研究认为，市场的扩大和资源的增加使生产性服务业与制造业种群的环境容量扩大，即把生产性服务业与制造业种群共生作用看成扩大 Logistic 生长方程中的种群环境容量，从而促进种群的增长；但也认为，生产性服务业与制造业种群共生作用对共生种群的环境容量的影响不一定是共生种群密度的线性项，而应是共生种群密度的非线性项。

目前共生的量化研究主要是考虑共生作用，尚未考虑环境变化的影响。如果把共生放在系统上考虑，生产性服务业与制造业种群共生还受环境变化的影响（包括资源能源供应、环境保护、其他种群作用、经济发展、市场和政治制度变迁等因素的影响）。环境变迁，种群的环境容量通常要产生变化。但是，环境变化对企业种群环境容量的影响非常复杂，有的呈正效应，有的呈负效应。比如中国的市场改革放松了政府对各种生产要素的控制，中国的对外开放增加了中国企业种群的资金、技术和市场的来源，所以中国的改革开放对基于市场机制的企业种群的环境容量有巨大的正向效应；但对基于计划体制的某些企业种群（如国有商业企业种群），因为可利用的国家资源不断减少，市场改革对该种群的环境容量有负向效应。此外，由于资源和能源供应趋向紧张、环境污染趋向严重，这些方面的环境变化对三高（高物耗、高能耗和高污染）制造企业种群的环境容量产生负效应，而对三低（低物耗、低能耗和低污染）企业种群的环境容量产生正效应。因此，在适当的环境条件下，三低企业种群将得到快速发展，导致种群的兴衰演替和产业结构的升级。

在对环境变化的测量方面，何自力等采用时间的线性函数近似表征中国市场环境的变化；Messalam 则采用 GDP 作为埃及产业环境的一个测度，并认为一个国家的环境（自然、经济、政治和文化）变化都会直接或间接地反映到该国的 GDP 上。但就本研究而言，这两种环境变化的测量方法反映的是环境变化两个不同性质的维度。采用时间的线性函数表示环境变化的方法比较适合测量中国渐进的制度环境变化，它反映的实质是交易成本的线性下降。由于制度改革能够促进分工和生产性服务外包，因而制度环境的变化往往对产业种群环境容量产生正效应。而 GDP 反映的是一个国家的生产规模，由于中国经济的粗扩增长方式，中国 GDP 的快速增长消耗了大量资源，对环境产生巨大污染，使产业的进一步发展面临巨大的资源和环保压力。所以，本研究认为中国的 GDP 间接反映中国资源紧张和环保压力加大的产业环境，它对产业种群的环境容量产生抑制作用。为了简化，本研究在处理环境变化对种群共生的影响时，仅考虑制度环境变化和产业环境变化两个维度，并分别采用上述两种方法进行测量。

（二）种群共生模型

设生产性服务业、制造业共生种群密度分别为 N_1 和 N_2，自然增长率（内禀增长率）分别为 r_1 和 r_2，不考虑共生作用和环境作用的初始的种群环境容量（环境资源能够承载的最大种群密度）分别为 K_1^0 和 K_2^0；设生产性服务业与制造业种群的共生作用使生产性服务业种群和制造业种群的环境容量分别增加 $K_{12}f_{12}(N_2)$ 和 $K_{21}f_{21}(N_1)$；设观察时期各年度为 $t_T(T=0，1，2，\cdots)$，各年制度环境累积变化量可表示为 $\text{aver}T = T - \frac{1}{2}$，$T = 1，2，\cdots$；设观察时期各年的 GDP 为 $\text{GDP}_i(i=0，1，2，\cdots)$，各年平均累积 GDP 变化量可表示为 $\text{averCGDP}_0 = 0$，

$averCGDP_1 = CGDP_0 + \Delta GDP_1/2$，$aver\ CGDP_2 = CGDP_1 + \Delta GDP_2/2$，…，各年产业环境累积变化量可表示为 $averCGDP_T$，$T=1, 2, \cdots$；设制度环境变迁和产业环境变迁对生产性服务业和制造业种群环境容量的作用系数分别为 β_1、β_2 和 γ_1、γ_2；根据密度依赖的 Logistic 生长方程，生产性服务业与制造业种群共生模型可表示为：

$$\frac{dN_1}{dt} = r_1 N_1 \left[1 - \frac{N_1}{K_1^0 + k_{12} f_{12}(N_2) + \beta_1 f_{\beta 1}(averT) + \gamma_1 f_{\gamma 1}(averCGDP)}\right] \quad (1)$$

$$\frac{dN_2}{dt} = r_2 N_2 \left[1 - \frac{N_1}{K_2^0 + k_{21} f_{21}(N_1) + \beta_2 f_{\beta 2}(averT) + \gamma_2 f_{\gamma 2}(averCGDP)}\right] \quad (2)$$

生产性服务业与制造业种群共生模型包含如下假设：

①生产性服务业和制造业种群的增长受资源和市场需求量约束，当种群密度增长到一定程度后，便进入递减的阶段，存在最大的种群密度 K_1 和 K_2（它们由种群和环境属性共同决定）。

②生产性服务业和制造业在理想条件下（不受环境限制）的自然增长率 r_1 和 r_2 是由两个种群的固有属性决定的。

③在观察期内，生产性服务业与制造业种群的种群属性不变，即忽略种群的进化，自然增长率（内禀增长率）r_1 和 r_2 保持不变。

二 中国生产性服务业与制造业种群共生分析

从生产性服务业与制造业种群共生模型（式（1）和式（2））可看出，共生作用和环境作用通过改变种群环境容量来影响种群的生长速度。

（一）种群密度

就一定区域而言，生物种群密度与该区域的生物量相对应，所以在生物的种群动力学研究中，常常用一定区域的生物量代替种群密度。王子龙等在《企业集群共生演化模型及实证研究》一文中把生产总值当成产业的生物量，并用其代替集群企业种群密度。在特定的环境下，由于资源和环境等因素的约束，生产性服务业与制造业的生产总值①不能无限增大，基本上体现产业种群密度约束的特征，因而可以作为产业种群密度的一个测度。本研究以中国生产性服务业与制造

① 在实证研究的数据来源上，本研究采用中国国民经济行业分类标准 GB/T 4754—1994，生产性服务业具体包括通信业、交通运输和仓储业、邮电通信业、批发和零售贸易餐饮业、金融和保险业、社会服务业、教育文化艺术及广播电影电视业、科学研究和综合技术服务业等 8 类行业；制造业包括国民经济行业分类与代码 C 类中代码为 13～27、29～37、39～42 等 28 个大类。

业各年的生产总值（折算成 1978 年不变价）代替各年的种群密度，数据来自 1993—2006 年各年的《中国统计年鉴》。

（二）种群环境容量估计

把观察生产性服务业种群密度（各年生产性服务业生产总值）演化的时间按年份分成区段，则生产性服务业种群密度的演化曲线可近似看成由各区段的 Logistic 曲线连接而成，如图 7－1 所示。

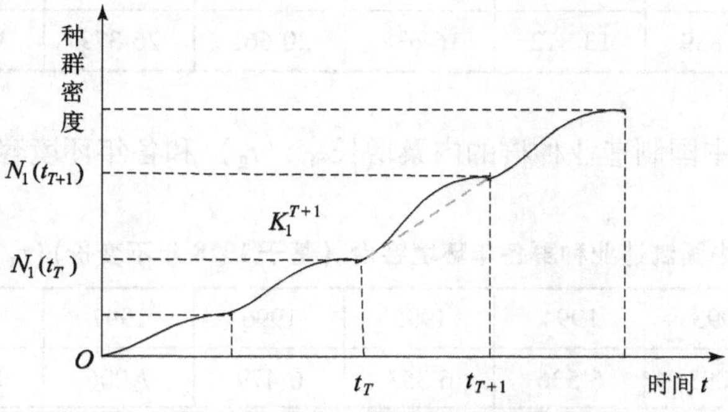

图 7－1　基于 Logistic 方程的种群密度演化轨迹

（资料来源：根据文献和作者整理）

取任意相邻两个年度作为区间 $[t_T, t_{T+1}]$，区间长度 $\Delta t_{T+1} = t_{T+1} - t_T = 1$。在种群密度（生产总值）的演化曲线上，设生产性服务业总产值在 $[t_T, t_{T+1}]$ 区间的增量为 ΔN_{1f}^{T+1}，区间平均生产总值为 $\text{aver}N_{1f}^{T+1}$，即 $\Delta N_{1f}^{T+1} = N_{1f}^{T+1} - N_{f1}^{T}$，$\text{aver}N_{1f}^{T+1} = \frac{N_{1f}^{T} + N_{1f}^{T+1}}{2}$。

在区间 $[t_T, t_{T+1}]$ 内存在某点，使生产性服务业生产总值的 Logistic 曲线斜率与区间端点连接直线斜率相等，由此可得生产性服务业种群环境容量的迭代公式：

$$K_1^{T+1} = \frac{r_1 \cdot \text{aver}N_{1f}^{T+1}}{r_1 - \dfrac{\Delta N_{1f}^{T+1}}{\text{aver}N_{1f}^{T+1}}} = f_1^K(r_1) \tag{3}$$

式中，r_1 是生产性服务业种群的内禀增长率。

因此，给定一个 r_1 的估计值 $\hat{r}_1$，可得到各个分区间 K_1^{T+1} 的一组估计值 $K_1^{\hat{T}+1}$ $(T=0, 1, 2, \cdots, n)$、N_1^{T+1} 的一组 Logistic 估计值 $N_1^{\hat{T}+1}$ $(T=0, 1, 2, \cdots, n)$ 和生产性服务业各个观察年度生产总值与上述估计值的方差平方：

$$\rho_1^2 = \sum_{T=0}^{n} (N_{1f}^{T+1} - N_{1L}^{\hat{T}+1})^2 = f_1^{\rho}(\hat{r}_1) \tag{4}$$

不断往方差平方 ρ_1^2 减小的方向改变估计值 $\hat{r}_1$，当方差平方 ρ_1^2 不能再减小时，

对应的估计值 $\hat{r}_1$ 即为生产性服务业种群的内禀增长率（r_1），并依此确定各年度生产性服务业种群的环境容量，见表 7－1。

表 7－1　中国生产性服务业种群各年环境容量（基于 1978 年不变价）($r_1=0.125\ 4$)

年度	1993	1994	1995	1996	1997	1998	1999
环境容量	18 814	11 560	9 701	9 132	9 163	9 620	10 489
年度	2000	2001	2002	2003	2004	2005	
环境容量	11 839	13 812	16 638	20 661	26 379	34 486	

同理，可得中国制造业种群的内禀增长率（r_2）和各年环境容量，见表 7－2。

表 7－2　中国制造业种群各年环境容量（基于 1978 年不变价）($r_2=0.308\ 7$)

年度	1993	1994	1995	1996	1997	1998	1999
环境容量	7 093	6 536	6 353	6 479	7 006	8 135	10 209
年度	2000	2001	2002	2003	2004	2005	
环境容量	13 748	19 389	27 588	38 168	50 214	62 688	

（三）种群环境容量模型

利用 SPSS13.0 软件对 1993—2005 中国生产性服务业和制造业种群各年的环境容量（表 7－1 和表 7－2）、共生作用（参数为 averN_{1f}或 averN_{2f}）、制度环境作用（参数为 aver$T$）和产业环境作用（参数为 averCGDP）进行逐步回归和试探回归（不断调换变量），并以模型的 F 检验显著、拟合优度（R^2）高、环境变量系数 t 检验显著，以及共生作用项数值为正、制度环境作用项为正向效应、产业环境作用项为负向效应为原则，最终选择表 7－3 所示模型。

表 7－3　种群环境容量模型（$r_1=0.125\ 4$，$r_2=0.308\ 7$）

模　型		系数 β	t 值	P 值	R^2	F 值	P 值
K_1	(K_1^0)	17 199.298	13.380	0.000***	0.982	167.382	0.000***
	(averN_{2f})^2	0.000 049 1	5.668	0.000***			
	(aver$T$)^2	396.356	6.159	0.000***			
	averCGDP	－2.248	－6.857	0.000***			

续表

模型		系数β	t值	P值	R^2	F值	P值
K_2	(K_2^0)	−15 322.274	−4.833	0.001***	0.997	904.617	0.000***
	$(\text{aver}N_{1f})^2$	0.002	9.208	0.000***			
	$(\text{aver}T)^2$	299.041	3.862	0.004***			
	averCGDP	−3.696	−11.642	0.000***			

注：*表示10%的显著性水平，**表示5%的显著性水平，***表示1%的显著性水平。

（四）种群环境容量分析

1. 结构分析

从种群环境容量模型（表7－3）来看，共生种群的动态环境容量取决于共生作用（0.000 049 1 $(\text{aver}N_{2f})^2$和0.002 $(\text{aver}N_{1f})^2$）、制度环境作用（396.356 $(\text{aver}T)^2$和299.041 $(\text{aver}T)^2$）和产业环境作用（−2.248averCGDP和−3.696 averCGDP）三项。采用基于1978年不变价的数据，中国生产性服务业和制造业种群环境容量的结构可用图7－2和图7－3表示。

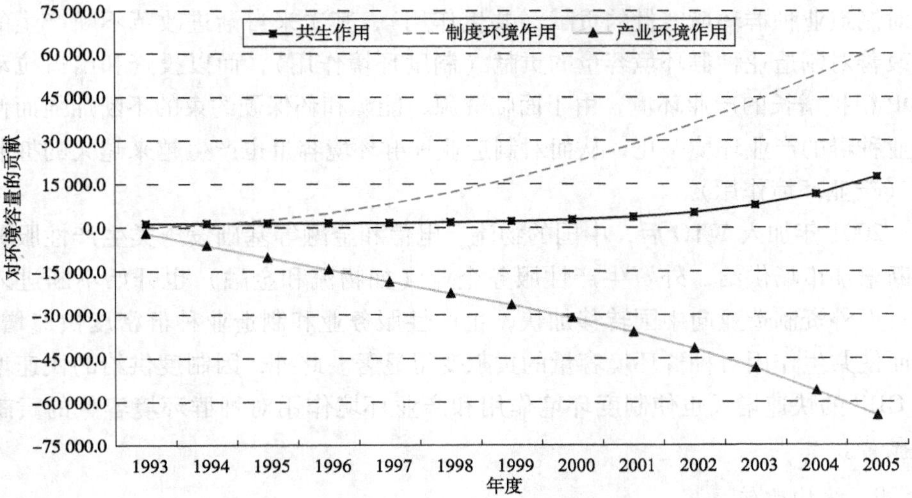

图7－2 生产性服务业种群环境容量结构

从图7－2来看，中国生产性服务业种群环境容量的最主要来源是渐进改革不断产生的制度改善对生产性服务业种群环境容量的贡献（制度环境作用），其次来自制造业种群密度增长产生的生产性服务需求的增加对生产性服务业种群环境容量的贡献（共生作用），而以投资和出口拉动的GDP粗扩增长的产业环境，由于对资金和人才存在挤占效应而使生产性服务业种群的产业环境恶化，从而对

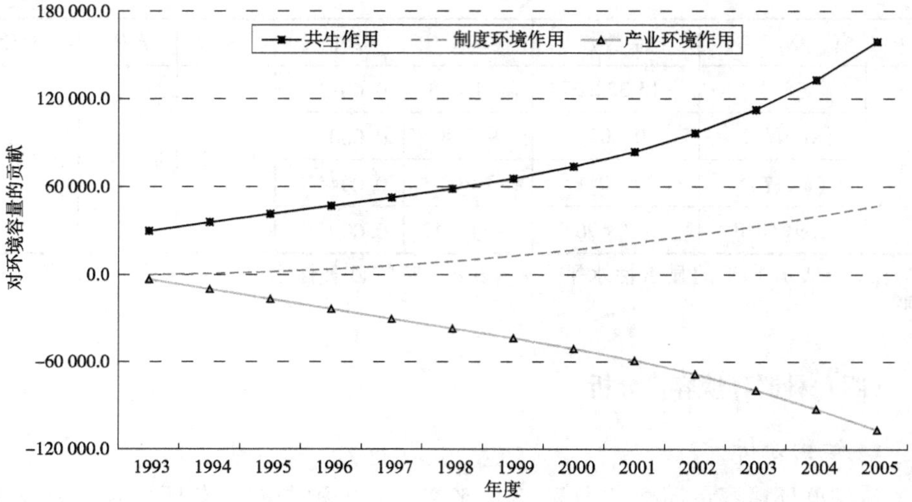

图 7 – 3　制造业种群环境容量结构

生产性服务业种群环境容量产生越来越大的抑制作用（产业环境作用）。

从图 7 – 3 可以看出，中国制造业种群环境容量的最主要来源是生产性服务业种群密度增长（尤其是2001 年加入 WTO 后）带来的生产性服务市场供给的扩大对制造业种群环境容量的贡献（共生作用），其次来自渐进改革不断产生的制度改善对制造业种群环境容量的贡献（制度环境作用），而以投资和出口拉动的 GDP 粗扩增长的产业环境，由于面临资源、能源和环保硬约束的不断加强而使制造业种群的产业环境恶化，从而对制造业种群环境容量也产生越来越大的抑制作用（产业环境作用）。

2001 年加入 WTO 后，中国的物流、电信和金融等基础设施类生产性服务业不断增加市场供给，外资生产性服务企业（如物流和金融）也开始不断进入中国；而外资制造业向中国转移加快，生产性服务业和制造业种群密度快速增加，从而使共生作用对种群环境容量的贡献变得显著。此外，因制度供给的快速增加和 GDP 的快速增长也使制度环境作用和产业环境作用对种群环境容量的贡献变得显著。

2. 结构比较

利用种群环境容量模型（表 7 – 3）对共生种群密度、制度环境变量和产业环境变量分别求偏导数，结果如表 7 – 4 和图 7 – 4 所示。可以看出，就 1993—2005 年而言，不断增加的种群密度对共生种群环境容量都有贡献，但制造业种群密度的增加对生产性服务业种群环境容量的贡献较小，而生产性服务业种群密度的增加对制造业种群环境容量的贡献较大，即，共生作用对生产性服务业种群环境容量的贡献较小，而对制造业种群环境容量的贡献较大；渐进改革产生的制度环境改善（制度环境变量增大）对生产性服务业和制造业种群环境容量都有贡献，但对生产性服务业种群环境容量的贡献较大，而对制造业种群环境容量的贡献较小，即，制度环境作用对生产性服务业种群环境容量的贡献较大，而对制造业种群环境容量的贡献较小；以投资和出口拉动的 GDP 粗扩增长导致的产业环境恶化（产业环境变量增大）对生产性服务业和制造业种群环境容量的提高都有抑制作用，但对生产性服务业种群环境容量的抑制较小，而对制造业种群环境容量的抑制较大，即，产业环境作用对生产性服务业种群环境容量的抑制较小，而对制造业种群环境容量的抑制较大。

表 7－4　种群环境容量结构比较

种群	$\partial K/\partial N_f$	$\partial K/\partial$averT	$\partial K/\partial$averCGDP
生产性服务业	0.000 098 2N_{2f}	792.712averT	－2.248
制造业	0.004averN_{1f}	598.082averT	－3.696

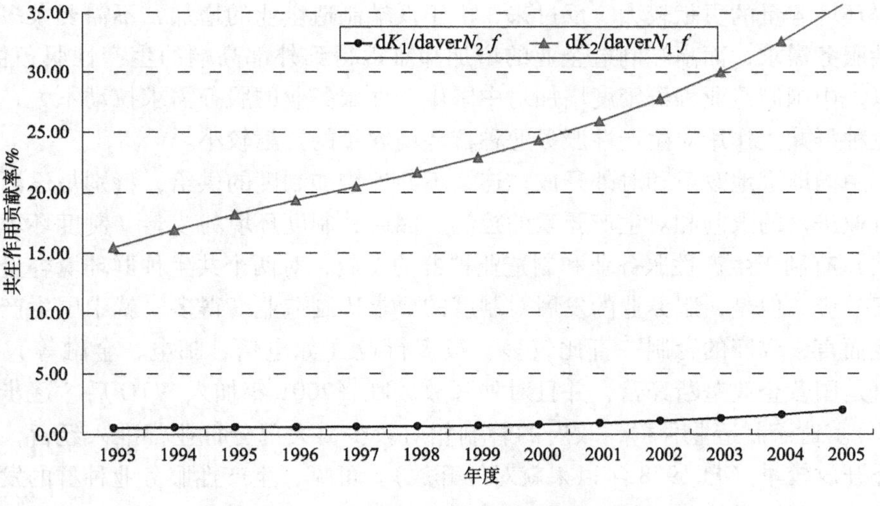

图 7－4　种群共生作用对环境容量的贡献率

3. 结果解释

为什么共生作用、制度环境作用和产业环境作用对生产性服务业和制造业种群环境容量会产生影响并且影响不同呢？

对此，本研究做如下的解释：

由于生产性服务业与制造业存在产业间的关联关系，任一种群密度增加都有利于另一种群的发展，从而使另一种群环境容量扩大，即共生作用对两个共生种群环境容量都有贡献。但是，整体上中国生产性服务业与制造业之间的产业关联较少。一方面，中国制造业种群的发展很大程度上是承接世界制造业转移的结果。在中国的外资制造企业中，加工型、出口型、生产型的企业居多，并且大多属于跨国公司全球生产组织体系中的封闭环节，产品线和产业链延伸不足。高传胜等认为，中国的外资制造企业大多自带生产性服务，与本地生产性服务业的关联程度较低。另一方面，中国本土制造企业大多分工程度不高，产业链过于侧重实体产品的生产，物质材料消耗占产品成本比重较大，外包项目主要以产品生产为主，外包服务不多且涉及面窄，与产品制造相关的金融、市场销售、人力资源、外购信息技术等占全部支出的比重偏小。此外，中国生产性服务业主要从事传统生产性服务，在产品设计、技术诀窍、管理技术等方面的能力不高，某些种类的生产性服务的市场供给缺乏或不足（如对中小企业的融资、风险投资等）。中国制造业种群通常仅对物流、通信、金融等基础设施类的生产性服务业有依赖，整体上对中国生产性服务业提供的生产性服务的消耗偏低。而中国生产性服务业对制造业主要提供传统生产性服务，知识密集型生产性服务提供偏少，并且更多地为服务业提供服务。所以，中国生产性服务业种群密度只要略有增长，就可以支承更多的制造业种群密度的增长，即生产性服务业种群共生作用对制造业种群环境容量的贡献较大。反过来，由于低端制造企业的增加，不需要太多的生产性服务需求，而高端制造企业的增加却难以得到外部高端的生产性服务供给，所以，中国制造业种群密度增加对中国生产性服务业的服务需求拉动不大，即制造业种群共生作用对生产性服务业种群环境容量的贡献较小。

中国渐进地改革和对外开放，连续不断地增加制度的供给，特别是逐渐放松对行业进入的限制和对生产要素的控制。因此，制度环境的改善（制度环境变量变大）有利于生产性服务业和制造业种群的发展，对两个共生种群环境容量都产生正效应。但是，服务业的发展对制度的要求比制造业高得多。就中国生产性服务业而言，政府的管制一直比较多，很多行业（如电信、邮电、金融等）以前一直是国营企业垄断经营，并且对外开放较晚（2001 年加入 WTO 后才逐步对外开放）。对于制造业种群，政府的管制相对较少，大部分行业都准入经营，并且对外开放较早（自 1978 年以来就对外开放）。可见，生产性服务业种群的发展主要依赖于制度供给；而制造业种群的发展则主要依赖于资源、劳动力的供给，对制度供给的依赖较小。所以，制度环境作用对生产性服务业种群环境容量的贡献程度比制造业的大。

中国 GDP 的高增长使产业对资金、人才和技术吸纳量显著增加，导致生产性服务业在获取资金、人才和技术的难度增加；另外，中国制造业占 GDP 的比重很大（30%以上），而且种群的主要属性是高物耗、高能耗、高污染和密集使用劳动力，所以，GDP 的高增长使巨大规模的中国制造业面临更大的资源、能源、环保和出口压力。因此，产业环境的恶化（产业环境变量变大）对生产性服务业和制造业种群环境容量都有抑制作用；但是，对生产性服务业种群扩张的抑制是软约束，而对制造业种群扩张的抑制是硬约束，即，产业环境作用对生产性服务业种群环境容量的抑制较小，而对制造业种群环境容量的抑制较大。

三 结论与建议

根据上述研究，可以得出如下结论：

①把共生作用（种群密度对种群环境容量的影响）和环境作用（制度环境变化和产业环境变化对种群环境容量的影响）看成对 Logistic 生长方程种群环境容量的非线性影响从而建立的生产性服务业与制造业种群共生模型，得到了中国产业数据的实证支持。

②根据 Logistic 方程（见式（1）和式（2）），种群环境容量的增加能够促进生产性服务业与制造业共生种群的发展。因此，从中国生产性服务业与制造业种群共生的特征来看，中国生产性服务业与制造业的发展与升级必须系统地考虑共生作用、制度环境作用和产业环境作用。从中国生产性服务业与制造业发展的主要制约因素来看，中国生产性服务业发展的关键在于增加制度供给，而制造业发展的关键在于突破资源（包括能源）、环保和产品市场的硬约束。

针对上述的研究结论，若能通过制度改革和政策安排，逐步消除生产性服务业发展的制度约束和制造业发展面临的资源（能源）、环保和市场约束，通过促进生产性服务业与制造业的内在关联，形成大量外包网络的协同合作，加快两个种群的共生发展与协同演化（种群协同的兴衰演替），从而导致中国产业种群结构的调整和升级。于是，我们提出如下的政策建议：

①加强法治建设。加强法治建设，降低社会交易成本，为生产性服务业和制造业的分工与合作提供制度平台，从而促进两个种群的内在关联。

②进一步完善和深化市场化改革，促进竞争，打破垄断。比如，进一步放松金融、能源、电力、教育、电信、铁路等行业的国家垄断，促进各行业内部的公平竞争；进一步放松对生产要素的控制，促进生产要素的合理流动等，为更适合环境和更有效率的新企业种群的创建和发展提供合适的环境，从而降低垄断企业种群的环境容量并提高新兴种群的环境容量，通过产业种群的兴衰演替，加速产业种群结构的调整和升级。

③扩大内需。加快社会改革和体制改革，通过完善分配结构来促进内需，降低对出口的依赖，从需求上保证产业种群的环境容量能够不断提高，从而保持产业种群的发展动力。

④大力鼓励节能减排和新能源、新材料的研究和技术推广。通过政策措施，促进制造企业的技术改造和流程再造，降低制造产品的物耗、能耗和排放量；大

力支持对节能减排和新能源、新材料的研究和技术推广。通过企业的进化、新种群的创建、自然选择和协同演化，使产业种群不断突破资源、能源和环境污染对产业环境容量的制约而保持产业种群发展的可持续性。

⑤提高生产性服务业的专业化和规模化水平。一方面，通过政策措施促进对生产性服务业的投资、技术升级和规模化发展；另一方面，引进发达国家先进的生产性服务企业或开放外资对生产性服务业的投资。通过改善生产性服务供给来刺激制造业的生产性服务需求，通过共生作用和协同演化，促进两个产业种群的共生发展和协同演化。

⑥鼓励制造企业增加生产性服务投入。通过政策措施，鼓励制造企业在产品设计与研发、采购、仓储、订单处理、批发和零售等生产性服务方面增加投入和努力。通过鼓励制造企业增加外部生产性服务需求，扩大制造业种群与生产性服务业种群的内在关联，促进两个产业种群的共生发展和协同演化。

四 本章小结

本章从生态学种群 Logistic 生长方程的视角，假设共生作用和环境作用对种群环境容量存在非线性影响，建立了生产性服务业与制造业种群共生模型，探索了中国生产性服务业与制造业种群共生的特征与规律。研究发现，中国生产性服务业发展的关键在于增加制度供给，而制造业发展的关键在于突破资源、能源、环保和产品市场的硬约束。

第八章　产学研协同创新调查研究

改革开放40多年来，特别是20世纪90年代后，中国制造企业通过承接发达国家和地区跨国公司产业链条中一些处于低端的生产、加工、装配环节，充分发挥廉价劳动力优势，迅速成为世界工厂，成为第一出口大国。但是中国仅在全球价值链的末端占据优势，在全球价值增值中所得份额很小。同时，近年来中国企业也面临着前所未有的挑战，土地、劳动力、各种原材料成本的上升，人民币汇率升值、环境污染、贸易保护等更突显了问题的严重性。2008年全球金融危机后，国内官产学界普遍认识到，以低端要素融入全球价值链，以出口为导向，依靠“数量型人口红利”的传统经济发展已不可持续。在第二波经济全球化过程中，要求我国经济从粗放式发展向科学发展和集约化发展转变，从“数量型人口红利”向“人力资本红利”转变，通过创新驱动，特别是产学研协同创新，促进科技与经济社会发展紧密结合，提高劳动生产率，推动我国产业向全球价值链高端攀升。

产学研协同创新是指企业、高等院校及科研院所以创新资源共享及创新优势互补为基础，以联合研发、利益共享、风险共担为原则，共同开展技术创新活动的合作模式。其实质是国家创新体系中知识创新体系与技术创新体系的结合与互动，是科技教育与经济的融合发展。国内外关于产学研协同创新主要从以下几方面开展研究：一是关于产学研协同创新的理论基础、内涵、动机、运行规律、模式等方面的研究。此类研究从系统自组织性、要素协同性、知识黏滞性等多个视角，探讨产学研协同创新的动机，揭示产学研协同创新的内在运行规律，构建产学研协同创新的理论框架。二是对产学研协同创新的制度环境和政府行为的研究。此类研究对产学研协同创新的制度环境、政府对产学研协同创新的引导和促进作用等进行了探讨。三是对产学研协同创新中知识特性和技术管理的研究。此类研究认为产学研合作的本质是知识的转移和学习管理，提高产学研协同创新绩效的关键在于综合考虑合作中的知识特性、合作各方的知识结构、知识共享的意愿、知识转移渠道的选择等。四是对产学研协同创新的效率和影响因素的研究。

综上，目前产学研协同创新的研究多是针对协同创新中某一主题的研究，缺乏从整体上解决产学研协同创新实践中长期存在的差异化多主体间合作动力不足、合作模式和路径选择不合理、产学研协同创新的制度环境不匹配、保障机制不到位等问题的系统性研究，对区域产学研协同创新的实践指导性不足。

党的十八大明确提出了创新驱动发展战略，十八届三中全会又进一步指出要加强产学研协同创新机制的建设。我国当前正处于产业结构调整，经济社会转型升级的关键时期，科学技术越来越成为推动区域经济社会发展的主要力量，创新驱动是大势所趋。产学研协同创新通过将产业界的经济活动与学术界的科研活动相结合，实现知识创新与技术创新体系互动，对我国经济的可持续发展具有重要的促进作用。本项目研究运用创新理论和经济发展理论，结合调研数据，定性和定量相结合，以构建区域产学研协同创新体系为目标，在对我国企业产学研协同创新问卷调查与分析的基础上，提出促进产学研协同创新发展的政策建议。

一 企业产学研协同创新现状调查

为了解全球价值链下我国企业产学研协同创新的现状，笔者设计了《产学研协同创新调查问卷》，问卷主要涉及两大部分内容：第一部分是调查企业的基本情况，第二部分是对企业的技术需求、产学研协同创新基本情况及国家相关政策的了解情况。本次调查主要面向长三角地区企业，共回收有效问卷50份。具体情况如下：

（一）企业基本信息

①本次调查涉及50家企业，进行问卷答题的有22位中高层管理人员、1位基层管理人员、10位技术员及17位一般工作人员（图8－1），接受调查的对象是比较全面的。

②从企业员工数来看，都不是很多，50家企业中有48家企业的人数不足50人，一家公司的人数在50～100人，只有一家公司的员工数超过了50人（图8－2），该信息显示被调查的企业规模普遍偏小。

③接受调查的50家企业有35家是民营企业的性质，另外是10家国有企业和1家合资企业与5家股份制企业（其中有1家是民营股份制企业，分别进行了统计），目前还没有一家上市公司（图8－3）。

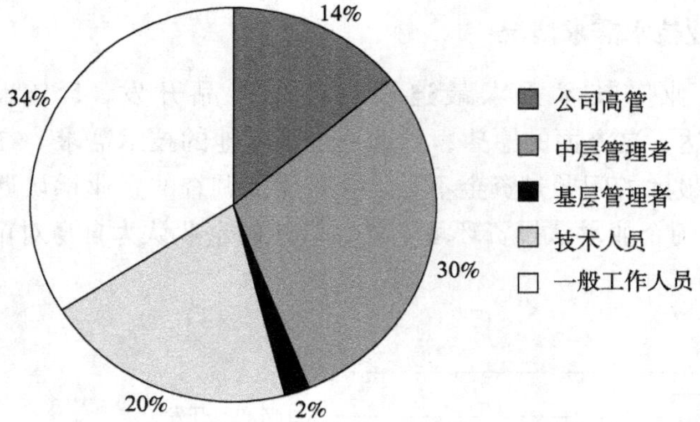

图 8－1　填表人员身份

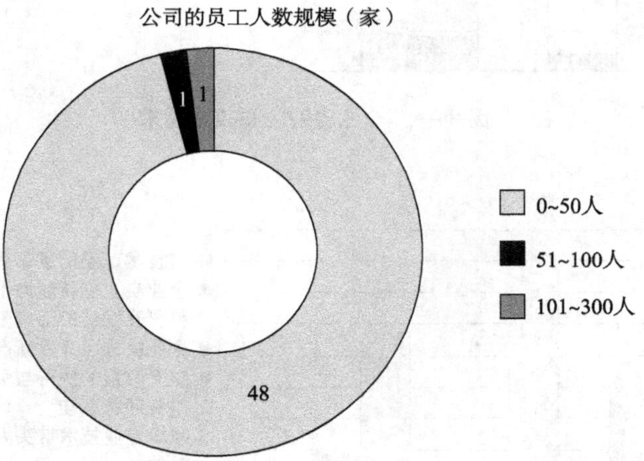

图 8－2　企业员工人数的分布

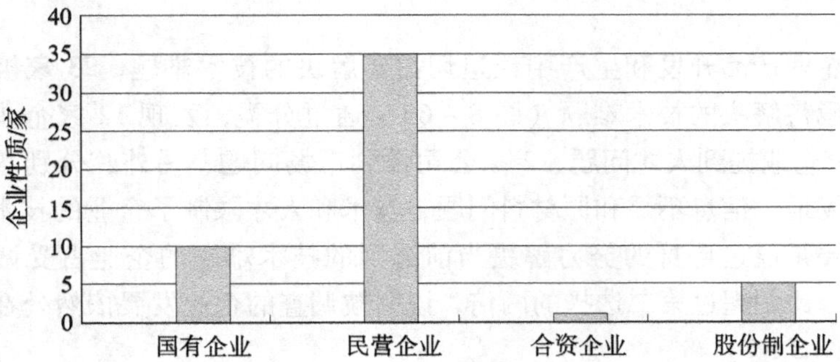

图 8－3　被调查企业性质

（二）企业技术需求情况

被调查企业对技术需求最迫切的是新产品开发，55%受调查的企业（图8－4）表达了这方面的愿望，远远超过了其他的技术需求。在企业产品研发过程中遇到的最大的问题是资金不足，41%受到调查的企业承认遇到这方面的问题，另外29%的企业承认投资环境不佳，21%的企业认为自身对市场信息把握不准确（图8－5）。

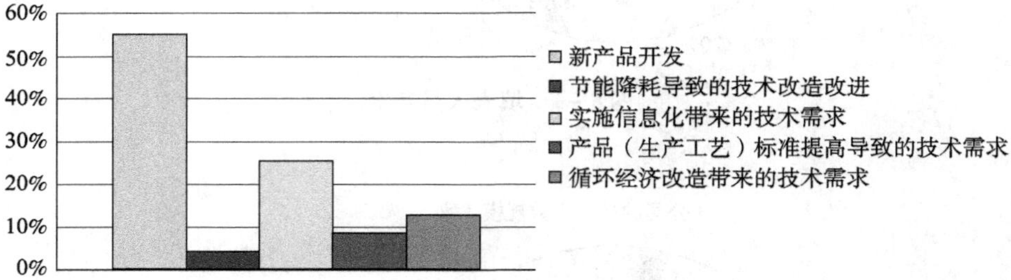

图8－4　企业当前主要技术需求

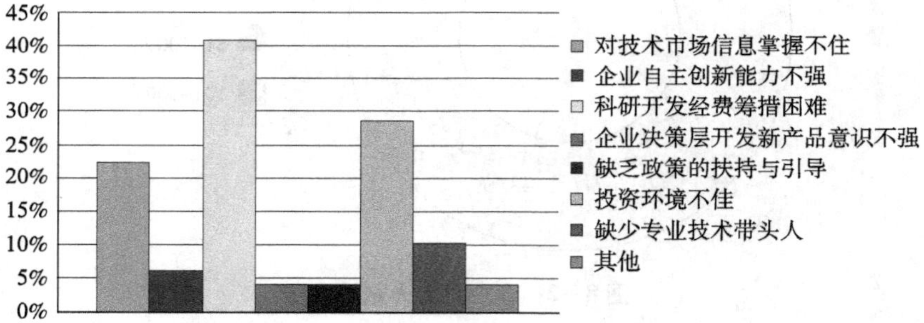

图8－5　企业当前在产品开发中的主要困难

对于企业产品开发和生产中最迫切需要解决的技术难题，23家被调查企业认为存在亟待解决的技术难题（图8－6）。通过分类，发现12家企业提到技术问题、6家企业提到人才问题、2家公司提到市场问题，另外，分别各有1家企业提到了场地、信息不足和原材料问题，技术和人才限制了企业的技术发展。认为目前主要是通过自身的努力解决当前遇到的技术难题的企业占受调查企业的57%，这一比例超过第二选择的两倍，说明被调查的企业发展依然处在单打独斗的局面（图8－7）。

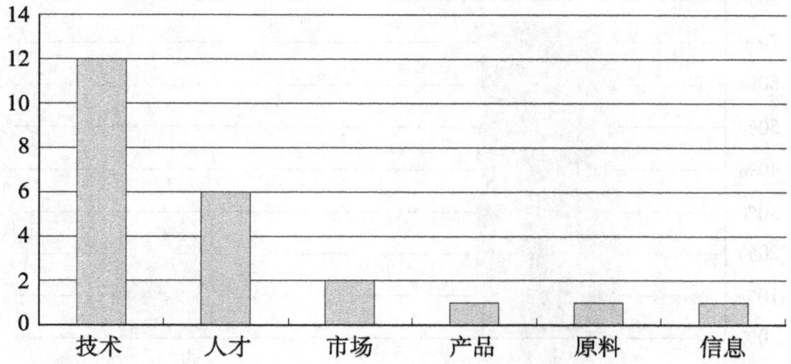

图 8－6　企业产品开发和生产中最迫切需要解决的技术难题

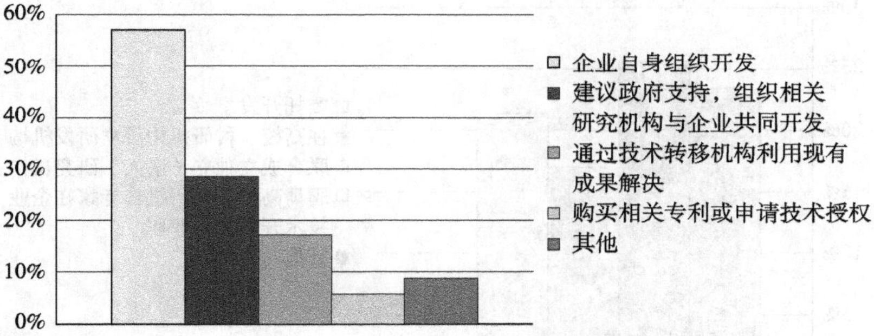

图 8－7　企业解决产品开发和生产过程中技术难题的途径

（三）企业产学研协同创新情况

被调查的 50 家企业中，有 19 家企业表示目前和相关的科研院所进行产学研的合作，占 38%，其中较为集中的是上海交通大学（8 家）、南京航空航天大学（4 家）、企业所在地高职学院（2 家），另外，分别各有 1 家和中科院、清华大学、南理工泰州学院、南通大学、计算所太仓分所合作。

受调查的企业对于和高校科研院所进行合作表示了较大的兴趣，75% 的企业表示希望和高校科研院所进行合作（图 8－8），高于目前已经进行了校企合作的企业数目，说明校企合作的空间还是比较大的。对于采用何种方式与企业进行合作，在高校科研院所设立研发机构成为企业的首选，比重超过 25%，其次才是委托开发和聘请高校兼职人员（图 8－9）。从企业希望高校科研机构提供的服务来看，人才培养（31%）和技术咨询（27%）是企业目前希望高校科研机构提供的主要服务（图 8－10），并且 66% 的企业计划建设工程技术中心、企业技术中心、重点实验室（图 8－12）。

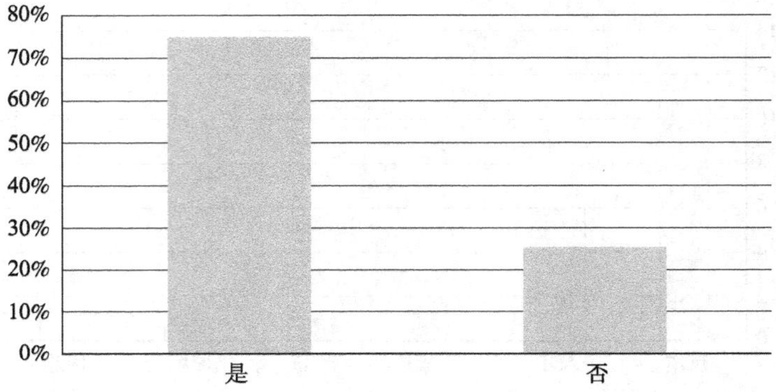

图8-8　企业是否希望和高校科研机构合作

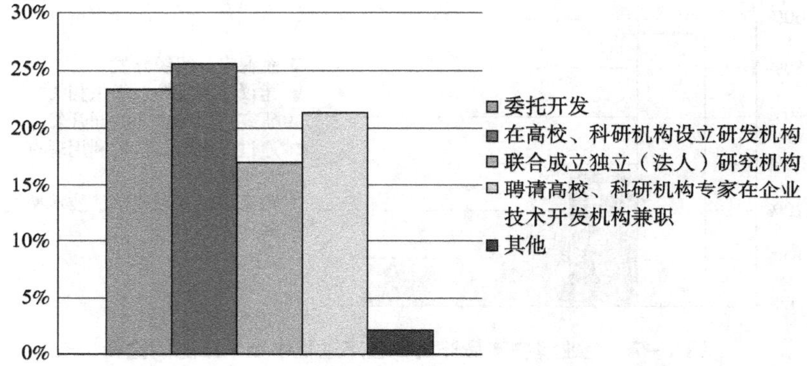

图8-9　企业希望与高校科研机构的合作方式

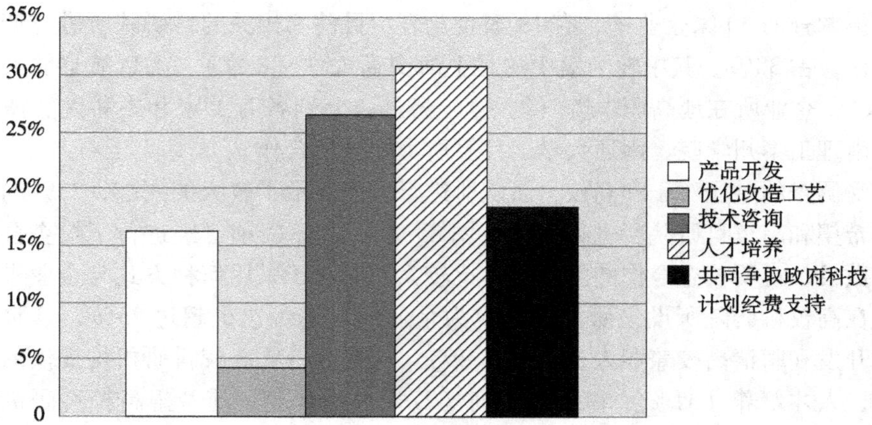

图8-10　企业希望高校科研机构提供的服务

13家企业对我们提出的主观题（如何看待制约产学研合作的障碍）给出了15个答案，其中，4家企业涉及包括研发周期在内的时间问题、5家企业提出合作存在相互信任的问题、2家企业提出了人员不足的问题、2家企业提出技术问题、1家企业提出缺少合作的平台问题、1家企业提出缺少资金的问题（图8-11）。

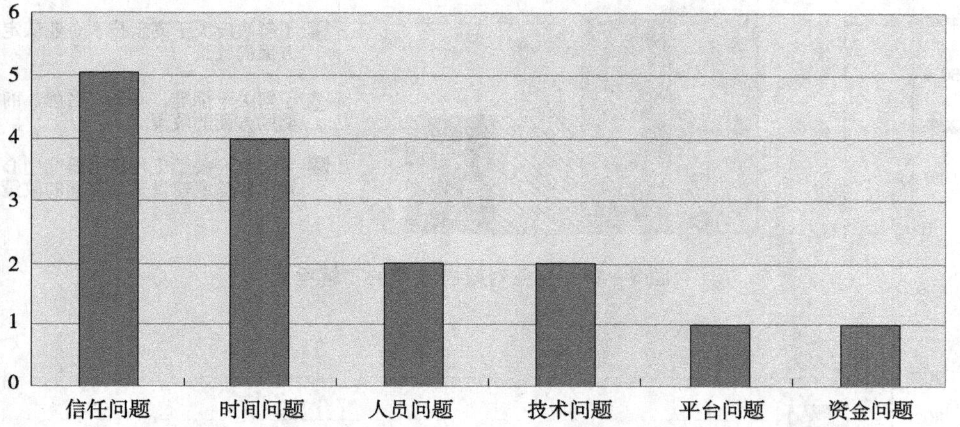

图8-11 校企合作中存在的障碍

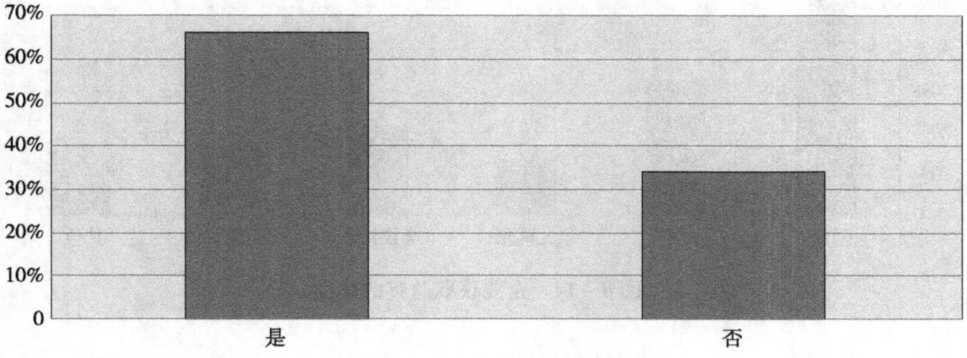

图8-12 企业是否计划建设技术中心与实验室

（四）企业科技政策了解情况

从调查来看，企业对政府政策的了解程度一般，企业最了解的政策是国家关于企业自主创新投入的所得税前抵扣方面的政策（59%）、国家关于知识产权补助和保护方面的政策（50%）。图8-13显示，超过一半的企业明白这两个政策，对于其他相关政策，一半多的企业都不熟悉，说明政策的宣传力度还有待加强。

目前企业获得政策信息的途径是网络，84%的企业利用这一途径，政府途径渠道为32%，14%的企业表示从当地的大学科技园获得了信息（图8－14）。

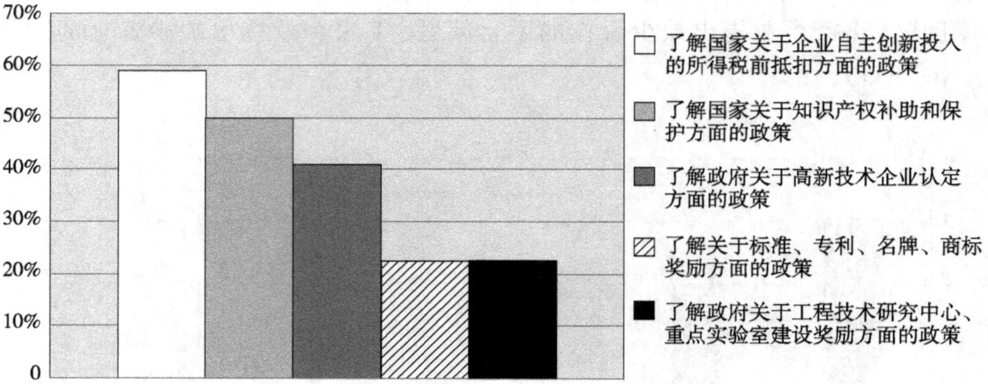

图8－13　企业对政府政策的了解程度

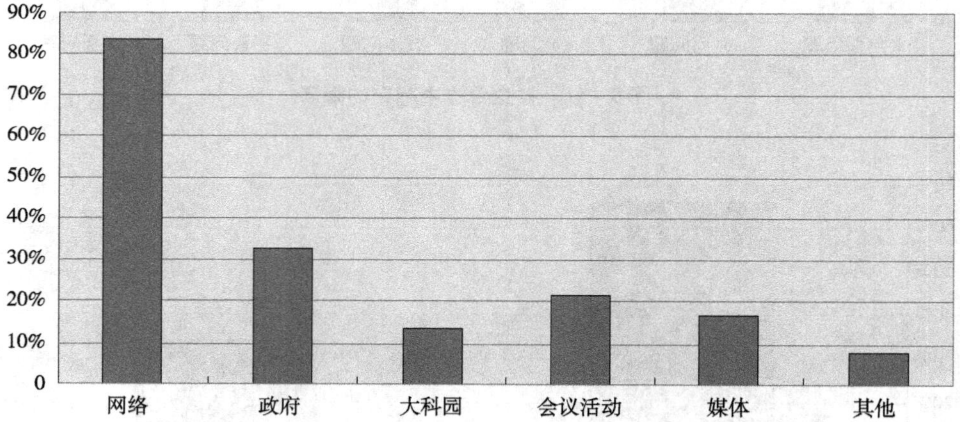

图8－14　企业获取政策的途径

（五）调查情况分析

①在当前产业转型升级背景下，被调查的企业中，主要面临的问题是技术和人才等问题，其中超过一半的企业最迫切的技术需求是新产品开发。面对技术问题，企业主要通过自身的努力解决技术难题，说明被调查的企业依然处于单打独斗的局面。同时，企业在新产品开发中碰到的主要问题是资金不足。

②被调查的50家企业中，虽然有75%的企业希望能够与高校科研机构合作，但只有38%的企业已经开始与高校及科研院所进行合作。企业希望通过委托开发、在高校及科研机构设立研发机构等方式开展合作，当前产学研协同创新中存

在的主要问题是信任、时间、人员和技术等方面的问题。

③被调查的企业对政府政策的了解程度一般，企业比较了解的政策是国家关于企业自主创新投入的所得税前抵扣方面的政策及国家关于知识产权补助和保护方面的政策。说明政府应加大宣传力度。

二　推进企业产学研协同创新发展的政策建议

（一）做好顶层设计，为产学研协同创新发展提供政策支持

产学研协同创新作为集聚企业、高校、科研机构等各方力量进行创新的系统工程，需要各方面相互协调与合作。因此，要促进中国产学研协同创新的发展，已经不是某个细节完善就能够解决的，需要从顶层设计，全面推进我国产学研协同创新的发展。首先，做好产学研协同创新的发展规划。规划是科学决策和行动的指南，是制定各项政策的依据。我国各地区政府可围绕创新驱动发展战略，确定产学研协同创新的定位，产学研协同创新的短期、中期和长期发展目标，产学研协同创新的发展重点、主要任务等，尽快出台各地区产学研协同创新的发展规划。其次，我国各地区应根据本地的实际情况制定产学研协同创新的扶持政策。在中国现行的经济发展模式中，政府的扶持政策对推动产学研协同创新的发展具有显著的促进作用。我国政府可紧密结合我国现有的产业发展现状，以及未来产业发展趋势，制定合理的规则，鼓励高校、科研机构及企业进行产学研协同创新，为进行产学研协同创新的企业提供各种便利措施，包括人才支持、资金支持、政策支持、设施支持等，做好顶层设计，以市场为导向，积极发挥政府的引导作用，促进区域创新能力的提升和经济的可持续发展。

（二）加快区域经济转型升级，促进科技与经济紧密结合

转型升级主要是指经济体制和发展方式的转变，以及产业发展中产品升级、工艺升级、功能升级和价值链的升级。转型升级的核心是加强创新在产业和企业发展中的重要作用。2008 年金融危机后，由于国际市场需求的下降，国内要素价格的上涨，资源环境的约束、贸易保护等因素的影响，我国经济开始由高速增长转向中高速增长。经济增长速度的下降反映了中国经济增长模式的结构性转型。在此背景下，我国应以劳动生产率的提高为导向，大力发挥市场配置资源的决定作用，积极推进区域经济转型和产业升级，实施创新驱动发展战略，特别是产学研协同创新，以企业为主体，集中企业、高校、科研机构等各方力量，促进科技与经济紧密结合，推动经济从粗放发展方式向科学发展和集约化发展转变。

在加快传统产业技术改造升级同时，积极推动战略性新兴产业、高技术产业、现代服务业和现代农业发展，实现产品升级、工艺升级、功能升级和产业链升级，推动我国产业向全球价值链的中高端攀升。

（三）加强产学研协同创新载体建设，促进知识创新和技术创新的融合

产学研协同创新的载体主要有科技孵化器和大学科技园等。产学研协同创新意味着大学和科研结构的知识创新与企业的技术创新在孵化阶段融合，而融合的基地就是科技孵化器和大学科技园。我国各地区政府应积极引导，在加强公共技术服务平台、重大研发机构及重点实验室等科技基础设施建设的同时，在产学研协同创新载体建设中发挥积极作用。一是要加强大学科技园的建设，使大学科技园成为产学研结合、为社会服务、培养创新创业人才的重要平台；成为学校科技成果转化的载体和孕育高新技术科技型公司的孵化器；成为高新技术知识型生产服务企业的主要聚集区；成为区域经济发展和主要支柱行业技术进步重要的创新源。二是科技孵化器的建设，以共享性和公益性为目标，为高新技术企业提供场地和种子资金，配备办公设施，提供咨询、培训和推广服务，使其成为高科技成果孵化的场所，风险投资者选择投资项目的场所，提高科技创业企业孵化的成功率。

（四）加大产学研协同创新的人才供给，完善人才发展机制

创新驱动发展战略的实质是人才驱动，人才是产学研协同创新中最重要的资源，规模宏大、素质优良、结构合理的创新型科技人才队伍是加快中国制造企业产学研协同创新发展的根本保障。我国各地区政府在人才工作中一是要加强体制机制建设，发挥市场的决定性作用，以市场化的原则选拔和使用人才，减少政府对人才的直接配置，建立健全人才的引进、培养、使用、评价、激励机制；二是完善产学研协同创新平台的建设，切实加强大学科技园、科技孵化器、重点实验室、工程技术中心、研发机构等建设，使其成为招才引智的重要平台；三是打造多层次的创新人才体系，我国各地区可根据经济转型和产业发展的需要引进经济社会发展所需的国内外高层次人才，通过职业教育培养产业发展所需要的高端技能型人才，通过在职培训和进修等创新人才培养工程提升现有人员的创新能力。四是为各类创新创业人才提供良好的外部环境，为其创新创业、项目合作、投资融资、成果转化、生活保障等方面提供服务和支持。

（五）拓宽投融资渠道，为产学研协同创新提供资金支持

产学研协同创新从产生新思想、研发新技术到新技术的采用等环节，都需要大量资金投入。同时，科技创新具有明显的不确性和较强的投资风险。为满足产学研协同创新中的资金需求，中国应积极拓宽产学研协同创新的投融资渠道，构

建以政府为引导、企业为主体、金融资本广泛参与的多元科技创新投入体系，促进产业链、创新链和资金链的联动。我国各地区政府应安排引导资金，将产学研协同创新发展专项资金列入市财政预算，对若干发展前景好、成长空间大、产业链条长的领域，特别是即将爆发式成长的产学研协同创新项目进行重点扶持；鼓励企业增加研发投入，引进高层次科技人才，为大学和科研机构提供研发资金，加强产学研协同创新，加速科技成果的转化；加快科技金融的发展，引导科技金融投资方向，鼓励金融机构对创新项目的研发、创新成果的孵化、高新技术的产业化等符合国家产业政策的产学研协同创新予以信贷支持；支持各类创业风险投资机构和信用担保机构对技术含量高、发展前景好的产学研创新项目开展业务；引导各类风险投资资金投入产学研协同创新项目，为风险投资资金提供信贷服务和有效的退出机制。

（六）做强科技中介，推动产学研协同创新成果转化

科技中介是面向社会开展技术扩散、成果转化、科技评估、创新资源配置、创新决策和管理咨询等专业化服务的组织，对政府政策、产学研协同创新主体与市场之间的知识流动与技术转移发挥着关键性作用，能够有效降低创新成本，化解创新风险，加快科技成果转化，提高产学研协同创新的整体创新功效。为促进产学研协同创新的发展和成果的转化，中国可借鉴美国、欧洲、日本等发达国家经验，降低科技中介业进入门槛，出台促进科技中介业发展政策，加大财税支持力度，培养和壮大技术咨询、技术交易、成果转化、知识产权保护等领域的科技中介机构。鼓励科技中介业参与到产学研协同创新中，发挥科技中介与企业、高校、科研机构的联结作用。有效整合科技中介机构，打造科技信息资源共享平台、科技中介专业服务平台、科技型企业公共服务平台，改变服务交叉、信息不对称的局面，形成社会化、网络化和专业化的科技中介服务网络，为企业与高校、科研机构的合作搭造桥梁，帮助产学研协同创新成果进行转化并实现规模生产，为区域创新体系建设提供全过程、全方位的高品质服务。

三 本章小结

①产学研协同创新是企业、高等院校及科研院所以创新资源共享及创新优势互补为基础，以联合研发、利益共享、风险共担为原则，共同开展技术创新活动的合作模式，对区域创新能力的提升和经济转型升级具有重要作用。

②问卷调查结果显示，转型升级的背景下，中国制造企业面临的主要问题是技术和人才问题，企业迫切需要进行新产品开发。面对技术问题，大多数企业虽

然希望与高校及科研机构合作，但开展产学研协同创新的企业仍然较少，企业主要通过自身的努力解决技术难题，依然处于单打独斗的局面。同时，调查显示，企业希望通过委托开发、在高校及科研机构设立研发机构等方式开展合作，产学研协同创新中存在的主要问题是信任、时间、人员和技术等方面的问题。企业在新产品开发中碰到的主要问题是资金不足。

③为促进产学研协同创新水平的提升，我国应做好顶层设计，为产学研协同创新发展提供政策支持；加快区域经济转型升级，促进科技与经济紧密结合；加强产学研协同创新载体建设，促进知识创新和技术创新的融合；加大产学研协同创新的人才供给，完善人才发展机制；拓宽投融资渠道，为产学研协同创新提供资金支持；做强科技中介，推动产学研协同创新成果转化。

第九章　转型升级、高等教育与经济增长

——来自江苏的经验证据：1999—2011

1978 年改革开放以来，经过 40 多年的发展，中国利用廉价的劳动力优势迅速成为世界工厂，成为第一出口大国，取得了举世瞩目的发展成就。但是中国仅在全球价值链的低端占据优势，在价值增值中所得份额很小。同时，中国企业近年来也面临着前所未有的挑战，土地、劳动力、各种原材料成本的上升，人民币汇率升值、环保、贸易保护等，更突显了问题的严重性。2008 年全球金融危机后，国内官产学界普遍认识到，以低端要素融入全球价值链，以出口为导向，依靠“数量型人口红利”的传统经济发展已不可持续。在后金融危机时代，新一轮的国际竞争和经济发展要求我国经济从“数量型人口红利”转向“人力资本红利”，通过大力发展高等教育，提高人力资本素质，通过创新来驱动经济发展。世界经济发展的经验表明，高等教育与经济发展密切相关，国家或地区的经济发展水平最终取决于高等教育的规模和质量。

改革开放以来，作为我国经济发达地区，江苏经济得到了快速的发展。江苏仅占我国面积的 1.1%，占总人口的 5.8%，而其地区生产总值 2012 年已达 54 058.22 亿元，占国民生产总值的 10.4%。

同时，江苏又是我国高等教育发达省份。2011 年，江苏高等教育投入 546.36 亿元，全国同级同类占比 7.8%。2012 年，江苏普通高等学校和成人高等学校共 140 所，在校学生达 208.74 万人，本专科在校生占全国的 7%。

在当前转型升级的背景下，江苏高等教育的投入与经济增长之间有何关系？高等教育的投入能否促进经济增长？经济的增长是否带动了高等教育的发展？这些都是笔者力图在定量分析的基础上回答的问题。

一 文献综述

1776 年，亚当·斯密在其代表作《国民财富的性质和原因的研究》一书中提出了人力资本的概念，并指出教育对促进生产具有重要作用。书中对教育在国民经济发展中的重要作用进行了初步的阐述。此后，罗伯特·欧文、马歇尔等人也从不同的角度对教育在经济发展中的作用进行了分析。Solow（1956）把教育作为经济增长的重要内生变量，间接论证了教育对经济增长的重要作用。

20 世纪 60 年代，Schultz（1961）创立了人力资本理论，首次将资本分为物质资本和人力资本，并通过对 1929—1957 年美国教育投资对经济增长关系的定量研究，估算出 1957 年美国教育对国民经济增长的贡献率为 33%。在此基础上，Denison（1962）、Becker（1964）对人力资本理论进行了发展和深化。20 世纪 80 年代以后，Lucas（1988）、Romer（1990）在对新古典增长理论认真思考的基础上，将知识、人力资本等引入经济增长模式中，强调教育在经济增长中的重要作用。

国内的相关研究在 20 世纪 80 年代后开始出现，关于高等教育投入与经济增长的关系，现有的研究主要有三种观点。一种观点认为我国高等教育与经济发展具有良好的互动关系，高等教育投入与经济增长（GDP）之间互为因果关系，高等教育与经济增长间实现了协调发展和互动。第二种观点认为高等教育的经费投入是经济增长的格兰杰原因，但经济增长并不是高等教育经费投入的格兰杰原因，政府应加大高等教育投资，实现政产学研的良性互动。第三种观点认为中国高等教育对经济增长的贡献度较低；高校扩招以来，我国许多地区的高校不仅没有对当地经济发展起到促进作用，反而在一定程度上阻碍了经济的发展；经济增长是高等教育投入的格兰杰原因，但高等教育投入并不是经济增长的格兰杰原因。

综上，国外发达国家教育与经济增长关系的研究较为深入，形成了较为成熟的理论，高等教育对经济发展的贡献度较高，高等教育与经济发展间实现了良好的互动；国内的相关研究并没有得到一致的结论，大部分研究主要针对我国的整体情况，对各地区的研究较少，研究时间跨度大都从 1999 年高校扩招以前开始，横跨了我国高校扩招这一体制改革点，从而导致了样本的不一致。

二 数据来源和初步分析

本研究以 1999—2011 年的数据为基础，研究江苏高等教育经费投入与经济增长的关系。其中，普通高等教育和成人高等教育经费投入之和作为江苏高等教育经费投入（FEDU）的代表指标，江苏地区生产总值（GDP）作为经济的代表指标。江苏高等教育经费投入包括国家财政性教育经费、社会团体和公民个人办学经费、社会捐赠、集资办学经费、事业收入和其他收入五个方面。

江苏高等教育投入和江苏经济的数据来自《中国教育经费统计年鉴》（2000—2012）、《江苏统计年鉴》（2000—2012），数据跨期为1999年到2011年。为了减少时间序列的波动，把指数趋势变成线性趋势，通常的做法是在分析前先对数据取自然对数变换。因此，对这两个变量做了自然对数处理，得到它们历年的趋势图（图9－1）。

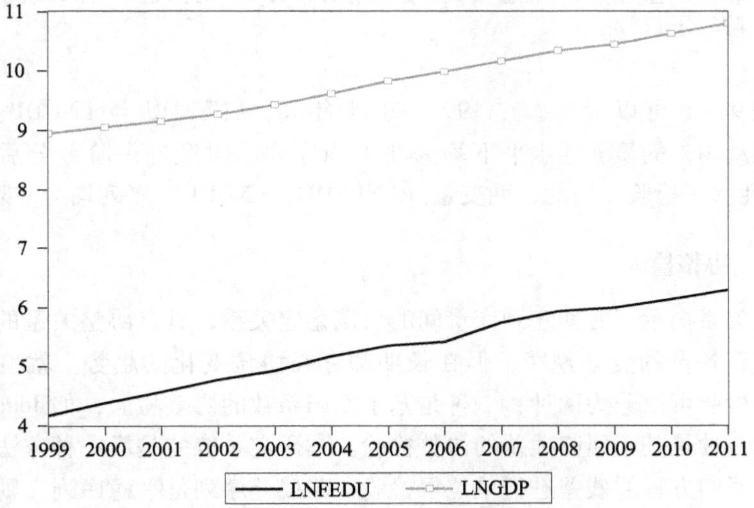

图9－1 江苏高等教育投入和经济发展趋势图

由图9－1可知，从1999年到2011年，江苏高等教育经费投入（LNFEDU）与GDP（LNGDP）一直呈增长趋势，两者的年均增长分别为3.50%和1.58%，教育投入的增长率是GDP的2倍多。从高等教育经费投入占GDP的比重来看，13年间的占比波动幅度一直在0.84%～1.22%。两者的相关系数为0.996 2，具有较强的相关性。

三 实证检验

（一）单位根检验

本部分对高等教育经费投入（LNFEDU）和GDP（LNGDP）等变量进行ADF单位根检验，结果见表9－1。

表 9 - 1 ADF 单位根检验结果（1999—2011）

变量	ADF 检验 T 统计量	检验形式（C，T，K）	1% 临界值	5% 临界值	10% 临界值	结论
LNFEDU	-2.490 4	（C，T，0）	-4.992 3	-3.875 3	-3.388 3	非平稳
LNGDP	-3.152 9	（C，T，1）	-5.124 9	-3.933 4	-3.420 0	非平稳
D1. LNFEDU	-3.700 5	（C，0，1）	-4.297 1	-3.212 7	-2.747 7	平稳
D1. LNGDP	-4.068 1	（C，0，3）	-4.582 6	-3.321 0	-2.801 4	平稳

注：C 和 T 分别表示 ADF 检验形式中是否包含常数项和时间趋势项，K 表示滞后期数，D1. 表示一阶差分。

由表 9 - 1 可以看出，在 1999—2011 年间，LNFEDU 与 LNGDP 的序列在 1%、5%、10% 的显著性水平下均为非平稳序列，但经过一阶差分后，均通过 5% 显著性水平检验。因此，两变量（LNFEDU、LNGDP）序列均为一阶单整。

（二）协整检验

协整关系揭示了时间序列变量间的长期稳定关系，具有协整关系的变量虽然在短期内有各自的变动规律，但在长期却存在协调变化的趋势。就检验对象而言，协整检验可以分为两种：一种是基于回归系数的协整检验，如 Johansen 协整检验；另一种是基于回归残差的协整检验。本研究采取的是后一种方法，其主要思想是对回归方程的残差进行单位根检验，若残差序列是平稳序列，则表明因变量和解释变量之间存在协整关系，否则不存在协整关系。其检验步骤如下：

首先，建立协整方程：

$$\mathrm{LNGDP} = a + b\mathrm{LNFEDU} + e \tag{1}$$

用最小二乘法估计各参数，得方程：

$$\mathrm{LNGDP} = 5.0959 + 0.8918\mathrm{LNFEDU} \tag{2}$$

$$(31.1580)\ (29.1248)$$

$$R^2 = 0.9872$$

$$\overline{R^2} = 0.9860$$

$$F = 848.2544$$

求出回归方程的残差序列 e，取值如图 9 - 2 所示。由此可以看出，回归方程拟合指数良好。

接着对残差序列 e 进行 ADF 检验，结果详见表 9 - 2。

由表 9 - 2 可知，ADF 检验统计量为 -2.418 0，小于 5% 的临界值 -1.974 0，因此，拒绝残差序列 e 存在单位根的假设，接受残差 e 在 5% 显著性水平是平稳过程的假设。换言之，高等教育经费投入和经济增长之间存在着长期均衡的关系。

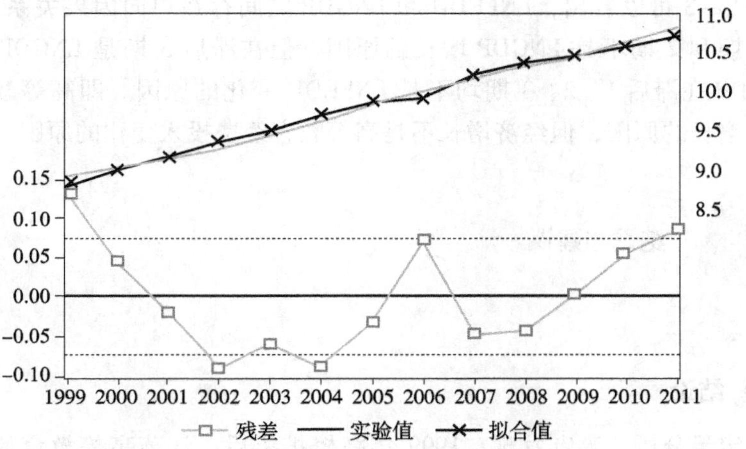

图 9－2　残差序列 *e*

（注：图中残差绝对值较小，围绕 0 值上下随机分布，拟合情况良好。）

高等教育经费投入的经济增长弹性为 0. 891 8，即高等教育经费投入每增长 1 个百分点，经济增长 0. 891 8 个百分点。

表 9－2　残差平稳性的 ADF 检验

ADF 检验统计量	1% 临界值	5% 临界值	10% 临界值
－2. 418 0	－2. 771 9	－1. 974 0	－1. 602 9

（三）Granger 因果关系检验

由单位根检验和协整关系检验可知，LNFEDU 和 LNGDP 这两个变量之间具有平稳性和长期均衡的关系，但却未能反映两者的影响性质，即因果关系。根据格兰杰定理，存在协整关系的变量至少存在一个方向上的格兰杰因果关系。对各变量的因果关系检验见表 9－3。

表 9－3　Granger 因果关系检验结果

原假设	滞后期	*F* 值	*P* 值
LNGDP 不是 LNFEDU 的格兰杰原因	1	1. 255 1	0. 291 6
LNFEDU 不是 LNGDP 的格兰杰原因	1	2. 040 5	0. 186 9
LNGDP 不是 LNFEDU 的格兰杰原因	2	0. 383 4	0. 697 1
LNFEDU 不是 LNGDP 的格兰杰原因	2	0. 708 7	0. 529 3
LNGDP 不是 LNFEDU 的格兰杰原因	3	0. 435 0	0. 744 0
LNFEDU 不是 LNGDP 的格兰杰原因	3	38. 546 9	0. 006 8

从表 9 - 3 可以看出，LNFEDU 和 LNGDP 之间存在单向因果关系，LNFEDU 在滞后 1 期和 2 期不是 LNGDP 增长的原因，但在滞后 3 期是 LNGDP 增长的原因；LNGDP 在滞后 1、2、3 期均不是 LNFEDU 变化的原因。即高等教育经费投入是经济增长的原因，但经济增长不是高等教育经费投入变化的原因。

四 结论与建议

（一）结论

通过定量分析，笔者发现，1999 年高校扩招后，江苏高等教育的发展促进了地区经济的增长。第一，相关分析显示，江苏高等教育经费投入和经济增长之间具有显著的正相关关系。第二，协整分析证明，江苏高等教育经费投入与本地经济发展水平（GDP）之间存在长期稳定的均衡关系，高等教育经费投入每增长 1%，将带来经济增长 0.891 8%。第三，格兰杰因果检验表明，高等教育经费投入与江苏经济增长间存在单向因果关系，教育经费投入在滞后 3 年是经济增长的格兰杰原因。

（二）建议

①在第二波经济全球化过程中，我国要实现经济转型和产业结构调整，从价值链低端向高端攀升，通过创新来促进经济发展，就必须大力提升人力资源素质，增加人力资本投资，通过高等教育来培养大批适应经济社会发展需要的人才，实现高等教育人才培养与区域产业动态区配和互动发展。

②要发挥高等教育对区域经济发展的推动作用，就必须在扩大高等教育规模的同时，不断提升高等教育的发展质量。在我国高等教育大规模扩招的背景下，江苏高等教育在扩大规模的同时，质量也在不断提升，对江苏区域经济的发展起到了重要的推动作用。只有在保证质量的前提下，高等教育规模才能成为区域经济发展的“助推器”。

③在当前经济转型升级过程中，各地区应加大高等教育经费投入力度。经费投入是影响教育发展的重要原因，而教育发展又是推动经济增长的重要力量。增加高等教育投入有助于促进区域经济总量的提升，反之亦然。各地区应持续提高高等教育经费投入，在高等教育规模扩大的同时，促进我国高等教育内涵式发展，实现从“人口红利”向“人才红利”的转变。

五 本章小结

在经济转型升级的背景下，高等教育与经济增长是否存在稳定的因果关系，是我国制定高等教育发展政策的重要依据之一。本研究在对相关文献进行总结回顾的基础上，利用江苏1999—2011年间的统计数据对高等教育经费投入与经济增长的关系进行相关分析、协整检验和Granger因果检验。研究结果表明，自1999年高校扩招以来，江苏高等教育经费投入与经济增长间具有显著的正相关关系，高等教育的发展是经济增长的格兰杰原因。我国各地区应加大高等教育经费投入，实现高等教育与区域经济的动态匹配和互动。

第十章　高职人才培养与区域产业互动发展研究

经过 40 多年的改革开放，中国本土企业通过承接发达国家高技术产业的低端生产加工环节，充分发挥廉价劳动力优势而迅速成为世界工厂。但是自 2008 年金融危机以来，国内官产学界普遍认识到，过去那种以低端要素融入全球价值链，以出口为导向，依靠“数量型人口红利”的经济发展已不可持续。在后金融危机时代，新一轮的国际竞争和经济发展要求我国经济从“数量型人口红利”转向“人力资本红利”，通过大力发展职业教育，特别是高等职业教育，提高劳动者的知识和技能，促进高职人才培养与区域产业动态匹配和互动发展。那么，区域产业转型升级与高职人才培养之间是何种关系呢？如何通过高职人才培养促进区域产业的转型升级呢？

一　产业转型升级与人力资源需求的转变

20 世纪 90 年代，发达国家和地区的跨国公司纷纷将产业链条中一些处于低端的生产/加工/装配环节转移到我国沿海经济发展环境较好的地区（如珠江三角洲、长江三角洲等），中国沿海地区通过大力发挥资源和廉价劳动力等优势，利用跨国公司节约成本和在全球进行产业战略配置的动机，促进了经济快速发展，保持了经济年均 9% 的增长率，使中国成为经济全球化最大的受益者之一。2010 年，中国 GDP 规模（按购买力平价计算）已超过日本，成为世界第二大经济体。

但是，中国仅在全球价值链的末端占据优势，中国的竞争力仅仅是低成本的制造能力，在价值增值中所得份额很小。同时，中国企业最近几年也面临着前所未有的挑战。土地、劳动力、各种原材料成本的上升，人民币汇率升值、环保、贸易保护等，更突显了问题的严重性。2008 年全球金融危机后，中国政府已清楚地认识到应在包容性增长与可持续发展的战略框架内维持经济增长和社会发展，使经济增长方式由低附加值向高附加值方向转变，实现本国经济从投资主导过渡到消费主导的发展模式。而提高劳动力素质与劳动生产率已成为中国“十三五”规划顺利实施的重要促成因素。

表 10－1 是区域产业发展与人力资源需求关系表。由表 10－1 可知，在产业发展的初级阶段，对劳动者的数量要求较多，对劳动者的技能要求较低，主要要求劳动者具有较强的体力劳动能力；随着价值链的攀升和产业的升级，对劳动者数量的要求逐步减少，而对劳动者技能要求逐步提升，要求劳动者具备一定的技术能力；当产业发展到高级阶段时，所需的劳动者数量较少，而对劳动者的技能要求较高，要求劳动者具有高级专业技能，具有处理复杂问题的能力。

表 10－1　区域产业发展与人力资源需求关系表

人力资源	产业阶段		
	初级	中级	高级
数量	大量	中等	少量
能力	体力	具体技术能力	高级专业技能

资料来源：笔者整理。

二　高职人才培养与区域产业转型升级的互动关系

国际金融危机以来，美、欧、日等发达国家相继出台职业教育的重要法案和政策文件，以前所未有的姿态将全球竞争力聚焦到实体经济和职业教育上，力求在新一轮国际竞争中建立巩固的、可持续的竞争优势。高等职业教育已成为发达国家促进产业发展的重要动力。国外学者就高职教育与区域产业动态匹配和互动发展提出了协同理论、人力资本理论、工作竞争模式理论、二元劳动力市场理论等理论。

近年来，中国政府对高职人才培养与区域产业互动发展高度重视。我国 2010 年 7 月颁布的《国家中长期教育改革和发展规划纲要（2010—2020 年）》对职业教育在区域产业发展中的重要作用专门进行了阐述。2011 年 9 月，《教育部关于推进高等职业教育改革创新引领职业教育科学发展的若干意见》中提出“高职教育要以区域产业发展对人才的需求为依据，明晰人才培养目标，深化工学结合、校企合作、顶岗实习的人才培养模式改革”。2012 年 6 月，《国家教育事业发展第十二个五年规划》中指出“高等职业教育重点培养产业转型升级和企业技术创新需要的发展型、复合型和创新型的技术技能人才”。高职人才培养与区域产业动态匹配与互动的示意图具体如图 10－1 所示。

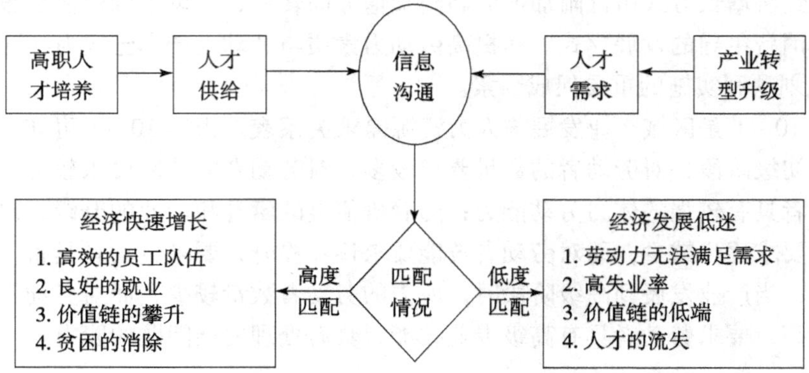

图 10－1　高职人才培养与区域产业动态匹配与互动示意图

由图 10－1 可知，区域产业转型升级需要大量高技能人才，高职教育可为产业转型升级提供人才供给，人才的供给和人才的需求间通过信息的沟通进行连接。当高职人才培养与区域产业高度匹配时，企业能够得到满足发展需要的高效的员工队伍，并且发展迅速，实现从价值链低端向高端的攀升；产业实现转型升级，经济得到快速增长，整个社会就能够实现良好的就业和贫困的消除。当高职人才培养与区域产业匹配度较低时，劳动力无法满足企业发展需求，就会出现一方面市场上劳动力过剩；另一方面，企业又无法获得满足发展需要的大量技术技能型人才，企业发展缓慢，仍然只能停留在全球价值链的低端，无法实现价值链的攀升，产业无法顺利实现升级，经济发展低迷，社会出现较高的失业率和人才的流失。

（一）高职人才培养为产业转型升级提供重要保障

人力资本理论认为，随着科学技术的发展和知识经济的兴起，知识和技术已成为促进经济增长和产业升级的重要因素。由于知识和技术是内生的，取决于劳动者的素质和管理者的组织，而教育可通过提高劳动者的素质来实现经济的转型和产业的升级。相关的实证研究也为这一理论提供了支持，如人力资本理论的创始人——美国经济学家舒尔茨在通过对美国 1929—1957 年教育投资增量的收益率进行测算后发现，1957 年美国教育对国民经济增长的贡献率为 33%。

当前，我国经济要实现由第一产业向第二产业，进而向第三产业的升级，实现从低附加值的劳动密集型产业为主上升到高附加值的高新技术密集型产业为主的升级，就必须大力提高劳动者的素质。从区域发展视角来看，要实现区域产业的转型升级，就需要有与地方产业发展相匹配的金字塔形的各类人才，其中技术技能型人才占据了所需人才总量的大部分。因此，作为与区域经济结合最为紧密的高职教育，在区域产业转型升级中的作用会越来越大。高职人才培养通过发展规模与区域产业发展速度相匹配，人才培养标准与区域产业用人标准相协调，专业结构与区域产业结构相适应，课程内容与工作内容相衔接，可以为区域产业的发展提供重要的人才支撑。其主要贡献主要表现在两个方面，一方面高职教育培养的技术技能型人才可从事较为复杂的劳动，创造更高的价值；另一方面，这些人才进入工作岗位后，可产生较高的劳动生产率，带来较高的经济效益。

（二）产业转型升级为高职人才培养带来发展机遇

随着我国经济的转型升级和第二波经济全球化战略的实施，要求我国经济由传统产业向以高端制造业和服务业为主的现代产业体系转变，通过创新驱动，充分挖掘国内需求，从全球价值链中的“被俘获者”走向国内价值链，并以此为基础加入全球创新链，实现价值链的升级和攀升，抛弃以往高污染、高耗能的发展方式，实现经济发展方式转变。要促进经济发展方式转变和产业结构优化升级，就需要有数量充足、结构合理的高端技能型人才作为支撑，实现经济增长从主要依靠低成本劳动力优势向劳动力价值创造优势的转变，从主要依靠物力资本向人力和物力资本协同发展转变。

与发达国家相比，中国的人力资源仍较匮乏。就高等教育毛入学率而言，世界平均水平为30%，而中国仅为26%。此外，每万名工人中，中国只有40名研发人员，而英国、俄罗斯、日本分别是110、115和137名。2011年《中国科学发展报告》指出，中国产业工人中，高级工程技术人员仅占5%，一些企业急需的专业技术人员和技术工人不能满足甚至后继无人。与此同时，科技素质和文化程较低及技术单一的劳动者无法适应经济发展需要，面临失业或难以实现就业。因此，随着我国产业的转型升级，随着高新技术产业和现代服务业的快速发展，对发展型、复合型和创新型的技术技能型人才的需求越来越大，质量的要求也越来越高。在最具创新性和产业活力的欧洲国家，如德国、瑞士和芬兰，有1/4～1/2的中学生会选择接受职业和技术教育而进入产业领域发展，而不是选择接受通才式的大学教育。因此，我国产业的转型升级为高职人才培养提供了重要的发展机遇。

三　高职人才培养与区域产业动态匹配的模式和路径分析

我国经济目前正处在转型升级的关键时期，迫切需要高职教育培养大量适合经济社会发展需要的技术技能型人才。因此，我国高职人才培养中应大力提高人才培养质量，满足经济转型和区域产业发展需要，实现高职人才培养与区域产业的动态区配，促进高职教育的内涵式发展。那么，我国高职人才培养应如何实现与区域产业的动态匹配与互动呢？对上述问题的问答，需要从促进产业发展的角度构建高职人才培养与区域产业动态匹配的模式和路径。

（一）高职人才培养与区域产业动态匹配的模式

根据我国经济社会发展现状和我国高职教育发展情况，根据主体的属性不同，主要有 3 种可供选择的模式（图 10－2）。

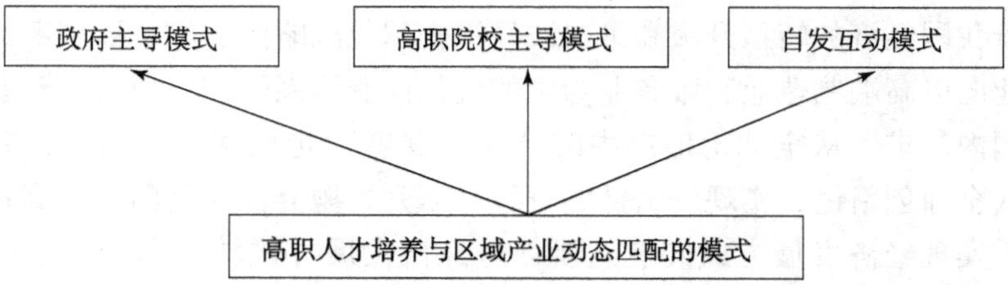

图 10－2　高职人才培养与区域产业动态匹配与互动的模式

政府主导模式是指由政府主导来推动高职人才培养与区域产业的互动。这种模式的基本特征是：由政府主导，根据本地区现代产业发展的需要和区域产业结构调整的方向，对区域内高职院校专业设置进行重新规划和设计，并选择高职院校中部分重点专业进行重点培育，加大投资力度，以促进高职人才培养与区域产业的动态匹配和互动。

自发互动模式是指高职人才培养与区域产业的互动完全源于双方的自身需求，是产业转型升级和高职人才培养自然演化的结果。这种模式的基本特征是：在没有外力干预的状态下，区域产业在遭遇资源和劳动力价格上升、产品市场和价值空间受到限制等困境后，开始转向创新驱动的发展模式。在产业升级过程中，由于对高端技能型人才的需求，促使区域产业与高职人才培养间不断进行互动。

高职院校主导模式是指高职人才培养与区域产业的互动是由高职院校主导进行的。这种模式的特点是高职院校以区域产业发展过程中对人才需求为导向，通过利用自身的资源和优势，进行专业设置和人才培养模式的改革，通过政、产、学、研四位一体，设计人才培养方案，建设相应的课程体系和实训体系，为区域产业发展培养技术技能型人才，实现两者之间的互动。

根据上述三种模式的特征，政府主导模式主要适合高职教育和区域产业基础相对薄弱，政府在区域产业发展上具有强有力的控制力的情况；自发互动模式适合高度开放的自由市场经济，高职教育和区域产业内部具有有利于自组织、自演化的良好生态环境的情况；高职院校主导模式适合区域产业和高职教育发展到一定程度，政策的指向性明确，同时市场机制能够发挥调节作用的情况。根据我国区域产业转型升级和高职教育的发展现状，笔者认为，我国不同地区应根据本地区经济社会发展情况选择适合区域产业与高职教育互动发展的模式，促进区域经济的转型和产业的升级。

（二）高职人才培养与区域产业动态匹配和互动的路径

根据我国高职教育发展情况和我国产业转型升级的需要，要实现高职人才培养与区域产业的动态匹配和互动，从高职院校的角度来说，应从以下几方面着手：

第一，高职院校应开展区域人才需求调研，结合区域经济发展情况和现代产业发展规划，制定高职人才培养规划，将高职人才培养纳入区域产业发展规划，科学预测区域产业发展对发展型、复合型和创新型的技术技能人才的需求，提前培养相关人才，使高职人才培养与区域产业发展保持动态匹配。

第二，高职院校应创新体制机制，探索校企之间互惠双赢的人才培养机制，形成具有自身特色的办学模式，不断提高人才培养质量，积极服务地方企业，促进企业向价值链高端攀升，形成价值链、产业链和人才链有机融合的职业教育发展体制。

第三，高职院校应积极对人才培养模式进行改革，在培养学生专业技能的同时，注重学生“软”实力的培养。现有的研究表明，在区域产业转型升级过程中，所有的行业都需要员工具有非技术技能和自我“升级”的潜能，具体包括领导才能、团队精神、沟通与冲突管理技能。不仅如此，在当前产业升级的大背景下，越来越需要员工具有较强的学习能力、吸收能力及快速适应变化的能力，这些能力可提高员工对外部环境的适应性，提升企业的生产效率和创新能力。

第四，高职院校应根据区域产业发展的需要，及时调整专业设置，保持高职院校所设专业与区域产业的动态匹配，并积极根据产业发展需要进行课程体系改革，及时更新教学的形式和内容，形成自身的核心竞争力，培养更多适应产业发展需要的各类人才。

第五，加强“双元”师资团队建设，促进教师适应产业发展要求。高职院校在提升教师理论水平的同时，要不断提升教师服务行业企业的能力，利用教师自身科研力量和科研条件，努力解决当前行业企业发展中遇到的实际问题，形成产、学、研良性循环。在教学上，教师应及时追踪产业发展的最新动态，不断更新自身的知识和技能，提升学生服务产业发展能力。

四 本章小结

全球金融危机后，随着第二波经济全球化的到来，要求我国产业结构及时调整，实现转型升级，以适应全球经济的变化。在我国产业转型升级过程中，高职人才培养需要在体制机制、培养模式、专业设置、师资团队建设等方面不断进行改革，提升服务区域发展能力，提高人才培养质量，才能实现与区域产业动态匹配和互动。

第十一章　全球价值链下绿色供应链管理研究

随着我国社会的不断发展，环境问题已成为制约我国经济发展的重要因素。2005 年我国环境污染带来的直接损失达 10 515.0 万元，污染治理项目投资总额达 2 388 亿元，比 2004 年增加 25.1%，污染治理投资总额占 GDP 的 1.31%。因此，在中国推动企业实施旨在节能、降耗、降低污染的绿色供应链管理已势在必行。《中共中央关于构建社会主义和谐社会若干重大问题的决定》中明确指出："以解决危害群众健康和影响可持续发展的环境问题为重点，加快建设资源节约型、环境友好型社会。"另外，随着我国加入 WTO，国内企业生产的非绿色产品在国际贸易市场上屡遭挫折，这些问题的出现势必会影响我国企业的国际竞争力和我国向和谐社会迈进的步伐。从可持续发展角度看，绿色供应链管理和持续创新是中国企业生存和向全球价值链高端攀升的必然要求。

一　绿色供应链管理的概念及内容

从 20 世纪 70 年代开始，人类开始反思其活动与环境的相容性，在各个方面对人口、资源与环境三者之间关系进行了理性的思考。但人们对绿色供应链管理（GSCM）的研究时间较短，直到 20 世纪 90 年代才开始研究。1994 年，Webb 研究了一些产品对环境的影响，并提出了绿色采购的概念。1996 年，美国密歇根州立大学"环境负责制造"项目组提出了绿色供应链的概念，并将绿色供应链作为一项重要研究内容。绿色的本质特征直接体现在 5R 上，即节约资源，减少污染；绿色生活，环保选购；重复使用，多次利用；分类回收，循环再生；保护自然，万物共存等方面。目前绿色供应链的理论和实践得到了全世界的普遍关注，但对其概念的界定还未达成共识。笔者认为，绿色供应链管理是以供应链管理技术和绿色制造技术为基础；以资源最优配置，实现与环境相容为目标；综合考虑产品的原材料获取、设计、加工、包装、销售、运输、使用、报废处理及再回收利用的整个过程，最终促进社会及企业的可持续发展。一般来说，绿色供应链管理包括绿色设计、绿色生产、绿色物流、绿色营销及产品废弃阶段的处理。

二 我国绿色供应链管理中存在的问题

（一）法规制度不健全

目前，我国法律法规对企业环境污染行为的处理较轻，如现有的排污费标准远低于污染的综合治理费用，许多企业从成本考虑往往会选择直接交纳排污费。在法律法规执行过程中，缺乏有效的监督，往往出现有法不依，执法不严的局面。有的地方政府由于政绩的需要，往往只重视发展经济，甚至置国家法律法规于不顾，公然为高污染企业大开“绿灯”。

（二）消费者缺乏环境意识

目前我国部分公民的消费意识开始向绿色化方向发展，但从整体来看，还没有形成绿色消费观念，没有充分认识到绿色消费对可持续发展的重要性。加之绿色产品往往售价较高，许多消费者在选择购买时，仍然会选择传统的产品。

2005 年 12 月 15 日，中国一汽丰田生产的普锐斯下线，2006 年 3 月正式投放中国市场。这是一款非常著名的混合动力汽车，也是全球第一种大量生产的环保汽车。目前全球累计销量已超过 50 万辆，占全球混合动力汽车市场近 70% 的份额。然而上市之后将近一年的时间里，普锐斯在中国市场的销售极其困难，甚至在一些大城市的销售商中留下了平均 1 个月销售不出 1 辆的记录。对于中国人来说，普锐斯的市场失利也证明了中国的汽车消费者仍然摆脱不了价格决定购买的低层次诉求，在低价格的竞争力面前，环保概念在绝大多数中国消费者的心目中仍然是苍白如纸。

（三）企业成本的提高

虽然从长期来看，企业构建绿色供应链有助于获得社会的支持，有助于规避国际贸易中的绿色壁垒，提高企业的竞争力。Fiskel（1995）定量地研究了绿色采购与公司绩效的关系，认为通过绿色采购在提高其环境绩效的同时能提高公司的商业绩效。朱庆华（2004）以中国制造企业为样本，通过定量研究，认为绿色供应链管理实践明显提高了企业的环境绩效。但从短期来看，构建绿色供应链需要企业对原有系统进行重新改造，无论是产品设计还是原材料选购、生产工艺等，都不可避免地导致企业经营的成本增加，利润下降。由于自利性与竞争的存在，许多中国企业实施绿色供应链管理的积极性仍然相当缺乏。

（四）技术障碍

绿色供应链模式强调设计、采购、生产、包装、回收等各个环节均实行“绿色化”，这大大增加了供应链管理的内容和难度。例如，为了满足减少有毒物质的要求，许多企业经常发现他们难以找到替代材料，或替代材料无法实现相同的功能与绩效，如电子行业无铅过程的技术挑战，服务行业缺少替代燃料、基础设施及支持更清洁的货物运输系统等。

三　实现绿色供应链管理的对策与建议

（一）进一步完善法律与制度

当前，我国在绿色供应链管理方面的法规与制度仍相当缺乏。政府应进一步完善法制建设，提高对污染源的惩罚标准和打击力度，通过法制法规降低传统制造模式的报酬率，为绿色供应链运行提供良好的竞争环境。同时，对实施绿色供应链管理的企业进行激励，对其实行税收减免或补贴政策。在严格执法的同时，应加大宣传力度，既向各企业决策者宣传绿色市场营销观念，又向广大消费者宣传绿色消费的重要意义，进一步推动绿色供应链管理的成功实施。

（二）加大执法力度

在完善法律、法规的同时，应进一步加大执法力度，防止出现有法不依，执法不严的局面。2006 年，浙江省海宁市就发生过“污染企业恶斗环保企业”咄咄怪事，海宁市许村镇号称“中国家纺第一镇”，而面对其污染日益严重的区域环境，一份兼顾控制污染和节约能源的环保热力规划在实施过程中频遭梗阻，政府几大部门束手无策。当地数十家污染企业的“龙头老大”——海宁龙洲印染有限公司公然叫板带头抵制，照“污”不误，甚至脱网发电生产，给周边群众的生命安全埋下一颗“定时炸弹”。在“西风压倒东风”的对立阵局中，一个投资2.3亿元，旨在为当地治污节能前驱效力的环保企业，一年间竟被掐住咽喉，逼得英雄无用武之地，并且时刻面临破产倒闭的危险。当下，科学发展观的国家战略在某些地方正遭遇伏兵阻击，构建环境友好型社会亟待打一场保卫战和持久战。

（三）加大绿色供应链管理的研究

自从绿色供应链的概念提出以来，世界上各国都在积极进行绿色供应链管理方面的研究。但国际上绿色供应链管理的理论研究还较分散，没有形成系统的理论，绿色供应链管理的实践也主要局限在上述一些国际知名大公司。如在我国，近年来在绿色制造及相关问题方面也进行了大量的研究，国家自然科学基金和国家863/CMS主题均支持了一定数量的绿色制造方面的研究课题，已取得了不少研究成果。但目前的研究还仅仅集中在概念和理论上。因此，研究绿色供应链管理，将绿色设计管理、绿色制造、绿色消费等与评价方法及决策技术相结合是一个全新的研究领域，它对提高产品的国际竞争力、保护环境和实施可持续发展战略具有十分重要的意义。

（四）加大对消费者环保意识的培养

针对我国人均资源匮乏，环境污染严重，消费者环保意识不强的现状，各级政府应通过广播、电视、报纸、网络等各种媒介积极宣传环保的重要性和紧迫性，唤醒公众的环保意识，引导消费者树立绿色消费观念，从消费终端减少消费行为对环境的破坏。

（五）企业股东和高层管理者的支持

绿色供应链管理作为一种战略管理，仅对原有体系进行小范围的改良是不能取得成功的。企业股东和高层管理者对绿色供应链管理的理解和支持关系到这种战略性管理的成败。绿色供应链管理的标兵企业都把自己定位为绿色供应链管理的领导者，它们不仅制定了自身标准高于有关法律规定的节约资源、减少废物、避免污染、绿色设计等目标，而且还积极提高整条供应链乃至整个行业的环保水平。绿色供应链管理强调在整个供应链中寻求对环境最友好的方案。因此，要有效地实施绿色供应链管理，企业必须首先在企业内确立绿色供应链管理的战略地位。绿色供应链管理是一种全新的管理理念，它要求企业着眼于长远利益，以整条供应链为出发点，高层领导的支持有助于企业作出的重大决策都是绿色供应链管理导向的，许多供应链管理和环境管理的专家都一致认为，高层领导的支持关系到企业绿色供应链管理的成败。

四 本章小结

我国作为继美国之后的世界第二大经济体，在经济高速发展的同时，资源的大量消耗和环境的污染已成为制约我国经济发展的“瓶颈”。在我国实施绿色供应链已势在必行，随着我国制造企业环境保护意识的提高，环境保护法律、法规的完善和实施，绿色供应链管理模式将会被越来越多的企业所接受，从而促进我国经济社会的可持续和协调发展，构建环境和谐型社会。

第十二章 供给侧改革背景下中国制造业全球价值链攀升研究

制造业作为国民经济的支柱产业，改革开放以来，特别是20世纪90年代以来，随着国际间产业分工向产品内分工的发展，我国制造业通过承接发达国家的代工订单融入全球价值链并得到了快速的发展，我国制造业规模跃居全球第一位，成为世界制造业大国。然而，我国制造业仅在全球价值链的低端占据优势，在价值增值中所得份额很小。2008年全球金融危机后，随着全球经济的低迷和国际需求的下降，我国制造业原有发展模式已不可持续。经济新常态下，中国经济发展速度由高速增长转向中高速增长，经济发展方式由粗放型向集约型转变，经济结构不断调整优化，经济发展的动力逐步由要素和投资驱动转向创新驱动。

当前，中国制造业面临着国际需求下降，国内资源环境约束，要素成本上升等不利的外部环境。面对复杂的外部环境和欧、美等发达国家的再工业化战略的实施，中国制造业应大力实施供给侧结构性改革，通过落实“三去、一降、一补”五大任务，不断提高供给质量，大力挖掘国内需求，实现供给与需求间新的动态均衡；实施创新驱动发展战略，提高劳动者的素质和管理水平，提升劳动生产率和全要素生产率，加快制造业转型升级，以更高的生产率消除成本上升的不利影响，推动我国制造企业由比较优势向竞争优势转变，提升中国制造业在全球价值链中的地位。

价值链理论最早由哈佛商学院的Porter教授提出，他将企业设计、生产、销售等各种价值创造活动集合称为价值链。20世纪80年代，价值链的概念由企业层面扩展到区域和国家层面。20世纪90年代，西方学术界提出了全球商品链（CCC）的概念。进入21世纪后，以Gerreffi为代表的众多学者从价值链的视角分析全球化过程，提出了全球价值链理论，认为全球价值链是为实现商品和服务价值而连接生产、销售、回收处理等过程的全球性跨企业网络组织，涉及从原材料采集和运输、半成品和成品的生产和分销，直至最终消费和回收处理的整个过程。全球金融危机后，面对发达国家的再工业化和国际价值链的变化，学者们又提出了区域价值链的概念，认为构建和发展区域价值链有助于发展中国家实现全球价值链的攀升。根据全球价值链理论，经济全球化背景下，国际垂直分工使得制造业的研发、设计、制造、组装、分销、服务等价值增值活动分布于不同的区域，中国制造企业通过充分发挥劳动力比较优势，加入了由跨国公司主导的全球价值链体系，但长期处于全球价值链的低端。国际金融危机后，随着美、欧等发达国家需求的下降，以及中国资源环境的约束和要素成本的上升，要求我国制造业的发展必须向全球价值链的中高端攀升。那么，中国制造业全球价值链攀升的影响因素有哪些？我国制造业如何实现全球价值链攀升呢？

一　中国制造业全球价值链攀升的主要影响因素

供给侧结构性改革背景下，中国制造业全球价值链攀升的主要任务是改变旧常态下以出口为导向的开放型经济，优化资源配置方式，改变传统的粗放发展模式，实施创新驱动发展战略，不断提高供给质量和全要素生产率，通过科学和集约发展，实现经济可持续增长。新常态下，中高速、优结构、新动力、多挑战是我国经济社会发展的四大特征。中国制造业要实现转型升级，由全球价值链的低端向中高端攀升，主要影响因素有国际标准和认证、创新体系、产业政策、基础设施、人力资本、研发资本。全球价值链视角下，可将上述影响因素分为宏观、中观和微观三个层面，其中宏观层面为国际标准和认证、创新体系，中观层面是产业政策和基础设施，微观层面是人力资本和研发资本。

具体来说，国际标准和认证是发展中国家制造业融入全球经济体系的必备条件，对于制造业在全球价值链中保持竞争力具有突出作用；创新体系对于人力资本的发展、高技术制造业和传统制造业流程升级及向全球价值链中高端攀升具有重要推动作用，是产业转型升级的核心动力；产业政策对产业的发展起着促进或阻碍作用，是产业转型升级的关键影响因素；基础设施对于成品最终成本、运送速度、贸易联系及区域吸引力具有重要影响；人力资本和研发资本对于中国制造业深度融入全球价值链，满足全球价值链链主不断提升的技术要求具有重要支撑作用。以下笔者将从上述五个方面对中国制造业的转型升级的影响因素进行分析。

（一）国际标准和认证

国际标准和认证通过对供应商的产品和流程进行规范，以满足全球化供应、生产和销售的需要。现有的国际标准主要由国际组织、跨国公司及发达国家政府相关部门制定。制造企业要参与到全球价值链中，就必须满足各类国际标准的要求，通过相关认证。国际标准不仅为发展中国家的生产者和供应商提供了嵌入全球价值链机会，也是这些国家制造业综合能力的反映。同时，国际标准和认证通过提高生产率和产品质量也促进了制造企业的转型升级。许多发展中国家由于管理、设备、资金和技术等方面的匮乏，难以满足各类国际标准和认证的要求，从而无法融入全球价值链体系中。

（二）创新体系

从要素驱动、投资驱动转向创新驱动是我国经济新常态的主要特点之一。创新体系的建设对传统制造业的转型升级和战略性新兴产业的发展至关重要。新常态下，中国制造业面临着可持续发展动力的挑战。作为全球最大的世界工厂，科技含量低、利润率低的中国制造业依然处于全球价值链的低端水平。2013 年我国高新技术产品出口中，73%是外资企业生产的，65. 3%是以加工贸易方式出口的。随着我国比较优势的衰退，我国制造业亟待从原有出口导向型发展战略向创新驱动型发展战略转变。我国制造业应加快科技创新平台建设，积极推动产学研协同创新发展，加强科技中介建设和知识产权保护，构建完善的区域和国家创新体系，缩小与发达国家之间的技术差距。

（三）产业政策

产业政策是一个国家的中央或地区政府为了其全局和长远利益而主动干预产业活动的各种政策的总和。在经济全球化背景下，中国制造业的产业政策可分为横向、纵向和以全球价值链为导向的产业政策。横向产业政策面向制造业中所有行业，如教育、人力资本、创新体系、基础设施、外商投资等方面的政策；纵向产业政策仅面向特定行业，如新兴产业、战略性产业等行业的特定政策；以全球价值链为导向的产业政策是为了提升中国制造业在全球价值链或区域价值链中的地位及出口产品的附加值而制定的政策。在全球经济一体化的背景下，中国制造业应协调好横向、纵向及以全球价值链为导向的产业政策，通过分析中国制造业在全球价值链中的优势、劣势、机遇和威胁，制定合适的横向和纵向产业政策，服务以全球价值链为导向的产业政策，促进经济的可持续发展。

（四）基础设施

全球价值链下，随着生产的不同环节被分布于全球的不同区域。能够以低廉的价格便利地获取各种生产要素成为跨国公司在全球布局时重要的考虑因素。我国的珠三角和长三角地区的快速发展也是得益于其交通运输和交易成本优势。未来我国制造业的转型升级同样依赖于功能完善的基础设施的支持，如交通、电力、能源、信息技术等。当前，许多发达国家基础设施已到达或接近生命周期的终点，亟待进行更新。许多发展中国家缺乏足够的资金进行基础设施建设，中国近年来虽然加大了基础设施的建设力度，但基础设施仍不能满足制造业发展的需要，仍需继续加大基础设施建设力度，更新和完善现有的基础设施。

（五）人力资本

改革开放以来，数量众多的低成本劳动力是我国制造企业进入全球价值链进行国际代工的重要因素。随着我国人口老龄化的不断发展，我国的人口红利将逐步消失。同时，随着工业 4.0 时代的到来，集成和融合先进信息技术、制造技术的“智能互联产品”将成为未来制造业发展的趋势。智能制造需要更多的技术技能型人才，传统从事体力劳动的工人将开始过剩，并出现结构性失业。为应对全球制造业的发展趋势，我国制造业需大力培养众多技术技能型人才及各类创新创业人才，不断提高劳动生产率，通过生产率提升化解和消除资源要素、人力成本上升的不利影响，实现我国制造业向全球价值链中高端的攀升。

（六）研发资本

新增长理论认为，技术进步是国家或区域经济持续增长的决定因素，R&D 的投入是推动技术进步的根本途径。联合国 2008 年国民经济核算体系（SNA）将 R&D 支出作为固定资产纳入 GDP。随着知识经济时代的到来，研发资本越来越受到社会各界的关注和重视。长期以来，我国制造业的发展主要以引进技术为主，自主创新的能力较弱，核心技术受制于人。当前，我国已进入工业化后期，随着资源、环境的约束，要素成本的上升及全球价值链的重构，我国制造业以引进技术为主的发展模式已不可持续，我国制造业亟待加大研发资本投入，在提升制造环节价值创造能力的同时，向全球价值链的两端延伸，在研发、设计、物流、品牌等方面不断努力，提升产品价值增值能力。

二　供给侧改革背景下中国制造业全球价值链攀升的路径选择

（一）满足国际标准和认证的要求，积极应对第四次工业革命

第四次工业革命是以信息物理系统（CPS）为基础，以智能制造为主导，通过打通生产环节的数据壁垒，提升制造业的智能化水平，建立具有适应性、资源效率及人因工程学的智慧工厂。高度自动化、高度信息化和高度网络化是此过程的重要特征。在第四次工业革命浪潮下，中国制造业应不断提升制造能力，以满

足不断提高的国际标准和认证要求。面对第四次工业革命浪潮，我国政府首先应大力发展职业教育，加强校企合作、产教融合，提升劳动者的素质和技能，积极提倡工匠精神，培养制造业转型升级所需的技术技能型人才，实现职业教育与制造业发展的动态匹配和互动。同时，政府应发挥我国良好的制造业基础，加快先进制造技术的应用，在满足各类国际标准和认证要求的同时，加强研发、设计、计划、制造、物流等制造全过程能力的培养，提升制造环节的价值创造能力，使我国制造业由比较优势向竞争优势和能力优势转变。

（二）加强创新生态系统打造，完善国家创新体系

创新一般不是单个企业就可以完成的，而是需要通过与多主体互补性合作，才能生产出满足顾客需求的产品。创新离不开良好的外部环境，因此，加强创新生态系统的打造至关重要。创新生态系统是由多种不同主体相互交织形成的开放的、多维的、共同演进的复杂网络结构。要打造良好的创新生态系统，整个社会首先要营造良好的氛围，把创新摆在国家发展的核心位置，加大对创新的宣传力度，鼓励创新，宽容失败；其次，国家层面要积极搭建平台，大力开展共性关键技术研究和产业化应用示范，加大体制机制创新力度，打造新型公共服务平台，聚集制造业创新发展的资源；最后，国家要出台各类鼓励创新的政策，加大知识产权的保护力度，对于创新型企业，予以财政支持和税收减免，优先采购创新产品，加快新旧动能转换，鼓励企业加入全球创新链（GIC），不断完善国家创新体系。

（三）推动产业政策转型升级，构建国际竞争新优势

新常态下，我国制造业面临着外需不足、成本上升、产能过剩、增速下滑等不利的发展局面，亟待对产业政策进行转型升级，主动将稳增长、调结构、促创新作为产业政策的主要目标，推动中国制造业由旧常态向新常态平稳过渡。横向产业政策上，中国制造业应大力推进生态文明建设，加强人力资本投资和创新体系建设，不断提高生产率，消除要素成本上升的不利影响，积极服务创新驱动发展战略；纵向产业政策上，中国制造业应加快统一市场建设步伐，积极推进产业政策的中性化，实施负面清单管理，提倡平等竞争，通过市场来决定企业的优胜劣汰，鼓励企业兼并重组，改变原有人为挑选赢家和输家的产业政策，逐步由竞争政策替代现行偏好性的产业政策。以全球价值链为导向的产业政策上，中国制造业可通过引进来和走出去，虹吸国内外高级生产要素，由全球价值链的低端向中高端攀升，不断提高出口产品的附加值，构建新的国际竞争比较优势。

（四）完善基础设施建设，为生产率提升创造良好的外部环境

现代制造业的发展需要依靠功能完善的基础设施支持，制造业发展所需的基

础设施主要有信息技术、交通、能源、电力、进出口流程等。近年来，中国政府加大了高速公路、高铁、港口、机场等基础设施的建设力度，但仍无法满足制造业发展的实际需要，中国城市之间和城市内部的基础设施仍十分薄弱。2016 年，全社会物流总费用与国内生产总值的比率为14.9%，虽然连续四年下降，但是这一水平仍高于世界平均水平，也高于巴西、印度等发展中国家的水平，说明我国基础设施建设与管理方面仍有很大的提升空间。当前，我国应加强互联网和信息系统建设，加大城市之间的高速公路和铁路网络建设力度，加快城市内部的公路和地铁建设，简化进出口流程，不断提升物流能力，保证制造业的原材料和产成品顺畅流动，降低产品的分销成本，提升我国制造业的国际竞争力。

（五）加强产学研协同创新，推动产业结构向中高端攀升

产学研协同创新是指企业、高等院校及科研院所共同开展技术创新活动的合作模式。其实质是国家创新体系中知识创新与技术创新体系的结合与互动，是科技教育与经济的融合发展。面对“俘获”型的全球价值链治理结构，中国制造业应大力实施创新驱动战略，通过产学研协同创新，鼓励企业、高校、科研机构之间进行合作，以共享和优化配置为目标，加强研发机构、研发设备、重点实验室、工程技术中心等区域创新公共服务平台的建设，在进行国际代工的同时，积极开发国内市场，通过内需虹吸国内外高级生产要素，特别是创新要素，积极培育品牌、研发设计、营销等能力，培育国内价值链的链主，在价值链转换的同时，向全球价值链（GVC）中高端攀升，由实体性的加工、制造、装配、生产活动向非实体的研发、设计和品牌、营销、服务活动转变，实现产品的功能升级，由全球价值链中低端的国际代工企业发展成为全球创新链（GIC）中的重要一员。

（六）增加制造业发展的有效人才供给，完善人才发展机制

人才是经济社会发展的第一资源，创新驱动发展战略的实质是人才驱动，规模宏大、素质优良、结构合理的创新型人才队伍是中国制造业全球价值链攀升的根本保障。为促进我国制造业的转型升级，我国政府应积极加强体制机制建设，加大人才供给力度，为各类人才营造良好的外部环境。当前我国政府在人才工作中，一是要加强体制机制建设，发挥市场的决定性作用，以市场化的原则选拔和使用人才，减少政府对人才的直接配置，建立健全人才的引进、培养、使用、评价、激励机制；二是完善招才引智的平台建设，通过大学科技园、科技孵化器、重点实验室、工程技术中心、研发机构等建设，吸引各类人才创新创业；三是打造多层次的创新人才体系，根据经济转型和产业发展的需要引进经济社会发展所需的国内外高层次人才，通过在职培训和进修等创新人才培养工程提升现有人员的创新能力，通过职业教育培养产业发展所需要的技术技能型人才；四是为各类

创新创业人才提供良好的外部环境，为其创新创业、项目合作、投资融资、成果转化、生活保障等方面提供服务和支持。

三 结论

制造业作为现代服务业和国民经济的发展基础，对经济社会的发展至关重要。改革开放以来，中国制造业通过国际代工融入全球价值链低端的生产、加工、装配环节，取得快速的发展，并成为世界制造业第一大国。经济新常态下，为实现“中国制造 2025”的发展蓝图，中国制造业应主动改变原有的发展模式，深入分析我国制造业全球价值链攀升的影响因素，积极挖掘国内需求，加大产学研协同创新力度，加大创新人才和高技能人才供给力度，推进基础设施建设，在向全球价值链两端攀升的同时，加强制造环节的价值创造能力，不断提高产品的附加值，培育我国制造业竞争新优势，推动中国制造业向以能力为基础的竞争优势转变。

四 本章小结

本研究从全球价值链理论入手，对供给侧改革背景下中国制造业全球价值链攀升的影响因素和路径选择进行了分析，认为中国制造业全球价值链攀升的影响因素主要有国际标准和认证、创新体系、产业政策、基础设施、人力资本和研发资本。后金融危机时代，中国制造业应满足国际标准和认证的要求，完善国家创新体系，推进产业政策转型升级，完善基础设施建设，加强产学研协同创新，增加有效人才供给，实现新旧动能的转换。

附录1 调查问卷

尊敬的先生/女士：您好！

本调查旨在了解国际代工环境、生产运营战略对国际代工绩效的影响。主要是研究具有国际代工（OEM或ODM）业务的制造企业面临的环境、生产运营战略及其国际代工绩效的现状，提出改进生产运营管理的对策与建议，供企业经营者参考。研究结果将为企业提供借鉴，有助于企业在当前复杂的国际环境中，改善和提高生产运营水平，进而提高企业国际代工绩效。

填写调查问卷，以及参阅总结报告，对企业是一个自我了解和学习的过程，能使您对贴牌生产企业面临的国际环境、生产运营战略及绩效的现状，需要改善的地方及如何通过生产运营提高企业竞争力，有一个全面的认识和了解。

敬请回答所有的问题，并确保答案真实可靠。如未能得到精确数据，请尽量作出估计。如对问卷有任何疑问，敬请与本项目组联系。调查数据只用于学术研究，一切资料将绝对保密，调查报告中披露的数据只限于行业汇总数据。

选取企业要求：面向国际市场贴牌生产（OEM或ODM）的制造企业。

特别说明：本问卷由企业高层管理人员、高管助理或生产运营部门管理人员填写。

十分感谢您的合作与帮助！

项目单位："国际代工背景下我国制造企业生产运营战略与绩效的关系研究"课题组

电话：

E-mail：

第一部分　国际代工环境

采用7级打分，1～7依次表示从“非常不同意”向“非常同意”过渡，请您根据实际情况，对贵公司国际代工时面临的环境要素做出判断，并在合适的数字上打“√”。

贵公司的国际代工环境	非常不同意	不同意	有些不同意	一般	有些同意	同意	非常同意
1. 产品和服务过时的速度很快	1	2	3	4	5	6	7
2. 新的产品和服务创新的速度很快	1	2	3	4	5	6	7
3. 新的运营流程创新的速度很快	1	2	3	4	5	6	7
4. 顾客需求变化很快	1	2	3	4	5	6	7
5. 企业的经营成本不断上升	1	2	3	4	5	6	7
6. 国际市场竞争非常激烈	1	2	3	4	5	6	7
7. 贴牌产品的利润率越来越低	1	2	3	4	5	6	7
8. 国际市场需求不断下降	1	2	3	4	5	6	7

第二部分　面向国际代工市场的生产运营战略

采用7级打分，1～7依次表示从“非常不重要”向“非常重要”过渡，请您根据实际情况，对贵公司实际生产运营中以下各方面的重要程度做出判断，并在合适的数字上打“√”。

贵公司的生产运营战略	非常不重要	不重要	有些不重要	一般	有些重要	重要	非常重要
9. 提高劳动生产率	1	2	3	4	5	6	7
10. 增加生产能力利用率	1	2	3	4	5	6	7
11. 提高库存周转率	1	2	3	4	5	6	7
12. 控制原材料成本	1	2	3	4	5	6	7

续表

贵公司的生产运营战略	非常不重要	不重要	有些不重要	一般	有些重要	重要	非常重要
13. 实施质量控制	1	2	3	4	5	6	7
14. 提高供应商产品质量	1	2	3	4	5	6	7
15. 提供可靠的产品/服务 （注：产品或服务具有一致的良好表现）	1	2	3	4	5	6	7
16. 提供耐用产品/服务 （注：使用寿命长或具有长期的效果）	1	2	3	4	5	6	7
17. 减少生产提前期	1	2	3	4	5	6	7
18. 减少生产线产品转换时间	1	2	3	4	5	6	7
19. 短时间内迅速调整产能	1	2	3	4	5	6	7
20. 短时间内快速调整产品品种	1	2	3	4	5	6	7
21. 处理客户交货期变化	1	2	3	4	5	6	7
22. 生产流程的创新	1	2	3	4	5	6	7
23. 产品设计的创新	1	2	3	4	5	6	7
24. 产品功能的创新	1	2	3	4	5	6	7
25. 专利的获取	1	2	3	4	5	6	7

第三部分　国际代工绩效

采用7级打分，1~7依次表示从“非常不满意”向“非常满意”过渡，请您根据实际情况做出判断，并在合适的数字上打“√”。

与贵公司主要竞争对手相比

贵公司的国际代工绩效	非常不满意	不满意	有些不满意	一般	有些满意	满意	非常满意
26. 本公司贴牌产品的成本优势	1	2	3	4	5	6	7
27. 本公司贴牌产品的质量	1	2	3	4	5	6	7

续表

贵公司的国际代工绩效	非常不满意	不满意	有些不满意	一般	有些满意	满意	非常满意
28. 本公司贴牌产品准时、快速的交货	1	2	3	4	5	6	7
29. 本公司贴牌产品新产品推出的速度	1	2	3	4	5	6	7
30. 本公司对国外非标准代工订单的反应	1	2	3	4	5	6	7
31. 本公司贴牌产品销售收入的增长	1	2	3	4	5	6	7
32. 本公司贴牌产品的盈利水平	1	2	3	4	5	6	7
33. 本公司贴牌产品的国际市场占有率	1	2	3	4	5	6	7
34. 本公司面向国际代工市场的投资回报率	1	2	3	4	5	6	7

第四部分　公司基本情况

贵公司所在城市：________________

贵公司成立的时间：________________年

您在公司的服务年限：________________年

您所属的部门名称：________________

您的职位：________________

1. 贵公司员工人数

□少于或等于 100 人　□101 ~500 人　□501 ~1 000 人

□1 001 ~5 000 人　□ 5 000 人以上

2. 贵公司所属行业

□食品饮料　□纺织制衣、印染　□木料和家具

□造纸、纸制品、印刷及相关行业　□玩具　□橡胶及塑料

□建筑材料　□化学、石油化工　□家电

□家居清洁用品、化妆品　□机械制造　□汽车及配件

□金属制品陶瓷　□机电设备　□电子软件

□生物制药　□精密仪器及用具

□其他（请填写具体行业名称：________________）

3. 贵公司所有制状况

□国有　□集体　□私营/民营

□外商独资（资本主要来自的国家或地区________________）

□中外合资/中外合作（资本主要来自的国家或地区____________________）

4. 贵公司国际代工主要采取的形式

□ OEM【原厂委托制造】（贵公司仅从事产品的组装、制造）

□ ODM【委托设计制造】（贵公司负责产品研究设计与制造）

5. 贵公司为国外客户贴牌生产（OEM或ODM）的年数

□3年以下　□3~5年　□6~8年　□9~10年　□10年以上

6. 贵公司最重要的国际代工客户（委托代工者）所在国家或地区（注：单选）

□欧洲　□美国　□日本　□澳洲　□其他（请说明：　　　　）

7. 贵公司主要国际代工客户（委托代工者）为

□1~2家　□3~4家　□5~6家　□7~8家　□9家以上

8. 贵公司2008年度总销售额为

□小于或等于3 000万元　□3 001万~1亿元　□1亿~5亿元

□5亿~10亿元　□10亿元以上

9. 贵公司2008年度国际代工销售收入占公司总销售额的百分比为

□少于或等于20%　□21%~40%　□41%~60%　□61%~80%

□80%以上

问卷到此结束，再次谢谢您的参与！

您是否希望收到本项调查的总结报告？

□是　□否

若选是，请填妥回函地址：

您的姓名：____________________	
地址：____________________	
电话：________________	传真：________________
电邮地址：____________________	

附录2　访谈提纲

对我国国际代工制造企业的高层管理人员、高管助理或生产运营管理人员访谈提纲：

1. 请您介绍一下贵公司的基本情况及国际代工的发展历程。

2. 目前影响贵公司国际代工的国际、国内的环境因素有哪些？这些因素分别对贵公司的国际代工产生了何种影响？

3. 贵公司目前采用的生产运营战略（低成本、质量、柔性、创新）有哪些？

4. 您认为目前何种生产运营战略对贵公司国际代工最重要？请说明原因。

5. 您认为当前国际代工环境对贵公司生产运营战略的选择有何影响？

6. 您认为贵公司的生产运营战略对国际代工绩效的影响如何？

7. 与贵公司国际代工初期相比，目前的国际、国内环境发生了哪些变化？这些变化对贵公司国际代工有何影响？

8. 与贵公司国际代工初期相比，贵公司的生产运营战略是否发生变化？如有变化，主要有哪些变化？产生这些变化的原因是什么？

参考文献

[1] 邱雪峰. 中国制造业你永远甘做国际伴娘？——贴牌生产的透析与自创品牌策略［J］. 商讯商业经济文荟，2003（02）：27－28＋15.

[2] Nelson，Richard. Why Do Firms Differ and How Does It Matter? ［J］. Strategic Management Journal，1991（12）（Winter Special Issue）：61－74.

[3] 李烨，等. 战略创新、业务转型与民营企业持续成长——格兰仕集团的成长历程及其启示［J］. 管理世界，2005（6）：126－135.

[4] Tempest，Rone. Barbie and the World Economy［N］. Los Angeles time，1996－09－22.

[5] Lin B W. Original equipment manufacturers（OEM）manufacturing strategy for network Innovation agility：the case of Taiwanese manufacturing networks［J］. International Journal of Production Research，2004（5）：943－957.

[6] Kolter P. Marketing Management：Analysis，planning，implementation，and control［M］. NY：Prentice Hall，1994.

[7] Ward S，Light L，Goldstine. What High-Tech Managers Need to know About Brand［J］. Harvard Business Review，1999，77（4）：85－95.

[8] 马月才. 中、美、日制造业发展比较研究［J］. 中国工业经济，2003（5）：22－27.

[9] 中国企业家联合会，中国企业家协会. 中国企业发展报告（2006）［M］. 北京：企业管理出版社，2007.

[10] 吴声功. 跨国公司经营管理［M］. 上海：上海人民出版社，2003.

[11] 中国企业家联合会，中国企业家协会. 中国企业发展报告（2006）［M］. 北京：企业管理出版社，2007.

[12] 曾新胜. 经济全球化中的中国制造业发展战略［J］. 研究与探索，2006（1）：22－24.

[13] 涂木. “中国制造”的七大优势［J］. 互联网周刊，2003（22）：61.

[14] 张汝根. 入世后，“中国制造”面临的挑战及对策［J］. 技术经济，2003（10）：2－4.

[15] 徐学军. 当前我国制造业企业管理面临的挑战与对策［J］. 科学学与科学技术管理，

2001 (1): 49 - 52.

[16] 张启君，张忠海. 对国内外企业技术研究与开发战略的探讨 [J]. 建设机械技术与管理，2003 (7): 2 - 6.

[17] 陈立武，张汉兴. 我国传统产业的技术创新及其战略选择 [J]. 西安科技学院学报，2002 (6): 82 - 89.

[18] 王守宁，郑婷婷. 我国制造企业信息化建设的战略规划 [J]. 情报科学，2003 (2): 152 - 155.

[19] Porter M E. Competitive Strategy [M]. New York: Free Press, 1980.

[20] Porter M E. Competitive Advantage [M]. New York: Free Press, 1985.

[21] Arndt S. Kierzkowski H. Fragmentation: New Production Patterns in the World Economy [M]. Oxford University Press, 2001.

[22] Gereffi G. International Trade and Industrial Upgrading in the Apparel Commodity Chains [J]. Journal of International Economics, 1999, 48: 37 - 70.

[23] Kought B. Designing Global Strategies: Comparative and Competitive Value-added Chains [J]. Sloan Management Review, 1985, 26 (4) : 15 - 28.

[24] 周德田. 中国制造之世界第一产品价值链分析 [J]，未来与发展，2004 (3): 20 - 22.

[25] 曾鸣，彼得·威廉姆斯. 龙行天下：中国制造未来十年新格局 [M]. 北京：机械工业出版社，2008.

[26] 郭万达，朱文晖. 中国制造——世界工厂正转向中国 [M]. 南京：江苏人民出版社，2003.

[27] 刘志彪等. 长三角托起的中国制造 [M]. 北京：中国人民大学出版社，2006.

[28] 王朝晖. 国际企业管理 [M]. 北京：机械工业出版社，2006.

[29] 孙志毅，乔传福. 我国制造业企业国际化战略模式选择探析 [J]. 中国软科学，2004 (8): 102 - 108.

[30] Skinner W. Manufacturing-Missing Link in Corporate Strategy [J]. Harvard Business Review 1969, 49 (3): 136 - 45.

[31] Hayes R H, Wheelwright S C. Restoring our Competitive Edge: Competing Through Manufacturing [M]. New York: Wiley, 1984.

[32] Hayes R H, Wheelwright S C, Clark K B. Dynamic Manufacturing: Creating the Learning Organization [M]. New York: Free Press, 1988.

[33] Hill T. Manufacturing Strategy: Text and Cases [M]. Irwin. Homewood, 1989.

[34] Dangayach, Deshmukh. Manufacturing Strategy: Literature Review and Some Issues [J]. International Journal of Operations & Production Management, 2001, 21 (7): 884 - 932.

[35] Swamidass P, Newell W. Manufacturing Strategy, Environmental Uncertainty and Performance: A Path Analytic Model [J]. Management Science, 1987, 33 (4): 509 - 524.

[36] Ward P, Leong G, Boyer K. Manufacturing Proactiveness and Performance [J]. Decision Science, 1994, 25 (3): 337 - 358.

[37] Ward P, Duray R. Manufacturing Strategy in Context: Environment, Competitive Strategy and Manufacturing Strategy [J]. Journal of Operations Management, 2000, 18 (2): 123 - 138.

[38] Schroeder R G, Bates K A, Junttila M A. A Resource-Based view of Manufacturing Strategy and the Relationship to Manufacturing Performance [J]. Strategic Management Journal, 2002, 23 (2): 105 - 117.

[39] Amoako-Gyampah K, Acquaah M. Manufacturing strategy, competitive strategy and firm performance: An empirical study in a developing economy environment [J]. International Journal of Production Economics, 2008, 111 (2): 575 - 592.

[40] Stonebraker P W, Leong G K. Operations Strategy: Focusing Competitive Excellence [M]. Allyn and Bacon, 1994.

[41] Wheelwright S C. Manufacturing strategy: defining the Missing link [J]. Strategic Management Journal, 1984, 5 (1): 77 - 91.

[42] Kim J S, Arnold P. Operationalizing manufacturing strategy: an exploratory study of constructs and linkage [J]. International Journal of Operations & Production Management, 1996, 16 (2): 45 - 73.

[43] Youndt, et al. Human resource management, manufacturing strategy, and firm performance [J]. Academy of Management Journal, 1996, 39 (4): 836 - 866.

[44] Liu Xilong, Ji Jianhua, Liu Xijuan. Operations strategy and manufacturing performance: An empirical study of Chinese manufacturers [R]. Proceedings of the 3rd International Conference on Innovation & Management, 2006: 889 - 895.

[45] Flynn B B, et al. Empirical research methods in operations management [J]. Journal of Operations Management, 1990, 9 (2): 250 - 284.

[46] Ward P T, Duray R, Leong G, et al. Business environment, operations strategy, and performance: An empirical study of Singapore manufacturers [J]. Journal of Operations Management, 1995, 13 (2): 99 - 115.

[47] Badri M A, Davis D, Davis D. Operations strategy, environmental uncertainty and performance: a path analytic model of industries in developing countries [J]. Omega, 2000, 28 (2): 155 - 173.

[48] Tan J J, Litschert R J. Environment-strategy relationship and its performance implications: An empirical study of the Chinese electronics industry [J]. Strategic Management Journal, 1994, 15 (1): 1 - 21.

[49] Schroeder B, Mavondo F. Strategy/performance/environmental linkages in agribusiness: conceptual issues and a developing country example [J]. Agribusiness, 1994, 10 (5): 419 - 429.

[50] Vickery S, Droge C. Markland R. Production competence and business strategy: do they affect business performance [J]. Decision Sciences, 1993, 24 (2): 435 - 456.

[51] 石涌江. 生产战略——中国制造系统现代化不可缺少的环节 [J]. 管理工程学报, 1990, 4 (4): 58 - 63.

[52] 徐学军, 樊奇. 我国制造企业国际化运营策略探讨 [J]. 科学学与科学技术管理, 2007, 28 (12): 174 - 178.

[53] 陈振祥, 李吉仁. ODM 的成因与策略运作——水平式产业下策略联盟形态 [J]. 中山管

理评论，1997，5（3）：553－572.

[54] 谢崇文. 国际代工策略与模式之选择研究［D］. 台湾：台湾大学国际企业学研究所，2002.

[55] 孙扬澄. 跨国公司生产外包战略及其管理研究［D］. 杭州：浙江大学，2003.

[56] 卢锋. 产品内分工：一个分析框架［R］. 北京大学中国经济研究中心讨论稿系列，No. C2004005，2004.

[57] 樊奇，徐学军. 国际代工背景下我国制造企业生产运营战略研究［J］. 管理现代化，2008（4）：13－15.

[58] 李俊毅. 自有品牌与代工模式并存的关键性资源分析：模糊层级法的应用［D］. 台北：铭传大学，2006.

[59] 倪文斌，等. 制造战略研究：现状、问题及趋势［J］. 管理科学学报，2003（5）：79－86.

[60] 石涌江. 企业生产系统的竞争与发展战略［J］. 管理世界，1992（6）：125－130.

[61] 柳燕. 创业环境、创业战略与创业绩效关系的实证研究——基于汽车行业大型跨国企业的创业经验［D］. 长春：吉林大学，2007.

[62] 张炜. 中小高技术企业创业知识资本与成长绩效关系研究［D］. 杭州：浙江大学，2005.

[63] Luthans F. The contingency theory of management: A path out of the jungle [J]. Business Horizons, 1973, 16 (3): 67－72.

[64] 王哲. 西方权变理论对我国管理的启示［J］. 管理现代化，1995（1）：41－42.

[65] 宋峥嵘. 浅谈权变理论在现代企业管理中的运用［J］. 北方经贸，2006（11）：104－105.

[66] Penrose E T. The Theory of the Growth of the Firm [M]. Basil Blackwell, 1959.

[67] Wernerfelt B. A Resource-based View of Firm [J]. Strategic Management Journal, 1984, 5 (2): 171－180.

[68] Rumelt R P. How much does industry matter [J]. Strategic Management Journal, 1991, 12 (3): 167－185.

[69] Barney J B. Firm Resources and Sustained Competitive Advantage [J]. Journal of Management, 1991 (17): 99－120.

[70] Barney J B. Looking inside for competitive advantage [J]. Academy of Management Executive, 1995, 9 (4): 49－61.

[71] Barney J B. Is the resource-based "view" a useful perspective for strategic management research? Yes [J]. Academy of Management, 2001, 26 (1): 41－56.

[72] Peteraf M A. The cornerstones of competitive advantage: a resource-based view [J]. Strategic Management Journal, 1993 (14): 179－191.

[73] Collis D J. Cynthia M. Competing on resources: strategy in the 1990s [J]. Harvard Business Review, 1995 (7－8): 118－128.

[74] Mintzberg H, et al. Strategy Safari: A Guided Tour through the Wilds of Strategic Management [M]. New York: The Free Press, 1998.

[75] Skinner W. The Focused Factory [J]. Harvard Business Review, 1974 (3-6): 112-121.

[76] Skinner W. Manufacturing strategy on the "S" curve [J]. Production and Operations Management, 1996, 5 (1): 3-14.

[77] Bolwijn P T, Kumpe T. Manufacturing in the 1990s: Productivity, flexibility and innovation [J]. Long Range Planning, 1990, 23 (4): 44-57.

[78] 刘志彪，张杰. 全球代工体系下发展中国家俘获型网络的形成、突破与对策——基于GVC与NVC的比较视角 [J]. 中国工业经济，2007 (5): 39-47.

[79] 陶峰，李诗田. 全球价值链代工过程中的产品开发知识溢出和学习效应——基于东莞电子信息制造业的实证研究 [J]. 管理世界，2008 (1): 115-122.

[80] Skinner W. Manufacturing: The Formidable Competitive Weapon [M]. New York: John Wiley& Sons, 1985.

[81] Anderson J C. Cleveland G, Sehroeder R G. Operations Strategy: A Literature Review [J]. Journal of Operations Management, 1989, 8 (2): 133-158.

[82] Fine C H, Hax A C. Manufacturing Strategy: A Methodology and an Illustration [J]. Interfaces, 1985 (11-12): 28-46.

[83] Roth A V. Linking Manufacturing Strategy and Performance: An Empirical Investigation [D]. Boston University, 1989.

[84] Swink M, Way M H. Manufacturing strategy: Propositions, current research, renewed directions [J]. International Journal of Operations & Production Management, 1995, 15 (7): 4-26.

[85] 徐学军. 生产战略研究评述 [J]. 决策与决策支持系统，1997 (3): 94-101.

[86] 倪文斌. 制造战略内部一致性关联模型研究 [D]. 哈尔滨：哈尔滨工业大学，2003.

[87] 李刚等. 制造战略研究回顾与中国问题的展望 [J]. 上海经济研究，2007 (7): 3-14

[88] Wheelwright S C. Reflecting Corporate Strategy in Manufacturing Decisions [J]. Business Horizons, 1978, 21 (1): 57-66.

[89] Krajewski L J, Ritzman L P. Operations Management and Analysis: Strategy and Analysis [M]. Addison-Wesley, 1987.

[90] Leong G K, Snyder D L, Ward P T. Research in the process and content of manufacturing strategy [J]. Omega, 1990, 18 (2): 109-122.

[91] Spring M, Broaden R. One more time, how do you win orders: a critical reappraisal of the Hill's manufacturing strategy framework [J]. International Journal of Operations & Production Management, 1997, 17 (8): 757-779.

[92] 廖春良，程发新，张根能. 制造企业竞争重点要素识别及量化分析 [J]. 科研管理，2004, 25 (3): 66-71.

[93] 杨东涛等. 制造战略 人力资源管理与公司绩效 [M]. 北京：中国物资出版社，2007.

[94] Zhao Xiande, et al. Competitive priorities of enterprises in mainland China [J]. Total Quality Management, 2002, 13 (3): 285-300.

[95] Hill T. Teaching manufacturing strategy [J]. International Journal of Operations and Production Management, 1987, 6 (3): 10-20.

[96] Garvin D A. Quality on the line [J]. Harvard Business Review, 1983 (9-10): 64-75.

[97] 徐学军. 生产系统整体化管理中生产排程与库存控制的若干问题研究 [D]. 天津：天津大学，1995.
[98] Goldratt E M, Cox J. The goal: Excellence in manufacturing [M]. New York: North River Press, 1984.
[99] Henk A A, Johan E V A. Process-related problems in operations strategy [J]. International Studies of Management& Organization, 1992, 22 (4): 6-20.
[100] 魏江茹，杨东涛. 制造战略研究：回顾与展望 [J]. 软科学，2005，19 (5)：65-67.
[101] 蒋晓枫，戴昌钧. 中日企业生产战略之比较 [J]. 中国软科学，1999 (10)：105-107.
[102] Robb D, Bin Xie. A Survey of Manufacturing Strategy and Technology in the Chinese Furniture Industry [J]. European Management Journal, 2003, 21 (4): 484-496.
[103] 张慧颖等. 对中国制造业运作策略的聚类分析及实证研究 [J]. 南开管理评论，2003，6 (4)：49-53.
[104] 程发新，李怀祖，廖春良. 企业制造部门的战略参与对竞争能力及绩效的影响研究 [J]. 管理工程学报，2003，17 (4)：51-54.
[105] 高玉荣. 生产战略与竞争战略的匹配研究 [D]. 广州：华南理工大学，2005.
[106] 程发新，赵艳萍，李守伟. 制造企业竞争要素的问卷调查分析 [J]. 工业工程与管理，2007，12 (5)：101-104.
[107] 刘希龙，季建华. 竞争优先权与生产绩效关系的实证研究 [J]. 上海交通大学学报，2007，41 (7)：1049-1052.
[108] Hitt M A, et al. Strategic Management-Competitiveness and Globalization [M]. South-Western College Publishing, 2001.
[109] Duncan R B, Characteristics of perceived environment and perceived environmental uncertainty [J]. Administrative Science Quarterly, 1972, 17 (3): 313-327.
[110] 赵锡斌. 企业环境研究的几个基本理论问题 [J]. 武汉大学学报（哲学社会科学版），2004，57 (1)：12-17.
[111] Aaker D A. Strategy Market Management (5nd Ed.) [M]. New York: John Wiley and Sons Inc, 1998.
[112] Robbins S P. Management [M]. Prentice Hall Inc, 1994.
[113] Miller D, Friesen P H. Strategy-Making and Environment: The Third Link [J]. Strategic Management Journal, 1983, (4): 221-235.
[114] Dess G, Beard D. Dimensions of organizational task environments [J]. Administrative Science Quarterly, 1984, 29 (1): 52-73.
[115] Lumpkin G T, Dess G G. Linking two dimensions of entrepreneurial orientation to firm performance: The moderating role of environment and industry life cycle [J]. Journal of Business Venturing, 2001, 16 (5): 429-451.
[116] Amoako-Gyampah K. The relationships among selected business environment factors and manufacturing strategy: insights from an emerging economy [J]. Omega, 2003, 31 (4): 287-301.
[117] Bourgeois L J. Strategy and environment: A conceptual integration [J]. Academy of

Management Review, 1980, 5 (1): 25 - 39.

[118] Amoako-Gyampah K, Boye S S. Operations strategy in an emerging economy: the case of the Ghanaian manufacturing industry [J]. Journal of Operations Management, 2001, 19 (1): 59 - 79.

[119] Dierdonck V R, Miller J G. Designing production planning and control systems [J]. Journal of Operations Management, 1980, 1 (1): 37 - 46.

[120] Mcdougal P P, Deane R H, D'Souza D E. Manufacturing strategy and business origin in the computer and communications equipment industries [J]. Production and Operations Management, 1992, 1 (1): 53 - 69.

[121] Williams, et al. Manufacturing strategy, business strategy and firm performance in a mature industry [J]. Journal of Operations Management, 1995, 13 (1): 19 - 33.

[122] Hongyi Sun, Cui Hong. The alignment between manufacturing and business strategies: its influence on business performance [J]. Technovation, 2002, 22 (11): 699 - 705.

[123] Maskell B. Performance measures for world class manufacturing [J]. Management Accounting, 1989, 67 (5): 32 - 33.

[124] Kaplan R S, Norton D P. The Balanced Scorecard: Measures That Drive Performance [J]. Harvard Business Review, 1992, 70 (1): 71 - 79.

[125] 张建国，徐伟. 绩效体系设计 [M]. 北京：北京工业大学出版社，2003.

[126] 徐学军等. 企业生产系统管理的绩效指标探讨 [J]. 技术经济与管理研究，2000 (3): 35 - 36.

[127] 风笑天. 社会学研究方法（第二版）[M]. 北京：中国人民大学出版社，2005.

[128] 刘志彪. 全球化背景下中国制造业升级的路径与品牌战略 [J]. 财经问题研究，2005 (5): 25 - 31.

[129] 温家宝. 关于深入贯彻落实科学发展观的若干重大问题 [J]. 求是，2008 (21): 3 - 12.

[130] 梅永红. 自主创新与扩大内需 [J]. 求是，2009 (3): 56 - 58.

[131] Voss C, Tsikriktsis N. Frohlich M. Case research: Case research in operations management [J]. International Journal of Operations and Production Management, 2002, 22 (2): 195 - 215.

[132] [美] 罗伯特·K. 殷. 案例研究：设计与方法 [M]. 周海涛，等，译. 四川：重庆大学出版社，2004.

[133] Paton M Q. How to use qualitative methods in evaluation [M]. Sage, 1987.

[134] Li Y, Deng S. A methodology for competitive advantage analysis and strategy formulation: an example in a transitional economy [J]. European Journal of Operational Research, 1999, 118 (2): 259 - 270.

[135] Miller D. Relating Porter's business strategies to environment and structure: Analysis and performance implications [J]. Academy of Management Journal, 1988, 31 (2): 280 - 308.

[136] Ward P T, Bickford D J, Leong G K. Configurations of manufacturing strategy, business strategy, environment and structure [J]. Journal of Management, 1996, 22 (4): 597 - 626.

[137] Christopher M. The agile supply chain: Competing in volatile markets [J]. Industrial Marketing Management, 2000, 29 (1): 37 - 44.

[138] Christopher M, Towill D R. Supply chain migration from lean and functional to agile and customized [J]. Supply Chain Management: An International Journal, 2000, 5 (4): 206 - 213.

[139] 闫国庆，等. 我国加工贸易战略转型及政策调整 [J]. 经济研究，2009 (5): 66 - 78.

[140] Youndt M A, Snell S A, Dean J W, Lepak D P. Human resource management, manufacturing strategy and firm performance [J]. Academy of Management Journal, 1996, 39 (4): 836 - 866.

[141] 杨静. 玩具召回事件对"中国制造"的警示 [J]. 经营与管理，2008 (6): 14 - 15.

[142] Gerwin D. Manufacturing flexibility: a strategic perspective [J]. Management Science, 1993, 39 (4): 395 - 410.

[143] Pagell M, Krause D R. A multiple-method study of environmental uncertainty and manufacturing flexibility [J]. Journal of Operations Management, 1999, 17 (3): 307 - 325.

[144] Pagell M, Krause D R. Re-exploring the relationship between flexibility and the external environment [J]. Journal of Operations Management, 2004, 21 (6): 629 - 649.

[145] Downs G W, Mohr L B. Conceptual issues in the study of innovation [J]. Administrative Science Quarterly, 1976, 21 (4): 700 - 714.

[146] Johnson W H A, Weiss J W. A stage model of education and innovation type in China: the paradox of the dragon [J]. Journal of Technology Management in China, 2008, 3 (1): 66 - 81.

[147] Oke A, Burke G, Myers A. Innovation types and performance in growing UK SMEs [J]. International Journal of Operations & Production Management, 2007, 27 (7): 735 - 753.

[148] Ward P T, et al. Competitive priorities in operations management [J]. Decision Sciences, 1998, 29 (4): 1035 - 1046.

[149] 李毅中. 坚定不移地走中国特色新型工业化道路 [J]. 求是，2008 (20): 25 - 27.

[150] 刘世锦. 新阶段面临的挑战与发展方式转型 [J]. 经济前沿，2008 (Z1): 4 - 9.

[151] Ettlie J, Burstein E, Fiegenbaum M C. Manufacturing strategy [M]. Boston: Kluwer Academic Publishers, 1990.

[152] Helms M H, Dibrell C, Wright P. Competitive strategies and business performance: Evidence from the adhesives and sealants industry [J]. Management Decision, 1997, 25 (9), 689 - 703.

[153] Rodriguez J M, Ventura J. Human resource management systems and organizational performance: An analysis of the Spanish manufacturing industry [J]. International Journal of Humana Resource Management, 2003, 14 (7): 1206 - 1226.

[154] Kazen H, et al. The effect of manufacturing strategies on financial performance [J]. Measuring Business Excellence, 2006, 10 (1): 14 - 26

[155] Rose R C, Kumar N, Lbrahim H L. The effect of manufacturing strategy on organizational performance [J]. International Society for Performance Improvement, 2008, 47 (1): 18 - 25.

[156] Wan-Jing April Chang, Tung Chun Huang. Relationship between strategic human resource management and firm performance: A contingency perspective [J]. International Journal of Manpower, 2005, 26 (5): 434-444.

[157] Aggarwal S. Flexibility management: The ultimate strategy [J]. Industrial Management, 1997, 39 (1): 26-31.

[158] Huo Baofeng. An Exploratory Study of Power, Relationship Commitment, Supply Chain Integration and Performance [D]. Hong Kong: The Chinese University of Hong Kong, 2007.

[159] Garvin D A. Competing on the eight dimensions of quality [J]. Harvard Business Review, 1987, 65 (6): 101-109.

[160] Ferdows K, DeMeyer A. lasting improvement in manufacturing performance: in search of a new theory [J]. Journal of Operations Management, 1990, 9 (2): 168-184.

[161] Noble M A. Manufacturing strategy: testing the cumulative model in multiple country context [J]. Decison Sciences, 1995, 26 (5): 693-721.

[162] Flynn B B, Schroeder R G, Sakakibara S. The impact of quality management practices on performance and competitive advantage [J]. Decision Sciences, 1995, 26 (5): 659-691.

[163] 刘世锦. 我国经济"低成本竞争"模式形成的背景与特征 [J]. 经济社会体制比较, 2005 (6): 5-9.

[164] 巫强, 刘志彪. 进口国质量管制条件下出口国企业创新与产业升级 [J]. 管理世界, 2007 (2): 53-60.

[165] 高煜, 刘志彪. "中国制造"信任危机: 价值链视角的深度解析 [J]. 中国国情国力, 2008 (1): 12-15.

[166] 周厚才. 入世以来我国遭遇的贸易摩擦及其发展趋势 [J]. 对外经贸实务, 2004 (7): 3-6.

[167] 潘文卿. 提升产品技术含量与质量——中国外贸结构20世纪90年代变动趋势 [J]. 国际贸易, 2003 (1): 33-36.

[168] Upton D M. The management of manufacturing flexibility [J]. California Management Review, 1994, 96 (2), 72-89.

[169] Upton D M. Flexibility as process mobility: the management of plant capabilities for quick response manufacturing [J]. Journal of Operations Management, 1995, 12 (2): 205-224.

[170] Gaimon C, Singhal V. Flexibility and the choice of manufacturing facilities under short product life cycles [J]. European Journal of Operational Research, 1992, 60 (2): 211-223.

[171] Shih-Chia Chang, et al. Manufacturing flexibility and business strategy: An empirical study of small and medium sized firms [J]. International Journal of Production Economics, 2003, 83 (1): 13-26.

[172] Mone M A, McKinley W, Barker V L. Organizational decline and innovation: a contingency framework [J]. Academy of Management Review, 1998, 23 (1): 115-132.

[173] Zahra S A, Nielsen A P, Bogner W C. Corporate entrepreneurship, knowledge and competence development [J]. Entrepreneurship: Theory and Practice, 1999, 23 (3): 169-189.

[174] Barkema H G, Baum J A C, Mannix E A. Management challenges in a new time [J]. Academy

of Management Journal, 2002, 45 (5): 916 – 930.

[175] Yamin S, et al. A study of competitive strategy, organizational innovation and organisational performance among Australian manufacturing companies [J]. International Journal of Production Economics, 1997, 52 (1 – 2): 161 – 172.

[176] Aboody D, Lev B. R&D productivity in the chemical industry [D]. New York : New York University, 2001.

[177] Hall L A, Bagchi-Sen S. A study of R&D, innovation, and business performance in the Canadian biotechnology industry [J]. Technovation, 2002, 22 (4): 231 – 244.

[178] Cheng Jen Huang, Chun Ju Liu. Exploring for the relationship between innovation, IT and performance [J]. Journal of Intellectual Capital, 2005, 6: 237 – 252.

[179] Dipietro W R, Anoruo E. Creativity, innovation, and export performance [J]. Journal of Policy, 2006, 28 (2): 133 – 139.

[180] Prajogo D I. The relationship between innovational and business performance-a comparative study between manufacturing and service firms [J]. Knowledge and Process Management, 2006 (3): 218 – 225.

[181] 周耀东，余晖. 中国工业化进程中的停滞趋势和组织转型 [J]. 南京大学学报（哲学·人文科学·社会科学），2006，43（1）：28 – 37.

[182] Scanell T V, Vickery S K. Droge C L. Upstream supply chain management and competitive performance in the automotive supply industry [J]. Journal of Business Logistics, 2000, 21 (1): 23 – 51.

[183] Gonzalez-Benito. A study for the effect of manufacturing proactively on business performance [J]. International Journal of Operations & Production Management, 2006, 25 (3): 222 – 241.

[184] Vickery S K, Droge C, Markland R E. Dimensions of competitive strength in manufacturing: an analysis of competitive priorities in the furniture industry [J]. Journal of Operations Management, 1997, 15 (3), 317 – 330.

[185] Vickery S K, Jayaram J, Doge C, et al. The effects of an integrative supply chain strategy on customer service and financial performance: an analysis of direct versus indirect relationships [J]. Journal of Operations Management, 2003, 21 (5), 523 – 539.

[186] 风笑天. 社会调查中的问卷设计 [M]. 天津：天津人民出版社，2001.

[187] 风笑天. 方法论背景中的问卷调查法 [J]. 社会学研究，1994 (3)：13 – 18.

[188] 风笑天. 社会研究方法 [M]. 北京：高等教育出版社，2006.

[189] 风笑天. 近五年社会学方法研究评述 [J]. 社会学研究，1995 (1)：2 – 12.

[190] 李怀祖. 管理学研究方法论 [M]. 西安：西安交通大学出版社，2004.

[191] 林聚任，刘玉安. 社会科学研究方法 [M]. 济南：山东人民出版社，2004.

[192] Fowler F J. Survey research methods [M]. Sage, 1988.

[193] Slevin D P, Covin J G. Strategy formation patterns, performance, and the significance of context [J]. Journal of Management, 1997, 23 (2): 189 – 209.

[194] 杨东涛，陈社育，徐国华. 公司制造战略检测量表的修订与实证研究 [J]. 南京大学学

报（哲学·人文科学·社会科学），2004，41（1）：60－64.
[195] 廖春良，程发新，唐承睿. 制造战略是提升我国制造业竞争能力的有力武器［J］. 工业工程与管理，2003（1）：13－16.
[196] Kathuria R. Competitive priorities and managerial performance: a taxonomy of small manufacturers [J]. Journal of Operations Management, 2000, 18 (6): 627－641.
[197] Tracey M, Vonderembse M A, Lim J S. Manufacturing technology and strategy formulation: keys to enhancing competitiveness and improving performance [J]. Journal of Operations Management, 1999 (17): 411－428.
[198] María Luz Martín-Peña, Eloísa Díaz-Garrido. A taxonomy of manufacturing strategies in Spanish companies [J]. International Journal of Operations & Production Management, 2008, 28 (5): 455－477.
[199] Theodoroua P, Florou G. Manufacturing strategies and financial performance—The effect of advanced information technology: CAD/CAM systems [J]. Omega, 2008, 36 (1): 107－127.
[200] 徐学军，等. 制造企业运作绩效评价体系研究［J］. 工业工程，2006，9（2）：53－57.
[201] Lawrence P, Lorsch J. Differentiation and integration in complex organizations [J]. Administrative Science Quarterly, 1967, 12 (1): 1－47.
[202] Bozarth C, Edwards S. The impact of market requirements focus and manufacturing characteristics focus on plant performance [J]. Journal of Operations Management, 1997, 15 (3): 161－180.
[203] Churchill G A, et al. The determinants of salesperson performance: A Meta-Analysis [J]. Journal of Marketing Research, 1985, 12 (4): 246－264.
[204] 林义屏. 市场导向、组织学习、组织创新与组织绩效关系之研究——以科学园区信息电子产业为例［D］. 台湾：中山大学，2001.
[205] 刘二丽. 风险投资后管理、企业间信任与被投资企业成长绩效关系研究［D］. 广州：华南理工大学，2007.
[206] Devaraj S, Hollingworth D G, Schroeder R G. Generic manufacturing strategies and plant performance [J]. Journal of Operations Management, 2004, 22 (3): 313－333.
[207] 赖国毅. 我国上市公司成长中规模与绩效的实证研究［J］. 商业研究，2005（18）：97－99.
[208] 王国顺，胡莎. 企业国际化与经营绩效：中国制造业上市公司的实证研究［J］. 系统工程，2006，24（12）：80－83.
[209] Lee C, Lee K, Penning J M. Internal capabilities, external networks, and performance: A study on technology-based ventures [J]. Strategic Management Journal, 2001 (22): 615－640.
[210] Dess G G, et al. Industry effects and strategic management research [J]. Journal of Management, 1990, 16 (1): 7－22.
[211] 王国顺，等. 企业理论：能力理论［M］. 北京：中国经济出版社，2006.
[212] 吴明隆. 统计应用实务［M］. 北京：科学出版社，2003.

[213] Nunnally J C. Psychometric theory [M]. New York: McGraw-Hill Book Company, 1978.
[214] 易丹辉. 结构方程模型：方法与应用 [M]. 北京：中国人民大学出版社，2008.
[215] 曾五一，黄炳艺. 调查问卷的可信度和有效度分析 [J]. 统计与信息论坛，2006，20 (6): 11 - 15.
[216] Kline R B. Principles and practices of structural equation modeling (2nd Ed.) [M]. New York: The Guilford Press, 2004.
[217] Bollen K A. Structural equations with latent variables [M]. New York: John Wiley & Sons, 1989.
[218] 黄延聪. 跨国代工联盟中产品开发之知识取得与能力开发 [D]. 台湾：台湾大学，2002.
[219] Hair J F, et al. Multivariate data analysis [M]. New Jersey: Prentice-Hall International, 1998.
[220] Narasimhan R, Jayaram J. Causal linkages in supply chain management: An exploratory study of North American manufacturing firms [J]. Decision Sciences, 1998, 29 (3): 579 - 605.
[221] Kaiser H F. An index of factorial simplicity [J]. Psychometrika, 1974, 39 (1): 31 - 36.
[222] Comrey A L, Lee H B. A First Course in Factor Analysis (2nd ed.) [M]. Hillsdale, NJ: Lawrence Erlbaum Associates, 1992.
[223] Bollen K A, Long J S. Testing structural equation models [M]. Newbury Park, CA: Sage, 1993.
[224] 黄芳铭. 结构方程模式：理论与应用 [M]. 北京：中国税务出版社，2005.
[225] Anderson J C, Gerbing D W. Structural equation modeling in practice: a review and recommended two-step approach [J]. Psychological Bulletin, 1988, 103 (3): 411 - 423.
[226] 吴明隆. 结构方程模式 AMOS 的操作与应用 [M]. 台湾：五南图书出版股份有限公司，2008.
[227] 侯杰泰，温忠麟，成子娟. 结构方程模型及其应用 [M]. 北京：教育科学出版社，2004.
[228] Bagozzi R P, Yi Y. On the evaluation of structural equation models [J]. Journal of the Academy of Marketing Science, 1988, 16 (1): 74 - 94.
[229] 温忠麟，侯杰泰，Marsh. 结构方程模型检验：拟合指数与卡方准则 [J]. 心理学报，2004，36 (2); 186 - 194.
[230] Breckler S J. Applications of covariance structure modeling in psychology: Cause for concern? [J]. Psychology Bulletin, 1990 (107): 260 - 273.
[231] Hu L, Bentler P M. Fit indices in covariance structure modeling: Sensitivity to underparameterized model misspecification [J]. Psychological Methods, 1998 (3): 424 - 453.
[232] Hu L, Bentler P M. Cutoff criteria for fit indices in covariance structural analysis: Conventional criteria versus new alternatives [J]. Structural Equation Modeling, 1999 (6): 1 - 55.
[233] 陈晓萍，徐淑英，樊景立. 组织与管理研究的实证方法 [M]. 北京：北京大学出版社，2008.

[234] Browne M W, Cudeck R. Alternative ways off assessing model fit [J]. Sociological Methods & Research, 1992, 21 (2): 230 - 258.

[235] Hoyle R H. Structural equation modeling. Concepts, issues, and applications [M]. Sage, 1995.

[236] Schermelleh-Engel K, Moosbrugger H, Müller, H. Evaluating the Fit of Structural Equation Models: Tests of Significance and Descriptive Goodness-of-Fit Measures [J]. Methods of Psychological Research Online, 2003, 8 (2): 23 - 74.

[237] 李茂能. 结构方程模式软件 Amos 之简介及其在测验编制上之应用 [M]. 台湾: 心理出版社股份有限公司, 2006.

[238] Bender P M, Bonnett D G. Significance tests and goodness of fit in the analysis of covariance structures [J]. Psychological Bulletin, 1980, 88 (3): 588 - 606.

[239] Bagozzi R P, Yi Y, Phillips L W. Assessing Construct Validity in Organizational Research [J]. Administrative Science Quarterly, 1991, 36 (3): 421 - 458.

[240] Fornell C, Larcker D F. Evaluating structural equation models with unobservable variables and measurement error [J]. Journal of Marketing Research, 1981, 18 (1): 29 - 50.

[241] Chau P Y K. Reexamining a model for evaluating information center success using a structural equation modeling approach [J]. Decision Sciences, 1997, 28 (2): 309 - 334.

[242] Bagozzi R P, Phillips L W. Representing and testing organizational theories: A holistic constructual [J]. Administrative Science Quarterly, 1982 (27): 459 - 489.

[243] Raines-Eudy, Ruth. Using structural equation modeling to test for differential reliability and validity: An empirical demonstration [J]. Structural Equation Modeling, 2000, 7(1): 124 - 141.

[244] Bentler P M, Chou C P. Practical issues in structural modeling [J]. Sociological Methods and Research, 1987 (16): 78 - 117.

[245] Sethi V, Carraher S. Developing measures for assessing the organizational impact of information technology: a comment of Mahmood and Soon's paper [J]. Decision Science, 1993, 24 (4): 867 - 877.

[246] 毛蕴诗, 姜岳新, 莫伟杰. 制度环境、企业能力与 OEM 企业升级战略——东菱凯琴与佳士科技的比较案例研究 [J]. 管理世界, 2009 (6): 135 - 145.

[247] 谢洪明, 王成, 吴隆增. 知识整合、组织创新与组织绩效: 华南地区企业的实证研究 [J]. 管理学报, 2006, 3 (5): 600 - 606.

[248] 黄培伦, 尚航标, 招丽珠. 组织创新、组织能力和组织绩效的关系研究 [J]. 管理学报, 2008, 5 (2): 250 - 257.

[249] 石涌江. 论生产管理理论体系的重新构造问题 [J]. 管理工程学报, 1995, 9 (2): 117 - 122.

[250] 刘培林, 宋湛. 服务业和制造业企业法人绩效比较 [J]. 经济研究, 2007 (1): 89 - 101.

[251] 钱纳里, 鲁宾逊, 赛尔奎因. 工业化和经济增长的比较研究 [M]. 吴奇, 王松宝, 等, 译. 上海: 上海三联书店出版社, 1989: 133 - 134.

[252] 李江帆. 产业结构高级化与第三产业现代化 [J]. 中山大学学报（社会科学版），2005 (4)：124-130.

[253] Park S H. Intersectoral Relationships between Manufacturing and Service: New Evidence from Selected Pacific Basin Countries [J]. ASEAN Economic Bulletin, 1994, 10 (3): 245-263.

[254] 程大中. 中国生产性服务业的增长、结构变化及其影响——基于投入-产出法的分析 [J]. 财贸经济，2006 (10)：47-54.

[255] Pilat D, Wolf A. Measuring the Interaction between Manufacturing and Services [Z]. STI Working Paper 2005/5, OECD, Paris, 2005.

[256] 陈保启，李为人. 生产性服务业的发展与我国经济增长方式的转变 [J]. 中国社会科学院研究生院学报，2006 (6)：86-90.

[257] 吕政，刘勇，王钦. 中国生产性服务业发展的战略选择 [J]. 中国工业经济，2006 (8)：5-12.

[258] 卢峰. 当代服务外包的经济学观察 [J]. 世界经济，2007 (8)：24-37.

[259] Guerrieri P, Meliciani V. Techology and International Competitiveness: The Interdependence between Manufacturer and Producer Services [J]. Structural Change and Economic Dynamics, 2005 (16): 489-502.

[260] 顾乃华，毕斗斗，任旺兵. 中国转型期生产性服务业发展与制造业竞争力关系研究 [J]. 中国工业经济，2006 (9)：14-21.

[261] 王金武. 我国生产性服务业和制造业互动分析及其对策研究 [D]. 武汉：武汉理工大学，2005.

[262] 公文俊平. 日本进入服务产业新时代 [M]. 雨谷，译. 北京：新华出版社，1987.

[263] Avilés L, Abbot P, Cutter A D. Population Ecology, Nonlinear Dynamics, and Social Evolution. Ⅰ. Associations among Nonrelatives [J]. The American Naturalist, 2002, 159 (2): 115-128.

[264] Neuhauser C, Fargione J E. A Mutualism-Parasitism Continuum Model and Its Application to Plant-Mycorrhizae Interactions [J]. Ecological Modelling, 2004 (177): 337-352.

[265] May R M. Simple Mathematical Models with Very Complicated Dynamics [J]. Nature, 1976 (261): 459-467.

[266] 王子龙，谭清美，许箫迪. 企业集群共生深化模型及实证研究 [J]. 中国管理科学，2006，14 (2)：141-148.

[267] 杨小凯，黄有光. 专业化与经济组织 [M]. 北京：经济科学出版社，1999.

[268] 何自力，徐学军. 一个银企共生界面测评模型的构建与分析——来自广东地区的实证 [J]. 南开管理评论，2006 (4)：64-69.

[269] Messallam A A. The Organizational Ecology of Investment Firms in Egypt: Organizational Founding [J]. Organization Studies, 1998: 101-120.

[270] 高传胜，刘志彪. 生产者服务与长三角制造业集聚和发展 [J]. 上海经济研究，2005 (8)：35-42.

[271] 江小涓，李辉. 服务业与中国经济：相关性和加快增长的潜力 [J]. 经济研究，2004

(1): 4-15.

[272] 陈志武. 中国经济挑战制度经济学? [J]. 思想战线, 2004, 30 (5): 84-88.

[273] 魏建国. 中国制造业规模已位列居世界三甲 [EB/OL]. [2006-12-23]. http://www.zgbfw.com.

[274] Freitas I M, et al. University-industry collaboration and innovation in emergent and mature industries in new industrialized countries [J]. Research Policy, 2013 (42): 443-453.

[275] Bruneela J, D'Esteb P, Salter A. Investigating the factors that diminish the barriers to university-industry collaboration [J]. Research Policy, 2010 (39): 858-868.

[276] Perkmann M, et al. Academic engagement and commercialisation: A review of the literature on university-industry relations [J]. Research Policy, 2013 (42): 423-442.

[277] 刘志彪, 陈柳. 政策标准、路径与措施: 经济转型升级的进一步思考 [J]. 南京大学学报 (哲学·人文科学·社会科学), 2014 (5): 4-12.

[278] 洪银兴. 产学研协同创新的经济学分析 [J]. 经济科学, 2014 (1): 56-64.

[279] 洪银兴. 论创新驱动经济发展 [M]. 南京: 南京大学出版社, 2013.

[280] 肖丁丁, 朱桂龙. 产学研合作创新效率及其影响因素的实证研究 [J]. 科研管理, 2013 (1): 11-18.

[281] 刘和东. 开放中产学研政协同创新的实证研究: 基于全国 30 个省市的层级回归分析 [J]. 南京工业大学学报 (社会科学版), 2013 (2): 61-68.

[282] 刘志彪. 基于内需的经济全球化: 中国分享第二波全球化红利的战略选择 [J]. 南京大学学报 (哲学·人文科学·社会科学), 2012 (2): 51-59.

[283] 张苏. 高等教育是促进经济发展的关键 [N]. 光明日报, 2013-10-09.

[284] 江苏省统计局, 国家统计局江苏调查队. 江苏统计年鉴 2013 [M]. 北京: 中国统计出版社, 2013.

[285] Solow R M. A Contribution to the Theory of Economic Growth [J]. The Quarterly Journal of Economics, 1956, 70 (1): 65-94.

[286] Denison E F. The Sources of Economic Growth in the United States and the Alternatives before Us [M]. New York: Committee for Economic Development, 1962.

[287] Becker G S. Human Capital: A Theoretical and Empirical Analysis with Special Reference to Education [M]. New York: Columbia University Press, 1964.

[288] Lucas R E. On the Mechanics of Economic Development [J]. Journal of Monetary Economics, 1988, 22 (1): 3-42.

[289] Romer P M. Endogenous Technological Change [J]. Journal of Political Economy, 1990, 98 (5): 71-102.

[290] 陈霞. 中国高等教育投入与经济增长协调关系分析 [J]. 云南大学学报 (社会科学版), 2011 (1): 76-81.

[291] 彭继增, 朱孟璐. 江西省高等教育发展与区域经济增长的实证分析 [J]. 金融与经济, 2011 (1): 32-35.

[292] 吴惠, 刘志新. 中国高等教育财政投入与经济增长关系模型 [J]. 哈尔滨工业大学学报, 2009, 41 (7): 265-268.

[293] 赵树宽，余海晴，刘战礼. 高等教育投入与经济增长关系的理论模型及实证研究［J］. 中国高教研究，2011（9）：11－15.
[294] 崔玉平. 中国高等教育对经济增长率的贡献［J］. 北京师范大学学报（人文社会科学版），2000（1）：31－37.
[295] 解垩. 高等教育对经济增长的贡献：基于两部门内生增长模型分析［J］. 清华大学教育研究，2005（5）：74－80.
[296] 郑鸣，朱怀镇. 高等教育与区域经济增长——基于中国省际面板数据的实证研究［J］. 清华大学教育研究，2007，28（4）：76－81.
[297] 周红玲. 高等教育对经济增长的影响——以广东省为例［J］. 华南理工大学学报（社会科学版），2011，13（6）：89－92.
[298] 菲利普·汉斯·弗朗西斯. 商业和经济预测中的时间序列模型［M］. 封建强，译. 北京：中国人民大学出版社，2002.
[299] 金为民. 我国技术市场的发展与经济增长的协整分析［J］. 科学学与科学技术管理，2009（4）：73－76.
[300] Gereffi G，Fernandez-Stark K，Psilos P. Skills for Upgrading：Workforce Development and Global Value Chains in Developing Countries［M］. Duke Center on Globalization，Governance and Competitiveness and the Research Triangle，2011.
[301] 上海市教育科学研究院，麦可思研究院. 2013 中国高等职业教育人才培养质量年度报告［M］. 北京：外语教学与研究出版社，2013.
[302] 高文兵. 高等教育内涵式发展与我国“人才红利”开发［J］. 南京大学学报（哲学·人文科学·社会科学），2013（1）：27－33.
[303] 梁晓燕，陈双. 为云南省经济转型与和谐社会建设培养技能型人才［R］. 世界银行报告，2013.
[304] 苏志刚. 创新高职院校体制机制，提升服务区域经济能力［J］. 教育研究，2008（10）：101－103.
[305] 裴莹. 绿色汽车路，你会选择吗?［J］. 新知客，2007（1）：50－51.
[306] 柴骥程，等. 污染企业为何能掐住环保企业咽喉［J］. 半月谈内部版，2006（6）：15－18.
[307] 朱庆华，耿勇. 企业绿色供应链管理实践与绩效关系统计分析［J］. 数理统计与管理，2005（5）：13－19.
[308] 国家行政学院教研部. 中国经济新常态［M］. 北京：人民出版社，2014.
[309] Gereffi G，Fernandez-Stark K. Global Value Chain Analysis：a Primer（Second Edition）［D］. Center on Globalization，Governance & Competitiveness，Duke University，2016.
[310] World Bank. The Role of International Business in Aid for Trade：Building Capacity for Trade in Developing Countries［M］. The World Bank，2011.
[311] Pietrobelli C，Rabellotti R. Global Value Chains Meet Innovation Systems：Are There Learning Opportunities for Developing Countries?［J］. World Development，2011，39（7）：1261－1269.
[312] 刘志彪. 经济发展新常态下产业政策功能的转型［J］. 南京社会科学，2015（3）：33－

41.

[313] Barnes J, Morris M. Staying alive in the global automotive industry: what can developing economies learn from South Africa about linking into global automotive value chains? [J]. The European Journal of Development Research, 2008, 20 (1): 31 - 55.

[314] Frederick S, Gereffi G. Upgrading and restructuring in the global apparel value chain: why China and Asia are outperforming Mexico and Central America [J]. International Journal of Technological Learning, Innovation and Development, 2011, 4 (1): 67 - 95.

[315] 邱玥. 是什么阻碍了创新 [N]. 光明日报, 2015 - 01 - 22.

[316] 国家发展改革委, 中国物流与采购联合会. 2016 年全国物流运行情况通报 [EB/OL]. [2017 - 03 - 09]. http://www.ndrc.gov.cn/fzgggz/jjyx/xdwl/201703/t20170309_840687.html.